AF608960

Rolf Frankenberger | Gerd Meyer

Postmoderne und Persönlichkeit

Theorie – Empirie – Perspektiven

Quellennachweis Abbildungen Umschlag:

Bildrechte bei SIGMA, Gesellschaft für internationale Marktforschung und Beratung mbH, Kollage: Rolf Frankenberger (mit freundlicher Genehmigung von SIGMA)

Die Deutsche Nationalbibliothek verzeichnet diese Publikation in der Deutschen Nationalbibliografie; detaillierte bibliografische Daten sind im Internet über http://www.d-nb.de abrufbar.

ISBN 978-3-8329-3366-1

1. Auflage 2008

Inhalt

I. Einleitung

In den hoch entwickelten Gesellschaften der Gegenwart ist ein tiefgreifender gesellschaftlicher Wandel von der Moderne hin zu einer – wie wir sie bezeichnen – *postmodernen Gesellschaft* beobachten, der die Basisprämissen der Moderne in Frage stellt und z.T. grundlegend verändert: Nationalstaatlichkeit, Rationalität und Kontrollierbarkeit gesellschaftlicher Abläufe, Vollbeschäftigung und Wachstum, traditionelle Familienstrukturen, dauerhafte Organisationsbindungen und Gruppenzugehörigkeiten, nicht zuletzt die Einheit und Kontinuität individueller Identitätsbildung und Lebensplanung. Der Wandel manifestiert sich in nahezu allen Sphären der Gesellschaft. Wirtschaft und Sozialstruktur, Zivilgesellschaft und Politik sind ebenso betroffen wie Wissenschaft, Kunst, Kultur und Religion. Im Blick auf diese Veränderungsdynamik haben uns vor allem drei *Fragen* interessiert: Welche gesamtgesellschaftlichen Entwicklungstendenzen kennzeichnen die Postmoderne und wie wirken sie sich auf die Lebensweise der Menschen aus? Haben sich in der Folge typisch postmoderne Persönlichkeitsstrukturen herausgebildet? Und wie können wir produktiv mit den Ambivalenzen und Herausforderungen der Postmoderne umgehen? *Auf der Basis einer theoretischen Strukturanalyse der postmodernen Gesellschaft will die Studie vor allem empirisch die für sie typischen Persönlichkeitsstrukturen untersuchen. Abschließend sollen Perspektiven gegenwärtiger Lebenspraxis reflektiert werden.*

Welche sind die *Haupttrends* in der Herausbildung postmodernen Gesellschaft? Grundlegend ist die Pluralisierung von Werten, Normen und Lebensformen, die mit einer „Verflüssigung“ tradierter sozialer Strukturen und Verhaltensmuster, von Berufsbildern und geschlechtsspezifischen Rollenverteilungen einhergeht. Die Globalisierung von ökonomischen, politischen und kulturellen Zusammenhängen führt in Verbindung mit einer alle Lebensbereiche durchdringenden Technisierung, Digitalisierung und Informatisierung zu explosionsartig gewachsenen Möglichkeiten weltweiter Kommunikation, des Austauschs von Wissen und Dienstleistungen. Erst durch zunehmende Freizeit und Freiräume jenseits der Arbeit konnten die für die Postmoderne typische Erlebnis- und Unterhaltungsindustrie entstehen. Die Krise von Erwerbsarbeit und Wohlfahrtsstaat, die Flexibilisierung von Arbeit, Lebensort, Erziehung und sozialen Bindungen, Migrationsströme, Klimawandel und internationaler Terrorismus führen jedoch zu tiefgehenden Verunsicherungen in der gesamten Lebensgestaltung. So verändern sich im Zuge dieses z.T. radikalen Wandels überkommene Wertorientierungen, Lebensweisen und Persönlichkeitsstrukturen. Es entstehen neue Formen von Religiosität und Spiritualität, der Inszenierung und Konstruktion von Sinn- und Lebenswelten im Austausch der Kulturen. Zugleich gibt es trotz aller Veränderungen auch gewichtige Kontinuitäten zwischen Moderne und Postmoderne. Die Moderne ist in der Postmoderne aufgehoben, aber nicht einfach abgelöst und in vielen Bereichen dominieren noch immer ihre Grundmuster. So bleibt z.B. der Nationalstaat die dominante staatliche Steuerungsinstanz und es dominieren weiterhin Leistungs- und Effizienzdenken, hierarchische Organisationsformen und kapitalistisches Gewinnorientierung. Die öffentliche Verwaltung, Bildungs-, Sozial- und Gesundheitssysteme werden erst langsam reformiert.

Die Individuen sind zugleich Objekt und Subjekt der postmodernen Transformation: ihnen schlagen die Auswirkungen dieses z.T. radikalen gesellschaftlichen Wandels entgegen und sie müssen versuchen, mit diesen Herausforderungen auf möglichst produktive Weise umzugehen. Wie aber können wir den *Zusammenhang von Gesellschaft und Persönlichkeitsstrukturen* theoretisch und empirisch gehaltvoll konzipieren? Uns schien dafür am besten die analytische Sozialpsychologie Erich Fromms geeignet, die wir jedoch auch kritisch diskutieren und modifizieren. Fromm geht davon aus, dass Menschen, die in einem bestimmten gesellschaftlichen System leben, von diesem geprägt werden und einen sozial typischen Charakter („Gesellschaftscharakter") entwickeln. Ausrichtung und Inhalt dieser Charakterstruktur oder -orientierung werden bestimmt von den Funktionserfordernissen dieser Gesellschaft. Diese werden verinnerlicht, sind jedoch als „leidenschaftliche Strebungen" dem einzelnen meist nicht bewusst. Fromm stellt mehrere „nicht-produktive" Charakterorientierungen einer produktiven Orientierung, die er als „Existenzweise des Seins" zuletzt in seiner bekannten Schrift „Haben oder Sein" dargestellt hat. *Fromms analytische Sozialpsychologie* verbindet die neo-marxistische Analyse der kapitalistischen Gesellschaft mit dem kritisch-diagnostischen Blick der Psychoanalyse und zielt auf die Aufhebung der Entfremdungsdynamik in der individuellen Psyche und Lebensweise wie in der Gesellschaft.

Unser Projektteam stand vor der Aufgabe, die *Merkmale einer typisch postmodernen Charakter- bzw. Persönlichkeitsstruktur* zunächst theoretisch-konzeptuell zu bestimmen und dann für eine empirische Studie zu konkretisieren bis hin zur Formulierung von neuen Skalen zu ihrer Erfassung in einer Repräsentativumfrage. Dabei konnten wir wichtige Elemente der theoretischen Strukturanalyse, der Typologie von Charakterorientierungen bei Fromm und vor allem der Erträge ständig aktualisierter Studien zu sozialen Milieus zurückgreifen. Wir bezeichnen diese für die Postmoderne typische Persönlichkeitsstruktur als *„postmoderne Ich-Orientierung"*, mit einer aktiven und einer passiven Variante. Auf der Basis eines umfangreichen Pretests wurden die Skalen Aktive Ich-Orientierung (AIO), Passive Ich-Orientierung (PIO) und Moderne Produktivitätsorientierung" (MPO) entwickelt, um sowohl die nicht-produktiven wie die produktiven Aspekte von Persönlichkeitsstrukturen zu ermitteln. Dabei waren wir uns von vornherein der Schwierigkeiten der Erfassung insbesondere der produktiven Qualität ihrer Ausrichtung in einer quantitativ angelegten Studie bewusst, so dass hier keine im strikten Sinne psychoanalytische Untersuchung vorliegt. Die Skalen erfassen jeweils zentrale und typische Dimensionen der Persönlichkeitsstrukturen auf der Basis von Wertorientierungen, Motivationen und Selbstkonzepten. Sie ergeben ein komplexes Abbild der in Frage stehenden Persönlichkeitsstrukturen. Die Skalen wurden (zusammen mit einer Reihe weiterer Variablen, auch zu den soziodemographischen Merkmalen der Befragten) in einer Repräsentativstudie des Sigma-Instituts Mannheim in Deutschland im Juni 2005 geschaltet. Vorgehensweise und empirische Befunde werden zunächst ausführlich dargestellt und dann im Licht der theoretisch-konzeptuellen Zugänge interpretiert. Wir konnten Existenz und trennscharfe Profile der beiden Varianten der postmodernen Ich-Orientierung wie einer bestimmten Art der produktiven Orientierung nachweisen.

Ein weiteres Anliegen der Studie war schließlich, darüber nachzudenken, wie Menschen mit den Herausforderungen der gegenwärtigen Gesellschaft produktiv umgehen können, wie *„gelingendes Leben" heute* aussehen könnte, ohne dabei utopische Visionen zu entwickeln, die die meisten Menschen schlicht überfordern. In einem letzten Teil dieses Bandes werden daher – zunächst unabhängig von den empirischen Befunden zur MPO-Skala – Überlegungen zu einer Lebensweise angestellt, die die Chancen der postmodernen Gesellschaft wahrnimmt und ihre Herausforderungen weitgehend selbstbestimmt und psychisch gesund meistert, oder um mit Fromm zu sprechen, in der das „Haben" gegenüber dem „Sein" überwiegt. Dazu wird ein realitätsnahes Persönlichkeitsmodell als *eine* mögliche Form der Lebenspraxis vorgestellt, die bewusst nicht als Ideal konzipiert ist. Dieser Persönlichkeitstypus versucht die vielfältigen individuellen Bedürfnisse, funktionalen Anforderungen und Widersprüche der Postmoderne, in der die Moderne noch immer höchst wirksam ist, in einer prekären, multiplen Balance zu integrieren. So dient unsere Studie insgesamt dazu, gesellschaftstheoretisch, empirisch und perspektivisch psychologisches, soziologisches und normatives Orientierungswissen bereitzustellen.

Unser *Projektteam* begann mit seiner Arbeit im Jahr 2002. Ihm gehörten Rainer Funk, Rolf Frankenberger, Gerd Meyer und Jörg Ueltzhöffer an. Der vorliegende Band basiert wesentlich auf der Arbeit dieses Projektteams, ist also nicht allein das Werk der beiden Autoren, die gleichwohl allein verantwortlich sind für den Text. Das Projektteam erarbeitete zunächst gemeinsam die Grundzüge der historisch neuen „postmodernen Ich-Orientierung". Dies geschah u.a. im Rückgriff auf Fromms Konzept der Marketing-Orientierung und Funks Studien zu Charakterorientierungen, vor allem aber auch auf Jörg Ueltzhöffers Modell der sozialen Milieus der Gegenwartsgesellschaft. Sigma prägte den Begriff der „Ich-Orientierung" zur Charakterisierung des „postmodernen Milieus", wie es sich im Kontext gesellschaftlicher „Megatrends" seit etwa einem Jahrzehnt herausgebildet hat. (vgl. Vogelsang 1999:207) *Rainer Funk* hat als Psychotherapeut und hervorragender Kenner des Werkes von Erich Fromm vor allem die Psychodynamik der postmodernen Ich-Orientierung in ihrer aktiven und passiven Form in überzeugender Weise herausgearbeitet und in einem eigenen Band (auch im Blick auf Fromms Verständnis von Produktivität) im Jahr 2005 vorgestellt. Seine theoretisch-analytischen Beiträge waren eine zentrale Grundlage für die Operationalisierung der postmodernen Ich-Orientierung in ihren beiden Varianten. Dafür sind wir ihm zu Dank verpflichtet. Die Ergebnisse der empirischen Studie wurden von Rolf Frankenberger mit Unterstützung des Sigma-Instituts ausgewertet. (vgl. dazu auch Frankenberger 2007) *Jörg Ueltzhöffer* hat während der gesamten Zeit substantielle inhaltliche Beiträge zu dieser Studie geleistet und umfassende Befunde der international vergleichenden Sigma-Studien zu den postmodernen Milieus eingebracht. Die Sigma-Milieustudien ermitteln –auf der Grundlage des von Jörg Ueltzhöffer und Bodo Flaig bereits Ende der 70er Jahre entwickelten Milieu-Modells – Wertorientierungen, Lebensziele, Einstellungen, Alltagsästhetik und Konsummuster von Menschen. Sie heben also vor allem auf die „subjektiven" Elemente der neuen horizontalen Differenzierungen und der psycho-sozialen Verfassung (post-)moderner Gesellschaften ab, ohne doch objektive Schichtunterschiede zu leugnen. Wir sind Jörg Ueltzhöffer zu großem Dank verpflichtet für seine jahrelange Mitarbeit, sein persönliches Engagement und die tatkräftige Unterstützung des Projekts, nicht zuletzt durch die Übernahme der Kosten sowohl für die Repräsentativumfrage wie für den Eigenanteil an den Druckkosten dieser Studie. Schließlich danken wir dem Verlag für die Aufnahme dieses Bandes in sein Programm und Herrn Andreas Beierwaltes für die ebenso freundliche wie effiziente Betreuung der Publikation.

Tübingen, im Herbst 2007

Rolf Frankenberger / Gerd Meyer

II. Die Postmoderne Gesellschaft

Rolf Frankenberger

Der gegenwärtig zu beobachtende gesellschaftliche Wandel umfasst ökonomische und technologische Veränderungen ebenso wie soziale, politische und kulturelle Umbrüche. Politisch-ökonomische Schlagworte wie „Flexibilisierung“, „Globalisierung“, „Deregulierung“ oder die Rede vom Ende des Sozialstaats spiegeln den Wandel in Aspekten wider und bieten gleichzeitig implizit Lösungen oder Richtungen für den Wandel an, der grundlegende Auswirkungen auf die Lebensbedingungen und Konsequenzen für die Lebensgestaltung der Einzelnen nach sich zieht. Die Diagnostik der Veränderungsdynamiken hochentwickelter Industrienationen vor allem der nördlichen Hemisphäre (Europa, Nordamerika, aber auch Japan, Australien, Neuseeland und zum Teil die hochentwickelten Zentren Süd-Ost-Asiens) ist ein Hauptgegenstand im zeitgenössischen gesellschaftswissenschaftlichen Diskurs. Dieser Diskurs ist jedoch weit davon entfernt, in seiner Diagnostik zu einheitlichen Ergebnissen zu kommen. Begriffliche Benennungen des Phänomens wie etwa Ulrich Becks „Risikogesellschaft“ (Beck 1986), Gerhard Schulzes „Erlebnisgesellschaft“ (Schulze 1992), Jeremy Rifkins Analysen des Wandels von Wirtschaftsstrukturen „Access“ (Rifkin 1995), Richard Sennetts „flexibler Mensch“ (Sennett 1998), Ronald Ingleharts „Postmodernisierung“ (Inglehart 1998) oder Manuel Castells epochale Analyse des „Informationszeitalters“ (Castells 2001, 2002, 2003) versuchen diesen Wandel in unterschiedlicher Perspektive zu erfassen.

Speziell in den Sozialwissenschaften handelt der Diskurs unter anderem davon, wie der Wandel zu interpretieren sei. Zum einen wird er als konsequente Weiterführung der Moderne mit der ihr inhärenten Steigerungslogik („schneller, höher, weiter, besser, mehr“) interpretiert und je nach Blickwinkel begrüßt oder kritisiert. Zum anderen prognostizieren Diagnosen seit geraumer Zeit ein „Ende der Moderne“ (Vattimo 1990), deren Erfolge sich gegen sie selbst richten, „(...) da Fortschritt in den Naturwissenschaften, technologische Innovation, Effizienzsteigerung in der Produktion zusehends die natürlichen und sozialen Grundlagen einer humanen Gesellschaft gefährden, auf deren Herstellung sie doch ursprünglich zielten“ (Rieger / Schultze 1995:483f). Hier wird ein inhumanes, entfremdendes Potential gesellschaftlichen Wandels angedeutet, welches im Folgenden aufgegriffen werden soll. Subsummiert werden diese Zeitdiagnosen oftmals (und gelegentlich fälschlicherweise) unter dem Begriff „Postmoderne“, ein populär gewordenes Schlagwort, das sich vermeintlich gut zur Zusammenfassung all dieser Tendenzen eignet.

Es ist zu zeigen, dass Postmoderne nicht nur als realer gesellschaftlicher Wandel, sondern auch als philosophisch-wissenschaftstheoretisches Konzept zu fassen ist. Neben Entfremdungstendenzen werden mit diesem gesellschaftlichen Wandel von etlichen Analytikern eine Vergrößerung von menschlichen Möglichkeiten und

Chancen zur individuellen Entfaltung verbunden. Es sind diese Ambivalenzen von Potentialen, Möglichkeiten und Chancen einerseits, Beschränkungen, Risiken und Gefahren andererseits, welche die „Postmoderne“ sowohl in Philosophie und Sozialwissenschaften als auch im Lebensvollzug des Einzelnen, im Zusammenleben von Gruppen und Gesellschaften auszeichnen. Die Funktion dieses Kapitels ist es daher, möglichst umfassend und gleichzeitig hinreichend präzise die gesellschaftlichen Kräfte und Veränderungen zu erfassen und darzustellen, welche die postmoderne Ambivalenz erzeugen und somit die sozio-ökonomischen Rahmenbedingungen postmoderner Gesellschaften prägen[1]. Dafür ist es freilich notwendig, in aller Kürze prägende gesellschaftliche Tendenzen der (Hoch-)Moderne aufzuzeigen. Denn die Postmoderne - so sind sich nahezu alle Autoren einig - entwickelt sich auf der Folie und in einigen Bereichen in der Kontinuität der Moderne. Kurz, ohne Moderne wäre Postmoderne nicht möglich. Dies gilt auch und insbesondere für die Bedeutung von Moderne und Postmoderne sowie deren negative Potentiale für die Lebensgestaltung des Einzelnen.

1. Die (Hoch-)Moderne als Ausgangspunkt der Analyse

Die Moderne als geschichtliche Epoche ist letztlich als Prozess des Werdens zu begreifen. Sie begann nicht einfach, sondern entwickelte sich im Zusammenspiel gesellschaftlicher Veränderungen und konstituiert sich im Wirken durch eine gesellschaftliche Konstellation auf der Basis von Rationalisierung, Universalisierung sowie Weltveränderungs- und Selbstveränderungsaktivismus. *Rationalisierung* der Gesellschaft meint vor allem Szientifizierung oder Verwissenschaftlichung, Technisierung, Säkularisierung, also die Trennung von Staat und Kirche, sowie eine umfassende funktionale Differenzierung des sozialen Systems Gesellschaft etwa in die Subsysteme Ökonomie, Politik, Gemeinschaftssystem und sozio-kulturelles System (vgl. dazu etwa Easton 1965, Parsons 1972, Luhmann 1984; Münch 1992). *Universalisierung* meint in erster Linie Schaffung von für alle Menschen gleichermaßen gültigen ethischen Normen und Menschenrechten. Unter *Individualisierung* wird die freie Verfügung jedes Menschen über sein eigenes Denken und Handeln verstanden. *Weltveränderungs-* und *Selbstveränderungsaktivismus* erklärt sich weitgehend von selbst, eine „moderne Politik“ scheint hauptsächlich verwirklicht in „Legalisierung, Formalisierung, Bürokratisierung und Professionalisierung, in den Grundrechten

1 Eine zentrale Grundlage der Entstehung von Gesellschaftscharakterstrukturen im Sinne Erich Fromms, wie sie in Kapitel III. diskutiert werden, sind eben diese sozio-ökonomischen Rahmenbedingungen einer Gesellschaft. Sie formen Charakterstrukturen, die den Gegebenheiten und Notwendigkeiten angepasst sind und nach Fromm eine spezifische – in diesem Fall postmoderne – Entfremdungsdynamik aufweisen, die aber auch spezifische Potentiale für Produktivität (i.S. Fromms) beinhalten.

sowie Potentialen reformerischer und revolutionärer Art" (Weiß 1998:395) – kurz Innovation.

Der französische Philosoph Jean-François Lyotard sieht in dem auf René Descartes' naturwissenschaftlicher Fundierung des Denkens beruhenden Programm der Weltbeherrschung und –nutzung das zentrale Merkmal modernen Denkens. Die Moderne entwickelte nach Lyotard auf der Grundlage der Mathesis universalis (s.u.) im 18. und 19. Jahrhundert die drei großen Meta-Erzählungen, welche charakteristisch für modernes Denken seien und gleichermaßen dessen Einheitsbande darstellten: die Emanzipation der Menschheit in der Aufklärung, die Teleologie des Geistes im Idealismus und die Hermeneutik des Sinns im Historismus.

Am gleichen Punkt ansetzend, formuliert der Soziologe Gerhard Schulze (2003) das Charakteristikum moderner Gesellschaften und deren Weiterentwicklung als Steigerungsspiel, das auf einer durch die Mathesis universalis begründeten Steigerungslogik beruht und wesentliche gesellschaftliche Interaktionen bestimmt und unsere Sozialwelt als gemeinsames Thema integriert. Die dem Spiel zugrunde liegende Logik der Steigerung charakterisiert Schulze als Denken in Skalen, nach oben hin offene Wertvergleiche, lineares Zeitverständnis und ein Weltverständnis, das auf Objektivitätsvorstellungen, Nützlichkeitsabwägungen, der Annahme geschichtlicher Gesetzmäßigkeiten und Machbarkeitsannahmen und -vermutungen beruht. Dieses Steigerungsspiel habe in der Moderne eine umfassende Dynamik entwickelt: „ Es ist die historisch beispiellose soziale Organisation der Steigerung, die unsere Epoche auszeichnet, das systematische Zusammenspiel einer unübersehbaren Menge von Akteuren in so verschiedenen Lebensbereichen wie Produktion und Politik, Wissenschaft und Unterhaltung, Arbeit und Konsum, Technik und Medien. Steigerung wurde zu einem wesentlichen Inhalt sozialer Beziehungen (...)" (Schulze 2003:83).

Hinter dieser ersten Eingrenzung der Charakteristika moderner Gesellschaften verbergen sich konkrete historische gesellschaftliche Entwicklungsprozesse[2], die

2 Den Umbruch in den hierarchisch geordneten europäischen Gesellschaften Europas seit dem 17. Jahrhundert hin zu derart modern strukturierten Gesellschaften hat insbesondere Talcott Parsons in seinem Werk „Das System moderner Gesellschaften" (1972) als die drei „Revolutionen" Reformation, demokratische und industrielle Revolution analysiert. Der gemeinsame Effekt dieser Revolutionen war die Auflösung des vertikalen, herrschaftlichen Integrationsmodus der Ständegesellschaft zugunsten einer Autonomisierung der verschiedenen gesellschaftlichen Teilsysteme im Sinne der stärkeren funktionalen Differenzierung des sozialen Systems Gesellschaft. Verbunden damit kam es zur Herausbildung einer neuen gesellschaftlichen Ordnung, die zwar rechtlich-politisch institutionalisierte Ungleichheiten abschaffte, aber mit der Ausdifferenzierung des Wirtschaftssystems auf der Basis der rechtlichen Verfügungsgewalt über wirtschaftliche Ressourcen eine neue Form der Ungleichheit hervorbrachte: die auf materieller Lage und daraus resultierenden sozialen Mentalitäten basierende Klassengesellschaft (vgl. dazu etwa Weber 1964, Marx / Engels 1845; 1972 und Giddens 1984). Sie spiegelt die beginnende Individualisierung moderner Gesellschaften wider, welche weiter durch politische Demokratisierung und rechtliche Emanzipation transportiert wurde. Mit funktionaler Differenzierung und insbesondere industrieller Revolution trat zudem die Vorstellung von Machbarkeit und Naturbeherrschung durch Wissenschaftlichkeit und Rationalität ihren Siegeszug an.

letztlich zu den Struktur-, System-, Prozess- und Handlungsmerkmalen führten, die etwa U. Beck und A. Giddens im Rahmen ihres Modells der reflexiven Modernisierung als gesellschaftliche Formationen der Moderne im 20. Jahrhundert beschreiben[3].

Dabei stellt Beck et al. (2001) zufolge die *nationalstaatliche Territorialität* das Grundmuster der Verfasstheit moderner Gesellschaften dar. Sie verweist auf den Territorialbezug gesellschaftlicher Institutionen und die damit einhergehende territoriale Bindung und Organisation von Produktion, Kooperation und Betrieb, welche die Einnahmequellen dieser Gesellschaften über Steuern und Abgaben sichern (Beck/Bonß/Lau 2001:20). Moderne Gesellschaften sind in diesem Rahmen *geschlechtsspezifisch differenzierte und kapitalistisch geprägte (Voll-) Erwerbsgesellschaften* mit einer Präferenz für funktionierende Kleinfamilien, die diese Arbeitsteilung erst ermöglichen. Statuszuweisungen, Konsummöglichkeiten und soziale Absicherung sind an die Teilhabe am Erwerbsleben gekoppelt und implizieren eine Hierarchisierung des Geschlechterverhältnisses. Ungleicher Zugang zum Arbeitsmarkt sowie geschlechterdifferente Bezahlung und Aufstiegschancen seien als Beispiele genannt. Gleichzeitig lässt die durch kollektive, ständisch geprägte Lebensmuster strukturierte *Individualisierung* die Individuen zwar als frei und gleich gelten und fasst gesellschaftliche Assoziierungen als Wahlgemeinschaften auf. Diese finden, so die Autoren, jedoch ihre oft nur schwer überwindbaren Grenzen in tradierten sozialen Bindungen und Mustern der geschlechtsspezifischen Arbeitsteilung (ebd.)[4].

Moderne Gesellschaften operieren nach und mit dem Prinzip einer wachsenden und komplexen *funktionalen Differenzierung* und Spezialisierung von Handlungsmustern und gesellschaftlichen Teilsystemen (Beck/Bonß/Lau 2001:21). In diesen Zusammenhang gehört auch eine Neubeurteilung, Hierarchisierung und Bedeutungszuweisung für gesellschaftliche Wissenssysteme, welche zu einer Abwertung von alltäglichem und beruflichem Erfahrungswissen bei einer gleichzeitigen Aufwertung von Theorie- und Überprüfungswissen hinauslaufe (Beck/Bonß/Lau 2001:22). Es werden neue Herrschaftsverhältnisse begründet, die sich an der „Tauglichkeit“ von Wissen für moderne Gesellschaften orientieren. Es werden gesamte Wissensbereiche oder Diskursarten marginalisiert und es kommt zur Durchsetzung einer Hierarchie zwischen Experten und Laien, die auf professionell hergestellten und kontrollierten Wissensmonopolen beruht. Eng damit und auch miteinander verbunden sind ein *auf Ausbeutung und Ausblendung der Natur beruhendes Naturkonzept* der Moderne und ein *wissenschaftlich definiertes Rationalitätskonzept.* Ersteres mache Natur als Ressource zum „beherrschbaren Außen der Gesellschaft“, schaffe so die Voraussetzung für die moderne Reichtumsdynamik (Beck/Bonß/Lau 2001:21)

3 Vgl. dazu etwa Beck 1986 und 1993; Beck/Giddens/Lash 1996; Beck/Bonß 2001 sowie Giddens 1996 und 1997.

4 Diese Milieus oder Lebenswelten sind nach Beck et al. die Voraussetzung der Entwicklung von Klassen und sozialer Identitätsbildung und bieten dem modernen Individuum gesellschaftliche Orientierungsmuster hinsichtlich Vergemeinschaftung, Lebensstil und Lebensziel.

und externalisiere negative Folgen durch die Kumulation positiver Effekte. Letzteres stehe für die verwissenschaftlichte, instrumentelle Kontrolle, welche moderne Gesellschaften über die Natur auszuüben suchten[5].

Diese „selbstverständlich gewordenen" und vom Prozess der Modernisierung ausgenommenen Basisprämissen stellen die Grundlage für die von Anthony Giddens (1996:75-84) beschriebenen, interdependenten institutionellen Strukturen oder Dimensionen moderner Gesellschaften dar: Kapitalismus, Industrialismus, Überwachung sowie Kontrolle über die Mittel zur Gewaltanwendung.

Als *Kapitalismus* bezeichnet Giddens ein „System der Warenproduktion, in dessen Mittelpunkt die Beziehung zwischen dem privaten Kapitalbesitz und der besitzlosen Lohnarbeit steht, wobei dieses Verhältnis die Hauptursache eines Klassensystems bildet. Das kapitalistische Unternehmertum beruht auf der Produktion für wettbewerbsorientierte Märkte, auf denen Preise für Investoren ebenso wie für Produzenten und Konsumenten als Signale dienen" (Giddens 1996:75). Unter *Industrialismus* versteht Giddens den institutionellen Komplex, der mittels unbelebter materieller Energiequellen und hochtechnologischer Maschinen Güter produziert. Dabei setze der Industrialismus „(...) die geregelte soziale Organisation der Produktion (voraus), um menschliches Tun, Maschinen sowie den Input und Output von Rohstoffen und Gütern zu koordinieren" (Giddens 1996:76). Dieser Komplex beeinflusst nach Giddens indirekt die Arbeit, aber auch direkt das alltägliche Leben.

Gegenüber vormodernen Staaten zeichneten sich moderne Staaten zudem durch eine *enorme Konzentration von Verwaltung* aus, welche „(...) ihrerseits auf der Entwicklung von Überwachungsfähigkeiten (beruht), die weit über die charakteristischen Möglichkeiten traditionaler Zivilisationen hinausgehen (...)" (Giddens 1996: 77f). Der Begriff Überwachung beziehe sich dabei auf die „Aufsicht über die Tätigkeiten der Untertanen in der politischen Sphäre" (ebd.). Nach Giddens ist *Überwachung* – im Übrigen analog zu Michel Foucault (1977) – durchaus auf andere Bereiche ausgedehnt und kann unmittelbar, in der Regel jedoch eher mittelbar über die Informationskontrolle erfolgen. Zentral für die Territorialität der Nationalstaaten und deren Regulierungsfähigkeit ist zudem die *Kontrolle über die Mittel zur Gewaltanwendung*: „Das erfolgreich wahrgenommene Monopol über die Mittel zur Gewaltanwendung innerhalb territorial genau feststehender Grenzen" ist nach Giddens ebenso ein kennzeichnendes Merkmal moderner Staaten wie eine zunehmende „Industrialisierung des Krieges" (Giddens 1996:78f).

Die von Beck und Giddens geschilderten Struktur-, System-, Prozess- und Handlungsmerkmale und institutionellen Dimensionen konstituieren demnach moderne Gesellschaften und stellen gleichzeitig ein komplexes Organisations- und Herrschaftssystem dar, das grundlegend von vormodernen Gesellschaften unterschieden ist und in wesentlichen Teilen auf Selbsterhaltung sowie technischem Fortschritts- und Machbarkeitsdenken beruht. Wie die weitere Diskussion zeigen wird, ergeben

5 Zudem zeigt sich in diesen Prinzipien die schon erwähnte Steigerungslogik des Steigerungsspiels, wie es Gerhard Schulze formulierte.

sich damit auch besondere Anfälligkeiten gegenüber unvorhersehbaren Risiken und Ansatzpunkte für eine substantielle Kritik dieser Formationen.

Im Zuge der gesellschaftlichen Modernisierung kommt es zudem zu weiteren wichtigen Veränderungen, die hier kurz erwähnt werden sollen, da sie auch für die Postmoderne von zentraler Bedeutung sein werden.

Zum einen ist die moderne Gesellschaft eine in höchstem Maße *urbanisierte Gesellschaft*. In den sich rasch entwickelnden Städten kommt es zur Konzentration von Menschen, Arbeit, Technik, Wissenschaft, Politik und Kultur, die den ruralen (ländlichen) Gebieten weit vorauseilt. Die urbanen Agglomerationen sind die charakteristische Siedlungs- und Produktionsform der Moderne.

Zum anderen kommt es mit der zunehmenden Ausdifferenzierung der gesellschaftlichen Teilsphären, der Entwicklung des National- und Rechtsstaats sowie der immer größer werdenden Komplexität der sich entwickelnden modernen Gesellschaften zu einer hochgradigen *Bürokratisierung*. Diese ist notwendig mit dieser Entwicklung verbunden, denn eine „immer größere Bedeutung rationeller Verwaltungs- und Managementmethoden sowie von planvoll und intensiv organisierter Kooperation hochgradig untereinander abhängiger Einheiten“ erfordert und führt zu einer immer stärkeren „Durchdringung des öffentlichen und privaten Lebens durch das Handeln von Verwaltungen“ (Meyer 1979:209), um das komplexe System Gesellschaft am „Laufen“ zu halten.

Hinzu kommt eine Reihe von Anforderungen an den Menschen, die für hochgradig differenzierte Gesellschaften zur Erfüllung der einzelnen Funktionen notwendig sind. Dazu entwickelten die modernen Gesellschaften ein ausgeklügeltes *Bildungssystem*, das deren Reproduktion sichern sollte. Vom Kindergarten über Grundschule und weiterführende Schulen bis hin zu Berufsausbildung und Studium zielt das an die Anforderungen der Moderne angepasste Bildungssystem genau auf diesen Zweck. Es bereitet den Einzelnen auf das vor, was ihn in seinem späteren Leben erwartet: hohe *Leistungsfähigkeit*, große *Effizienz* und entsprechende Qualifikationen zur Bewältigung des individuellen Berufsalltags wie der Erhaltung des Gesellschaftssystems. Darüber hinaus werden umfassende soziale Sicherungsmaßnahmen ergriffen: Der moderne Staat entwickelt sich vom Rechts- und Nationalstaat hin zum Sozial- und *Wohlfahrtsstaat* mit umfassender Vorsorge und Alterssicherung.

Eine weitere Besonderheit moderner Gesellschaften, die auch für die Postmoderne zentral ist, muss in der Verfügung über freie Zeit – *Freizeit* – gesehen werden. Erst mit Rationalisierung, Technisierung und Industrialisierung einerseits sowie Individualisierung andererseits ist es möglich geworden, den Menschen Zeit zur eigenen Verfügung „bereitzustellen“, die nicht unmittelbar zum Lebenserhalt verwendet werden musste. Wurde zunächst 16 bis 18 Stunden an 6 Tagen der Woche und ohne Urlaub gearbeitet, so ist heute in der EU eine 42-Stunden-Woche[6] ebenso normal wie in Japan (41,8) oder den USA (44)[7]. Auch ein Urlaubsanspruch von 20 Tagen

6 Quelle: http:// epp.eurostat.ec.europa.eu

7 Quelle: http://laborstat.ilo.org

(Deutschland 26) ist weitgehend verbreitet. Dieses enorme Zeitpotential wiederum ermöglichte es, dass sich Menschen ihren (vermeintlich oder wirklich eigenen) Interessen widmen konnten und so die Grundlage für ganze Industriezweige und Branchen legten. Die „Erlebnisgesellschaft" (Schulze 1992) wäre ohne diese Entwicklungen undenkbar.

Die hier dargestellten, zunächst nicht unmittelbar zwingend zusammengehörenden Charakteristika der Moderne verdichten sich in ihrem Zusammenspiel zu einer spezifischen historischen Gesellschaftsformation. Diese ist zusammenfassend durch folgende Stichworte zu charakterisieren:

- Universalisierung von Normen und Rechten, insbesondere der Menschenrechte.
- Nationalstaatliche Territorialität ersetzt den Feudalstaat.
- Das soziale System Gesellschaft erfährt im Zuge von Säkularisierung, Demokratisierung und Industrialisierung eine umfassende funktionale Ausdifferenzierung gesellschaftlicher Teilbereiche wie etwa der Wirtschaft, der Politik, der Kultur, der Religion und des Rechts.
- Der Staat entwickelt sich zum demokratischen Rechts-, National-, Sozial- und Wohlfahrtsstaat. In diesem Zuge kommt es zum Auf- und Ausbau eines ausgeklügelten Bildungs-, Gesundheits- und Versorgungssystems im modernen Sozial- und Wohlfahrtsstaat.
- Es kommt zu einer umfassenden Konzentration von Verwaltung und einer Bürokratisierung des Staats.
- Mit der „Individualisierung des Denkens und Handelns" und der Bildung von „Wahlgemeinschaften" sowie der zunehmenden Auflösung der Ständeordnung entsteht eine neue gesellschaftliche Ordnung auf der Basis von Klassen, Schichten und Milieus.
- Es entstehen urbane Agglomerationen, die als wirtschaftliche, politische und kulturelle Zentren der Moderne zu betrachten sind.
- Die moderne Gesellschaft ist eine geschlechtsspezifisch differenzierte und kapitalistisch geprägte Erwerbsgesellschaft.
- Auf der Basis des Cartesischen Programms entstehen sowohl ein Weltbild der Naturbeherrschung und –nutzung als auch Vorstellungen und Leitbilder von Machbarkeit, Perfektionierbarkeit und Steigerbarkeit, die den Kern des modernen Weltverständnisses ausmachen.
- Leistung und Leistungsbereitschaft gewinnen in der Moderne zentrale Bedeutung.
- Durch technische Entwicklungen und sozialstaatliche Reformen gewinnen die Menschen immer mehr Zeit – Freizeit – zur eigenen Verfügung.

Die Moderne des 20. Jahrhunderts definiert sich über die geschilderten Eigenschaften, Strukturen und Systemlogiken. Zugleich bildet sie die Folie für die in ihrer Existenz und Bezeichnung heftig diskutierte Postmoderne. Die Grenzen von Moderne und Postmoderne sind jedoch je nach Blickwinkel und Auffassung der Autoren verschieden. Die Moderne wird so oftmals als „rasch vorübergehende" Gegenwart oder als gleichermaßen „beschleunigte" Moderne empfunden.

2. *Was ist Postmoderne?*

Ihren Ursprung hat die Postmoderne als Konzept in den 1930er und 1940er Jahren. Der Begriff wird ab den 1960er Jahren zunächst zur Charakterisierung von Wandlungen und Umbrüchen vor allem in Architektur, Kunst und Literatur verwendet. Postmoderne steht hier in erster Linie für eine neue Vielfalt von Konzeptionen und Bauelementen und deren spielerischer Kombination. Er ist zunächst nicht im Zusammenhang mit der Analyse von Gesellschaften zu finden, wenn man vielleicht einmal absieht von der Betrachtungsweise, wonach Kunst als Avantgarde der Gesellschaft fungiert, also in der künstlerischen Postmoderne die gesellschaftliche Postmoderne vorweggenommen wird. Fasst man nun Moderne als eine geschichtliche Epoche und nimmt man die Postmoderne beim Wort, so bezeichnet Postmoderne die Epoche, die die Moderne beendet und ihr nachfolgt. Wenn also der Begriff „Postmoderne" als Epochenbegriff verwendet wird, ist aufzuzeigen, ob und inwieweit die Moderne und mithin ihre Charakteristika zu Ende gegangen sind, ersetzt oder zumindest qualitativ derart transformiert wurden, dass es gerechtfertigt ist, von einer neuen Epoche zu sprechen. Dessen sind sich viele Wissenschaftler nicht sicher und so ist es nicht verwunderlich, dass dieser Begriff umstritten ist[8].

Analytisch bietet es sich an, Postmoderne in zwei Dimensionen zu fassen, die sich als zentral herauskristallisiert haben und in gewisser Weise auch den Anschluss an die künstlerische Postmoderne erlauben: eine *philosophisch-wissenschaftstheoretische Dimension* und eine *gesellschaftliche Dimension*. Beide hängen nicht notwendig zusammen und sind nicht als deckungsgleich zu betrachten, sind aber andererseits ohne die jeweils andere weder denkbar noch anwendbar, denn sie interagieren gewissermaßen. Die *philosophisch-wissenschaftstheoretische Dimension* von Postmoderne kann als Vielfalt ernster wie spielerischer und ironisch-distanzierter Denkbewegungen charakterisiert werden, die analog zu gesellschaftlichen Veränderungen Basisprämissen modernen Denkens transformiert und kritischer Analyse unterwirft. Als Stoßrichtung ist ihnen gemein: die Überwindung moderner totaler und diskriminierender Macht- und Herrschaftsverhältnisse, die Infragestellung moderner Legitimation von Macht, die Neubegründung von Politik und Norm. Postmoderne Philosophie will in ihrer produktiven Linie moderne Ideen und Gesellschaftsordnungen „aufdecken" und dekonstruieren. Die *gesellschaftliche Dimension* von Postmoderne umfasst einen grundlegenden Wandel von Basisprämissen moderner Gesellschaften, wie sie im vorangegangenen Kapitel skizziert wurden. Dieser Wandel wirkt unmittelbar auf die Gesellschaften, Institutionen, Organisationen und in letzter Konsequenz auch auf Gruppen und Individuen. Sie sind mit den Auswirkungen des Wandels konfrontiert und müssen mit ihm in der einen oder anderen Form umgehen.

8 Eine gute und umfassende Diskussion der Begrifflichkeiten findet sich etwa bei Welsch 2002 und kürzer bei Welsch 1988a und 1991a sowie kritisch zu Welsch bei Willms 1989.

Postmoderne bezeichnet also den Prozess und das (vorläufige) Ergebnis der Transformation gesellschaftlicher, philosophischer und wissenschaftlicher Grundmuster und Befindlichkeiten der Moderne. Dies freilich ist am besten über eine phänomenologische Beschreibung des Wandels zu erfassen. Eine Verkürzung des Begriffs auf eine kurze Formel ist weder sinnvoll noch möglich. Von besonderem Interesse ist dabei die Divergenz, das Auseinandertreten von philosophischer und gesellschaftlicher Postmoderne. Ist erstere aus einer normativen, von humanistischen Grundsätzen geleiteten Perspektive als positiv zu begrüßen, so ist eine Bewertung bei letzterer schwierig: Der gesellschaftliche Wandel erscheint für Individuen wie Gesellschaften auf den ersten Blick zumindest ambivalent. Neuen Freiheiten, Freisetzungen aus überkommenen Zwängen und Traditionen sowie Chancen auf der einen Seite stehen neue Zwänge, Herausforderungen und Risiken gegenüber.

Es sei in diesem Zusammenhang einschränkend darauf verwiesen, dass Postmoderne als Phänomen epochalen gesellschaftlichen Wandels vor allem in den hochentwickelten Industrienationen Europas, Nordamerikas und allenfalls noch in Japan sowie zum Teil in den sogenannten Tigerstaaten Südostasiens – und hier insbesondere in den urbanen Zentren - zu beobachten ist. Der „Rest der Welt" bleibt davon nur mittelbar betroffen. Die philosophisch-wissenschaftliche Debatte bleibt jedoch nicht mehr auf diese Staaten beschränkt und wird – unter je anderem Blickwinkel – auch in Asien und Südamerika, selbst in islamischen Ländern geführt. Denn Globalisierung, Digitalisierung und andere Entwicklungstendenzen wirken auch dort, jedoch oft mit anderen Implikationen. Aufschlussreich dafür könnte die Sprachanalyse von Herrschaftsdiskursen sein: Kommunikation und Information sowie die Verfügung über sie werden zunehmend zentral in der sich globalisierenden und vernetzenden Weltgesellschaft.

3. Postmoderne als philosophisch-wissenschaftstheoretisches Konstrukt

Postmoderne steht in der Philosophie ähnlich wie in Kunst und Architektur für methodischen wie inhaltlichen Pluralismus, für Pluralität als Grundtendenz zeitgenössischer Philosophie. Sie lehnt den als Kennzeichen der Moderne angesehenen Gedanken übergreifender Ideen, Bekenntnisse und Erkenntnisse ab. Dies spiegelt sich auch in Paul Feyerabends berühmter Formel „anything goes" für die pluralistisch-libertäre Grundverfassung postmoderner Gesellschaften, die er in der Universalkritik moderner Wissenschaft und Erkenntnis in seiner Schrift „Wider den Methodenzwang" (Feyerabend 1976) erläutert. Im Kontext des philosophischen Diskurses ist der Ausdruck „Postmoderne" jedoch in mehrfacher Hinsicht umstritten: erstens in seiner Legitimität, denn es herrscht keine Einigkeit bezüglich der Existenz neuer Phänomene, welche den neuen Begriff rechtfertigt; zweitens in seinem Anwendungsbereich und in seiner inflationären Verwendung; drittens in seiner zeitlichen Einordnung in den USA (1950er) und Europa (1970er); die wohl größten Probleme bereitet jedoch viertens die inhaltliche Füllung des Begriffs Postmoderne, die wahlweise und je nach Stoßrichtung mit dem Zeitalter der Technologien, dem Abschied

von einem technologisch-rationellen Primat oder mit grün-alternativen Vorstellungen verknüpft ist. So erhofft sich eine Richtung von der Postmoderne eine neue Integration der fragmentierten Gesellschaft, während eine andere eine Epoche gesteigerter Pluralisierung und Fragmentierung erwartet.
Gemein ist den philosophischen Diskursen jedoch der Ausgangspunkt: ein sich manifestierender Wandel der Grundbefindlichkeiten und Grundstrukturen moderner Wissenschaft, Philosophie und moderner Gesellschaften insgesamt. Mit B. Willms kann Postmoderne als eine Überwindung der Moderne „durch die perspektivische Akzentuierung des Eigenen und Eigentümlichen der Gegenwart, durch Aufnahme modern tabuisierter oder vergessener historischer Möglichkeiten und durch die Verbindung dieser beiden Überwindungen in der postmodernen Philosophie" (Willms 1989:330) betrachtet werden. Dabei wendet sich die Postmoderne gegen all jene modernen Züge, welche dem postmodernen Pluralismus widerstreiten, wie Welsch betont: „Die Postmoderne entfernt sich von allen Formen des Monismus, der Unifizierung und Totalisierung, von der einen verbindlichen Utopie und den vielen versteckten Despotismen und geht statt dessen zu einem Dispositiv der Multiplizität und Diversität, der Vielfalt und Konkurrenz der Paradigmen und der Koexistenz des Heterogenen über" (Welsch 1988a:33).

Während es in den Naturwissenschaften aufgrund neuerer Erkenntnisse zur Ablösung des Cartesianischen Weltbildes kommt[9], vollziehen Philosophie und Linguistik den sogenannten „linguistic turn" (Rorty 1967): Sprache und Wissenschaft an sich werden relativiert und als Vollstreckungsgehilfen der Politik hinterfragt sowie Macht- und Herrschaftsanalysen unterzogen. Als zentrale Arbeiten postmoderner Philosophie, die einen gewichtigen Beitrag zur Diskussion der Postmoderne leisten, seien hier M. Foucaults poststrukturalistische Machtanalyse und Vernunftkritik (Foucault 1993) und J. Derridas Dekonstruktivismus (Derrida 1994), G. Vattimos postmoderne Philosophie (Vattimo 1990), der postmoderne Pragmatismus Rortys (Rorty 1992) sowie Schlüsselwerke von Deleuze/Guattari (1977) und Baudrillard (1978/ 1986 /1987) erwähnt.

Der Begriff „Postmoderne" wurde in die philosophische Diskussion systematisch jedoch durch *Jean-François Lyotard* eingeführt (Lyotard 1986; frz. 1979). Im Kern bezeichnet Lyotards Begriff der „Postmoderne" einen „Zustand der Kultur nach den Transformationen, welche die Regeln der Spiele der Wissenschaft, der Literatur und der Künste seit dem Ende des 19. Jahrhunderts getroffen haben" (Lyotard 1986:17). Diese Transformationen setzt er in Bezug zu der - wie er es nennt - „Krise der Er-

9 Fortschrittsglaube, Vorstellungen über Machbarkeit, Naturbeherrschung und Kontrolle werden nicht zuletzt durch die bahnbrechenden Entdeckungen der Physik zu Beginn des 20. Jahrhunderts erschüttert. Die Relativitätstheorie transformiert die Vorstellung objektiver Wahrheit, Quantenphysik und Chaostheorie die Vorstellung der genauen Erfassbarkeit und damit Kontrollierbarkeit der Natur. Hinzu kommen naturwissenschaftlich entweder nicht voraussagbare oder nicht kontrollierbare Nebenfolgen technologischer Entwicklung (Seweso, Tschernobyl, Gentechnologie), welche der Mathesis universalis eine Abfuhr erteilen.

zählungen". An Wittgensteins sprachphilosophische Überlegungen anknüpfend[10], betrachtet Lyotard Sprache als Kämpfen im Sinne des Spielens, welche auf Gewinn und nicht auf Konsens oder Wahrheit ausgerichtet sei, wenngleich sie doch bestimmten festgelegten Spielregeln folge. Aus postmoderner Perspektive lässt sich in dieser Logik der soziale Zusammenhang (die Gesellschaft) als Sprachspiel auffassen. Sprachspiele stellen demnach auch das Minimum an Beziehungen für den Fortbestand einer Gesellschaft dar.

Lyotard entfaltet in seiner philosophischen Gegenwartsdiagnose „Das postmoderne Wissen" die Vorstellung, dass das Konzept der Postmoderne keineswegs durch die neuen Technologien bestimmt, sondern im Gegenteil davon unabhängig sei und als Bewertungsmaßstab dienen könne. Postmoderne und postindustrielles Zeitalter sind nicht identisch. Postmoderne ist nach Lyotard charakterisiert durch die Diagnose des Zerfalls als Ausgangssituation und durch die Beförderung der Vielheit als Zukunftsaufgabe. Er kommt zu dem Schluss, es gebe eine unbestimmte Zahl von Sprachspielen mit unterschiedlichen Regeln, für die keine universelle Metasprache existiere, und so komme der Aufklärungs- und Vernunftanspruch der Moderne an sein Ende, das Ende der Metaerzählungen. Denn unter den Bedingungen der postindustriellen Gesellschaft beobachtet er „die Verwandlung der Sprache in eine produktive Ware" (Lyotard 1985:84), welche durch die „Hegemonie der Informatik" (Lyotard 1986:24) auf ihre Informations- und Kommunikationsfunktion reduziert, alle nicht-technischen Dimensionen von Sprache jedoch gleichermaßen ausschließe. In postmodernen Gesellschaften sei wissenschaftlich-technisches Wissen dominant. Gleichzeitig komme es zur Delegitimierung der oben angeführten Metaerzählungen der Aufklärung (Emanzipation des Individuums, Einheit von Subjekt und Vernunft, Sinnhaftigkeit der Geschichte). Dies schließe aber auch den Universalitätsanspruch von Wissenschaft ein: Sie erweist sich bei Anwendung ihrer eigenen Spielregeln auf sich selbst als von nicht-wissenschaftlichem Vorwissen abhängig und fällt unter Ideologieverdacht (vgl. Rieger/Schultze 1995:487). Einer solchen Wissenschaft hält Lyotard die Vielfalt der Sprachspiele und das darauf bezogene „postmoderne Wissen" entgegen und fordert Aufmerksamkeit für Instabilitäten, Widersprüche und Unvereinbarkeiten. Es geht ihm um die Delegitimierung aller privilegierten, zum Herrschaftsinstrument taugenden Sprachspiele und die Betonung der Diskontinuitäten, Inkommensurabilitäten und Kontingenzen, welche die Postmoderne ausmachen. Seine Absicht ist die notwendige immerwährende spielerische Dekonstruktion und Verflüssigung von substantiellen Wahrheiten und der damit verbundenen Begründungen eines Vorranges des Partikularen vor dem Universellen.

10 Vgl. dazu v.a. den „Tractatus logico-philosophicus" und die „Philosophischen Untersuchungen" (Wittgenstein 1984). Wittgenstein geht davon aus, dass Sprache im Sinne des Zeichengebrauchs menschliche Tätigkeiten weitgehend bestimme und sowohl in einfacher als auch komplizierter Form lediglich ein spezifisches und konkretes, bestimmten Regeln folgendes Sprachspiel sei. Die Analyse von Sprache, Sprachspielen und den Regeln, welche diese Sprachspiele befolgen, bietet daher gleichzeitig eine Analyse von Lebensformen und auch gesellschaftlichen Zusammenhängen.

In „Der Widerstreit" (1987) entwickelt Lyotard den Gedanken der Inkommensurabilität der verschiedenen sprachlichen Diskursarten weiter. Man könne aussagen, dass etwas geschieht; aber was geschieht, gehöre schon einer bestimmten Diskursart an. Lyotard geht es nun darum, „den Widerstreit im Unentschiedenen und Spannungsvollen zu erhalten" (Reese-Schäfer 1995:70): „Der Widerstreit ist der instabile Zustand und der Moment der Sprache, in dem etwas, das in Sätze gebracht werden können muss, noch darauf wartet. Dieser Zustand enthält das Schweigen als einen negativen Satz, aber er appelliert auch an prinzipiell mögliche Sätze. Was diesen Zustand anzeigt, ist normalerweise ein Gefühl (...) Es bedarf einer angestrengten Suche, um die neuen Formations- und Verkettungsregeln für die Sätze aufzuspüren, die dem Widerstreit, der sich im Gefühl zu erkennen gibt, Ausdruck verleihen können, wenn man vermeiden will, dass dieser Widerstreit sogleich von einem Rechtsstreit erstickt wird und der Alarmruf des Gefühls nutzlos war. Für eine Literatur, eine Philosophie und vielleicht sogar eine Politik geht es darum, den Widerstreit auszudrücken, indem man ihm entsprechende Idiome verschafft" (Lyotard 1987: Aphorismus 22). Denn im postmodernen Sprachmodell existiert kein universeller Metadiskurs und so scheidet auch Konsensus als Lösung des Widerstreits aus. Gerechtigkeit ist demzufolge dadurch zu erreichen, dass jeder in die Lage versetzt wird, sein Idiom zu finden und sich auch Gehör verschaffen zu können. Damit ist das Programm der Lyotardschen Postmoderne formuliert: offener Diskurs und Diskursgerechtigkeit jenseits von (hegemonieansprüchlichen) Sprachspielen, Dekonstruktion und Unentschiedenheit – eine „demokratische Pluralismustheorie, die gerade die Verschiedenheit der Diskurse garantieren möchte" (Reese-Schäfer 1995:72) und alles Wissen auch jenseits des technisch-wissenschaftlichen mit einbezieht. Es ist also gerade nicht das Verlangen nach Beliebigkeit der Lebensformen, Identitäten und Gesellschaftsformen, sondern eine neue, die Moderne und ihre Metaerzählungen überwindende Ordnung der Unentschiedenheit - und wenn man so will Toleranz -, die Lyotard in der Postmoderne verwirklicht gesehen haben will.

Einen etwas anderen Ansatz der Analyse von Sprachspielen verfolgt *Michel Foucault.* Er unterzieht in seiner Arbeit „Die Ordnung des Diskurses" (Foucault 1999: 54-73) die Regeln und Verfahren von Sprachspielen und deren Produktion einer fundamentalen Machtanalyse, in der er Mechanismen von Schließung und Ausschließung in der Verwendung von Sprachformen untersucht. Foucault geht von der Annahme aus, dass in jeder Gesellschaft „die Produktion des Diskurses zugleich kontrolliert, selektiert, organisiert und kanalisiert" werde durch Prozeduren der Bändigung von Gefahren, Unberechenbarkeiten und Bedrohlichkeiten der Materialität des Diskurses. Diese zugleich kurze und komplexe Arbeit ist wohl als ein Kernstück der Foucaultschen Macht- und Diskursanalyse zu fassen, in der er sich im Wesentlichen mit der Macht über Diskurse und deren Mittel zur Beherrschung von Diskursen auseinandersetzt (vgl. Foucault 1999:54).

Eine andere, doch letztlich auf die gleichen gesellschaftlichen Erscheinungen zielende, Perspektive als etwa Lyotard verfolgt Jean Baudrillard in seiner Analyse der „Agonie des Realen" (1978a). Er geht davon aus, dass unsere Gegenwart ein Zeitalter der Simulation sei, in dem sich die bis dato bestehende, der Aufklärung geschuldete und zutiefst moderne Trennung der Gegensatzpaare wahr/falsch und real/irreal auflöse. An ihre Stelle tritt die Simulation, die „sich verschiedener Modelle zur Generierung eines Realen ohne Ursprung oder Realität" (Baudrillard 1978a:7) bedient, das Baudrillard dann das „Hyperreale" (ebd.) nennt. Das Aufkommen der Simulation bedeutet für ihn zugleich das Ende der Metaphysik, da der „Spiegel des Seins und der Erscheinungen, des Realen und seines Begriffes" (ebd.: 8) eliminiert wurde durch einen Übergang zu einem „(...) Raum, dessen Krümmung nicht mehr dem Realen oder Wahrheit folgt" und in dem alle Referentiale liquidiert wurden. Zentral ist nach Baudrillard dabei das freie Erzeugen von neuen Referenz- und Zeichensystemen, in denen das Reale durch „Zeichen des Realen" ersetzt wird: „Das Hyperreale ist von nun an vor dem Imaginären, vor jeder Trennung von Realem und Imaginärem sicher. Zugelassen wird nur noch ein orbitaler Rücklauf von Modellen und die simulierte Generierung von Differenzen" (Baudrillard 1978a:10). Erst durch diese Operation der Entgrenzung von Bezugsrahmen wird das möglich, was einige Philosophen und Soziologen als maßgebliches Charakteristikum der postmodernen Wende bezeichnen: die Ästhetisierung des Alltags und das Aufkommen der „Consumer Culture", wie sie etwa von Mike Featherstone (1987; 1991) oder Don Slater (1997) analysiert wird.

In seiner Analyse „Consumer Culture & Postmodernism" verweist Mike Featherstone (1991) auf eine beobachtbare und erlebbare umfassende Ästhetisierung des Alltagslebens, die aus seiner Sicht die zentrale Entwicklungstendenz im Rahmen der postmodernen Formation gegenwärtiger Gesellschaften darstellt. Dabei bezieht er sich hier insbesondere auf die von Baudrillard (1983a) angeführte Ästhetisierung des Alltags und die Transformation der Realität in „Images" oder Bilder und den von Jameson (1984a) beobachteten Verlust von Geschichtssinn, der einhergehe mit der Fragmentierung von Zeit in eine Serie von fortwährenden Gegenwarten, welche die Erfahrung von multiphrenen Intensitäten beinhalteten. Featherstone spricht daher auch von der postmodernen Erfahrung als „intensification of image production in the media and consumer culture in general" (Featherstone 1991:65) und unterscheidet im Hinblick auf die Ästhetisierung des Alltagslebens drei maßgebliche Ausdrucksformen: Erstens die von künstlerischen Subkulturen vorangetriebene Auslöschung oder zumindest weitgehende Auflösung der Grenzen zwischen Kunst und Alltagsleben, die in der Annahme mündet, Kunst könne überall und alles sein: „The detritus of mass culture, the debased consumer commodities, could be art" (Featherstone 1991:65). Zweitens das Projekt des „turning life into a work of art", das Leben als Kunstform auffasse und seinen Ausdruck in erster Linie in ästhetischem Konsumismus finde. Dieser ästhetische Konsumismus findet sich nach Featherstone jedoch nicht nur in den künstlerischen Subkulturen, sondern werde mehr und mehr zum Kennzeichen des Massenkonsums: "This dual focus on a life of aesthetic consumption and the need to form life into an aesthetically pleasing whole on the part of artistic and intellectual countercultures should be related to the development of mass consumption in general and the pursuit of new tastes and sensations and the construction of distinctive lifestyles which has become central to consumer culture" (Featherstone 1991:66). Und drittens das "konsumgesellschaftliche Primat der Bildlichkeit" (Ueltzhöffer 1999:626), das sich im „rapid flow of signs and images which saturate the fabric of everyday life in contemporary society" (Featherstone 1991:67) manifestiere. Folgt man Featherstone in seinen Überlegungen, so ist es genau dieser Prozess der allgegenwärtigen Verbildlichung und Versinnbildlichung, der den postmodernen Epochenwechsel markiert. Baudrillard etwa beschrieb den Kern der postmodernen Ästhetisierung des Alltagslebens schon 1983 folgendermaßen: „Today it is quotidian reality in its entirety – political social, historical and economic - that from now on incorporates the simulating dimension of hyperrealism. We live everywhere already in an aesthetic hallucination of reality" (Baudrillard 1983a:148). Postmoderne ist für ihn in erster Linie eine durch die Auflösung der Unterscheidung zwischen Realität und Bild entstehende ästhetische Simulation. Mit dem Entstehen dieser in erster Linie medial vermittelten „Versinnlichung von Kommunikationsweisen, Lebensweisen und Sozialbeziehungen" eröffnen sich nicht nur „neue Chancen für eine umfassende Welt- und Selbsterfahrung", sondern auch „hohe Risiken der Blendung und der Unmündigkeit" (Flaig / Meyer / Ueltzhöffer 1994:11). Diese bringt Featherstone folgendermaßen auf den Punkt: „The centrality of the commercial manipulation of images through advertising the media and the displays, performances and spectacles of the urbanized fabric of daily life therefore entails a constant reworking of desires through images. Hence the consumer society (…) also confronts people with dream-images which speak to desires, and aestheticize and derealize reality" (Featherstone 1991:67f). Es sind also insbesondere Herstellung und Konsum von Waren und Gütern mit damit verbundenen „Images", in denen die Ästhetisierung der Lebenswelt ihren Ausdruck findet und Einzug hält in die Lebensweisen von Individuen.

Denn im Zuge der mit Individualisierung und Pluralisierung postmoderner Lebenszusammenhänge einhergehenden Auflösung überkommener Lebensmuster und Sozialstrukturen in der postmodernen „consumer culture" (Featherstone 1991) ist zu beobachten, dass „Alltagsbewusstsein und Alltagsverhalten (...) nicht mehr, genauer: nicht mehr in erster Linie durch schichtbezogene Variablen (z.B. Einkommen, Beruf, Lebensstandard, sozialer Status usw.) bestimmt [werden], sondern vielmehr durch die alltagsästhetischen Beziehungswahlen der Menschen und durch die grundlegenden – und außerordentlich vielfältigen – Wertorientierungen, auf die sie schließen lassen" (Ascheberg 2006:18).

Mit Lyotard und im Anschluss daran Wolfgang Welsch beginnt Postmoderne also dort, wo das Ganze aufhört, und man kann es Lyotard wie Foucault anrechnen, dass sie die Mechanismen verabsolutierender Meta-Erzählungen sprachphilosophisch durchleuchtet und hinterfragt haben. Postmoderne Pluralität impliziert damit sowohl gesteigerte „Gerechtigkeitsprobleme" als auch „Gerechtigkeitsansprüche" und eine Sensibilisierung gegenüber Ungerechtigkeiten. Daher tritt in diesem Verständnis Postmoderne jedwedem Versuch der Retotalisierung entgegen und sucht das Ende der Einheit positiv zu nutzen: Vielfalt muss in ihrer Legitimität und Eigenart gesichert und entfaltet werden. Daraus resultiert die Betonung von Gewaltenteilung, Polytheismus und uneingeschränkter Anerkennung und Beförderung der Pluralität von Lebensentwürfen, Sozialbeziehungen und Wissenschaftskonzeptionen. Baudrillard und in der Folge etwa Featherstone ist die Analyse der Veränderung postmoderner Realität und damit verbunden überhaupt die Möglichkeit der Vielfalt und des Widerstreits, wie sie Lyotard sieht, zu verdanken, die im Wesentlichen eine Transformation hin zur Simulation und zum Hyperrealen bedeutet, die eine enge Verbindung mit der Logik des Marktes in Konsumgesellschaften eingeht und ohne die umfassende Ästhetisierung des Alltags undenkbar wäre.

4. Postmoderne als gesellschaftliches Phänomen

Die gesellschaftliche Entwicklung der hochentwickelten Industrienationen der nördlichen Hemisphäre zeitigt spätestens seit der Mitte des 20. Jahrhunderts einen fundamentalen Wandel, der durchaus Parallelen und starke Bezüge zum postmodernen Denken und den Basiskonzepten ihrer Gesellschaftsanalyse aufweist. Der Wandel manifestiert sich in nahezu allen gesellschaftlichen Sphären oder Subsystemen der Gesellschaft, Kultur und Kunst, Religion, Wissenschaft, Wirtschaft, Politik, (Zivil-) Gesellschaft und insbesondere auch in den in diese Systeme eingebundenen Individuen. Individuen und Gruppen schlagen die Auswirkungen gesellschaftlichen Wandels entgegen, sie müssen auf die eine oder andere Art mit veränderten Lebensbedingungen zurechtkommen.

Diese Phänomene sind in zahlreichen Gegenwartsanalysen untersucht, interpretiert, diskutiert und mit Etiketten versehen worden, die das Neue und Besondere der Postmoderne betonen. Becks „Risikogesellschaft“ (1986) oder die Rede von der „Dienstleistungsgesellschaft“ bzw. der „postindustriellen Gesellschaft“ (Bell 1975) sollen hier als Beispiele genügen. Der Begriff Postmoderne, unter den sie gelegentlich subsummiert werden, stellt in diesem Zusammenhang gleichsam eine „Meta-Etikettierung“ dar. Doch was sich hinter dieser Spielart der „Postmoderne-Diskussion“ verbirgt, ist mehr. Die als postmodern bezeichnete Veränderungsdynamik lässt sich aus soziologisch-politikwissenschaftlicher Perspektive in den folgenden Begriffen fassen, welche freilich analytisch auf verschiedenen Ebenen anzusiedeln sind und das Phänomen nicht vollständig erfassen:

- Eine Pluralisierung von Werten, Normen, Kulturen und Lebensformen geht einher mit der Aufgabe eines integrierten Gesellschaftsbegriffs.
- Es kommt zu Enttraditionalisierung, Verflüssigung und Auflösung überkommener Sozialstrukturen und Verhaltensmuster, von Moral- und Wertvorstellungen.
- Alltagsästhetik und Soziale Milieus werden zum strukturierenden Prinzip der postmodernen Gesellschaften und insbesondere die sozial-ästhetische Segmentierung ersetzt überkommene Schichtungs- und Klassenmodelle sozialer Distinktion.
- Geschlechterrevolution, Emanzipation und Infragestellung geschlechtsspezifischer Arbeitsteilung und Rollenvorstellungen.
- Globalisierung von Ökonomie, Politik und Kultur.

- Technisierung, Digitalisierung und Informatisierung von Ökonomie und Gesellschaft.
- Eng damit verbunden eine explosionsartige Zunahme an Möglichkeiten von Kommunikation, Austausch und Angebot von Wissen sowie die Inszenierung und Konstruktion von Sinn- und Lebenswelten.
- Die Krise von Erwerbsarbeit und Wohlfahrtsstaat, welche das Ende der Industriearbeit, eine „Dienstleistungsrevolution" und fundamentale Unsicherheiten bezüglich Arbeit, Bildung, etc. implizieren.
- Eine umfassende Flexibilisierung und Mobilisierung in Arbeit, Lebensort, Erziehung, Politik und sozialen Bindungen.
- Risikoproduktion und ökologische Krise.
- Entsubstantialisierung, Pluralisierung und Neuformulierung von Raum- und Zeitbegriffen, von Gütern und Waren, von Werten und Wissen.
- Neue Formen von Religiosität, Spiritualität und Sinnangeboten jenseits von Gott („Patchwork-Religionen").
- Extreme Phänomene wie Neofundamentalismus, globalisierter Terrorismus und vernetzter Rechtsextremismus, die nur bedingt als anti-postmoderne Gegenphänomene aufzufassen sind.

Die Basisprämissen der Moderne befinden sich im Umbruch, werden gleichsam durch die angedeuteten gesellschaftlichen Veränderungen herausgefordert: Nationalstaatlichkeit, Rationalität und Kontrollierbarkeit gesellschaftlicher Abläufe, Vollbeschäftigungsgesellschaft und Reichtumsdynamik, geschlechtsspezifische Arbeitsteilung und Rollendifferenzierungen werden ebenso transformiert wie das Subjekt und seine Identität dezentralisiert werden. Allgemein gilt, dass grundlegende Koordinaten modernen Selbstverständnisses dekonstruiert, destrukturiert und mehr oder weniger grundlegend verändert werden wie etwa die Vorstellungen von Einheit, Kontinuität, Kohärenz oder Fortschritt. Demgegenüber gewinnen Begriffe wie Kontingenz, Diskontinuität, Fragmentierung oder Reflexivität als Marksteine neuer Welterfahrung an Bedeutung.

Von herausragender Bedeutung sind dabei die vielfältigen Prozesse der zwar zunächst und zuerst ökonomischen, aber eben auch politischen und kulturellen *Globalisierung*. Diese transzendiert die ökonomische ebenso wie die nationalstaatliche Selbstdefinition der Moderne. Lokale und nationale Strukturen in Wirtschaft, Politik und Kultur werden entgrenzt und miteinander vernetzt. Im Zeitalter dieser postmodernen Globalität (Sloterdijk 2005) verlieren die Begriffe Zentrum und Peripherie an Bedeutung, da zumindest virtuell jeder Ort und jedes Geschehen zu jeder Zeit im Zentrum der Aufmerksamkeit stehen kann. Die Einflüsse der Globalisierung schaffen so neue Möglichkeiten der Kommunikation und Organisation von Handlung und Gemeinwesen, die in verschiedenen Gegenden oder Örtlichkeiten entgegengesetzte Folgen hervorrufen können. Zum einen kommt es zur Neubesinnung auf das Lokale, zum anderen zu einem Überdenken der Rolle des Globalen. So wohnt Globalisierungsprozessen etwa die Tendenz zur Verlagerung lokaler Handlungskontexte inne, welche von den Betroffenen umgeordnet werden müssen. Daher kommt es nach

Giddens (1997:118) im innersten Geflecht des Alltagslebens zu bedeutenden Veränderungen, die sogar den Aufbau der Personenidentität prägen. Dies gilt auch und insbesondere für die marktförmige Verfasstheit des Wirtschaftens in modernen Gesellschaften. Zwar bleibt die Grundform – Kapitalismus – erhalten, jedoch erfährt die Produktionsweise im Zuge der Globalisierung tief greifende strukturelle Veränderungen. Die Bedeutung materieller Waren, Güter und Werte nimmt vor allem in den fortgeschrittenen Konsumgesellschaften ab. Dafür werden aber vermehrt im Wesentlichen ortsunabhängige, virtuelle Werte (Aktien, Portfolios, etc.), Dienstleistungen, Wissen und Zugang zu Wissen (inkl. Technologien) sowie mit Produkten zusammenhängende „Sinn- und Lebenswelten" Gegenstand wirtschaftlichen Handelns. Man mag dies wie etwa Heiner Keupp beklagen und in der „Überwindung raum-zeitlicher Fixpunkte der Produktion und Zirkulation von Waren" in erster Linie den Verlust der kulturellen Orientierungsfunktion sehen: „An ihre Stelle treten Bilder und symbolische Referenzpunkte, die in einer globalisierten Medienwelt und Kulturindustrie nicht mehr ohne weiteres an eigene lebensweltliche Erfahrungskomplexe geknüpft sind" (Keupp 1999:36). Oder man mag darin zunächst nur die veränderte Logik des Ökonomischen erkennen, die Jean Baudrillard beispielhaft in Bezug auf die postmoderne Urbanität folgendermaßen zusammenfasst: „Wohl existiert immer noch das Wertgesetz, aber es hat sein Terrain gewechselt. Aus dem Wertgesetz im Sinne der Ökonomen oder im Sinne von Marx - Gesetz der quantitativen Äquivalenzen, des allgemeinen Äquivalents und des Mehrwerts - ist das Wertgesetz im Sinne Saussures geworden: jeder Term eines Systems hat Wert nur durch seine Beziehung zu den anderen, zu allen anderen Termen; kein Term hat Wert an sich, vielmehr geht der Wert aus der totalen Austauschbarkeit der Elemente hervor (...). Es ist dieses linguistische und strukturelle Wertgesetz, das uns heute regiert und das einer phantastischen Ausweitung des ökonomischen Wertgesetzes entspricht" (Baudrillard 1978a:20, vgl. auch Baudrillard 2005:15ff) und das so treffend den Zustand der globalisierten Ökonomie und Kultur beschreibt.

Im Zuge der *„dritten industriellen Revolution*" - und man möchte hinzufügen der Revolution der Zeichen - kommt es zur Umstrukturierung und Neuverteilung von Arbeit in den entwickelten Gesellschaften, die gelegentlich als *Krise der Vollbeschäftigungs- und Erwerbsgesellschaft* und sich abzeichnende flexible Unterbeschäftigung diagnostiziert wurde, in deren Rahmen es zu einer Neudefinition von Statuszuweisungen, sozialer Absicherung und Konsummöglichkeiten kommen muss. Denn „die formelle Arbeits- und Vollbeschäftigungsgesellschaft, und mit ihr das sozialstaatlich geknüpfte Netz, gerät in der entörtlichten Produktions- und Kooperationsweise in die Krise" (Beck 1999:26) und kann nicht länger als Begründung dienen, da Arbeit und vor allem der Arbeitsmarkt individualisiert, flexibilisiert und mobilisiert werden. So entstehen neue Beschäftigungsfelder und -formen, wo Lebensarbeitsplätze verschwinden. *Richard Sennett* fasst diese Entwicklung unter dem Stichwort *„flexibler Kapitalismus*" zusammen, der ein System beschreibe, „(...) das mehr ist als eine bloße Mutation des Themas. Die Betonung liegt auf der Flexibilität. Starre Formen der Bürokratie stehen unter Beschuss, ebenso die Übel blinder Routine. Von den Arbeitnehmern wird verlangt, sich flexibler zu verhalten, offen für kurzfristige Veränderungen zu sein, ständig Risiken einzugehen und weniger abhängig von Regeln und förmlichen Prozeduren zu werden" (Sennett 2002:10). Er fragt in der Folge nach den Auswirkungen dieser auf Kurzfristigkeiten ausgerichteten wirtschaftlichen Rahmenbedingungen auf den Menschen. Re-Engineering, flexible Spezialisierung und Neo-Liberalismus seien die Kräfte, welche den Menschen dem Wandel unterwerfen.

Noch deutlicher wird im Zusammenhang mit der *postfordistischen Transformation des Kapitalismus Sven Opitz*, wenn er auf das für den Postfordismus charakteristische Auseinanderfallen von ökonomischem und national-politischem Raum und die damit einhergehende Formation von Wettbewerbsstaaten abhebt, der „(...) seine Subjekte, dem Unternehmen darin nicht unähnlich, als sich selbst verwertende an[ruft] und versucht, sein Budget durch die Privatisierung von Risiken sowie die Einschränkungen materieller Zuwendungen zu entlasten" (Opitz 2004:98). Das daraus resultierende Rationalisierungsleitbild öffne so das Ökonomische auf seinen sozialen Kontext hin und führe zu einer Entstandardisierung und Flexibilisierung ästhetischer Vergemeinschaftungen: „Der Einzelne muss sich in seiner Unverwechselbarkeit mit Hilfe ästhetischer Lebensstiloptionen, die hauptsächlich konsumistisch umgesetzt werden, inszenieren" (Opitz 2004:99). Hinzu tritt eine weitreichende Subjektivierung der Individuen nicht nur im ökonomischen Kontext, die als spezifische Art der Individualisierung in der Postmoderne verstanden werden kann und an deren Ende der „Arbeitskraftunternehmer" steht: „Die Anrufung als unternehmerisches Selbst verpflichtet das Subjekt auf ein Bündel von Persönlichkeitsmerkmalen, das die Übernahme von Selbstverantwortung für die eigene Situation ebenso einschließt wie die Bereitschaft, individuelle Risiken einzugehen (...) Die Beschaffenheit des unternehmerischen Selbst ist demnach alles andere als eine Privatangelegenheit" (Opitz 2004:149).

Der auf der wohlfahrtsstaatlichen Modernisierung beruhende *Individualisierungsschub* hat eine Erosion kollektiver Lebensmuster zur Folge, die insbesondere in so genannten Normalbiographien oder institutionalisierten Lebensläufen (Kohli 1985) ihren Ausdruck fanden. Mit den Auswirkungen gesellschaftlichen Wandels und insbesondere des Individualisierungsschubs befassen sich daher auch zahlreiche Forschungsinstitute weltweit und in zahlreichen Studien lassen sich die Auswirkungen der Individualisierung über die Erforschung von Lebensläufen relativ exakt nachweisen[11]. So ist es insbesondere die „Flexibilisierung der Erwerbsarbeit", die sich maßgeblich und durchaus riskant auf Lebenszusammenhänge auswirkt: „(...) Das Rollenmodell des sozialen Lebens, nach dem das eigene Leben als Kopie nach der Vorgabe traditionaler Blaupausen gelebt werden konnte, läuft aus. Individualisie-

11 So etwa das Bronfenbrenner Life Course Center der Cornell University (www.cornell.edu), das LifE-Projekt der Universitäten Zürich und Konstanz (www.paed.unizh.ch/pp1/follow-up/index.htm) oder das Institut für angewandte Biographie- und Lebensweltforschung der Universität Bremen (www.ibl.uni-bremen.de) und deren Publikationen. Vergleiche auch exemplarisch Beck/Beck-Gernsheim 1994, Kohli 1985 und 2003, Alheit/Haack/Hofschen/Meyer-Braun 1999 und Alheit/Völker/Westermann/Zwick 1994.

rung ersetzt die Kopisten-Existenz durch die dialogische Existenz, dialogische Imagination, in welcher die Gegensätze der Welt überbrückt werden müssen" (Beck 2001a:3-4). Dies bedeute jedoch keineswegs notwendigerweise eine immer größere „Ich-Werdung" der Individuen. Mit dem Prozess der Individualisierung einher gehen Prozesse der Transformation, Überformung oder gar Auflösung überkommener Modelle sozialer Segmentierung und gesellschaftlicher Gruppenbildung. So verlieren die Grenzen von Klassen und Schichten ihre deutlichen Konturen und auch traditionelle (sozialmoralische) Milieus wie etwa die proletarischen Milieus wandeln sich im Zuge der (Post-)Modernisierung (vgl. Alheit et al. 1999). Michael Baethge (1991) geht sogar so weit zu sagen, diese sozialmoralischen Milieus lösten sich in der Folge der De-Institutionalisierung von Lebenslaufmustern auf und „Individualisierung der Verantwortung für das Lebenslaufkonzept und dessen Gelingen heißt – negativ formuliert – Verlust des Schutzes der Gruppe oder Klasse." (Baethge 1991:37). Transformation und Auflösung überkommener sozialer Gruppierungen hat zum einen zweifellos den Verlust ihrer sozial prägenden Bedeutung und die Verflüssigung der Sozialstruktur moderner Gesellschaften zur Folge. Zum anderen bedeutet dieser Prozess eine Pluralisierung möglicher Lebensformen, Wertorientierungen und (Sub-)Kulturen, die nicht frei von einem gewissen Maß an Beliebigkeit und Widersprüchlichkeit zu sein scheinen.

Infolge des Individualisierungsschubs kommt es zu einer *„Geschlechterrevolution"*, die weitreichende Auswirkungen auf die Bedeutung und Gültigkeit von Familie und geschlechtsspezifischer Arbeitsteilung hat und sich diesseits und jenseits des Arbeitsmarktes auswirkt. „Die Geschlechts- und Generationenbeziehungen zwischen Männern und Frauen, Erwachsenen und Kindern werden ihrer naturalisierten Basisprämissen beraubt, wodurch die Welt der Kleinfamilie samt ihrer Vorstellung von Arbeitsteilung, Liebe, Haushalt schleichend revolutioniert wird" (Beck 1999:26). Die Konsequenz ist neben notwendiger wie wünschenswerter Emanzipation und Gleichstellung der Frauen aber auch die notwendige Neuaushandlung des Geschlechtervertrags. Sie stellt zum einen die Individuen in ihrer Lebensgemeinschaft vor Auseinandersetzungen, bringt diese aber auch oftmals in Konflikt mit Arbeitswelt, Kultur und institutionellen Regelungen. Es entstehen neue Unsicherheiten.

Im globalen Zusammenhang ökonomischer und ökologischer Prozesse entwickelt sich eine politische Dynamik einer als global wahrgenommenen *ökologischen Krise,* die auch und vor allem unter dem Eindruck der Klimadebatte neue Dimensionen erreicht. Im Rahmen dieser realen oder simulierten Bedrohungslage wird es zunehmend schwieriger, die Natur als neutrale und unendliche Ressource im Sinne des modernen instrumentellen Naturbezugs wahrzunehmen. Vermehrt setzt sich die Wahrnehmung durch, dass die Natur ein Teil der Gesellschaft sei und nicht außerhalb dieser existiere und dass die nachhaltige Zerstörung der Natur unvermeidlich die Gesellschaft zerstöre. Nicht zuletzt aus dieser Erkenntnis heraus sind die Aktivitäten zahlreicher transnationaler und internationaler Umweltschutzgruppen und Umweltbewegungen zu verstehen, die sich gegen die Dynamik der technologischen und ökologischen Risikoproduktion moderner Gesellschaften (Beck 1986; 1988) richten. Denn genau diese menschengemachten technologischen Großgefahren und

Naturzerstörungen wie Gentechnologie, Nukleartechnologie und Radioaktivität, Chemie, Waldsterben, Gewässerverschmutzung oder Luftverschmutzung und Ozonloch stellen nicht eingrenzbare, lediglich minimierbare und (wenn es zum Unglück kommt großteils) irreversible, „entscheidungsabhängig entstandene und damit gesellschaftlich zu verantwortende" Risiken dar, welche „auf das Leben aller zielen und im offenen Widerspruch zum institutionalisierten Wohlfahrts- und Sicherheitsversprechen des Staates stehen" (Beck 1988:10). Sie stehen jenseits des individuellen Einflussbereichs und wirken – einem Damoklesschwert gleich – dennoch auf alle Entscheidungen des Menschen ein, sind sie doch ein Teil der Gesellschaft und stehen eben nicht, wie von der Moderne proklamiert, außerhalb.

Durch eine ungeheuer hohe und sich beschleunigende *Innovationsrate* im technologischen Bereich schreiten die *Digitalisierung* von Kommunikation und die Entwicklung neuer Medien voran. Dies impliziert umgekehrt eine beschleunigte Veraltensrate, die zur Abwertung von je aktuellem Wissen und erlernten Fertigkeiten führt. Zum anderen eröffnet sie Zugang zu immer mehr und immer vielfältigeren Informations-, Wissens- und Sinnangeboten, deren Vielfalt auch mit dem schnellsten Gehirn nur unzureichend und in Ausschnitten erfasst, selektiert und verarbeitet werden kann. Auch bieten digitale Technologien die Folie für die Inszenierung und Konstruktion von Sinn- und Lebenswelten sowie künstlicher „Realitäten". Wer vermag beispielsweise in den neuesten Kinofilmen á la „Matrix" noch zu unterschieden, was real und was digital erzeugt ist, wenn er nicht ein „making of..." gesehen hat? Die virtuelle Parallelwelt des „Second Life" mit ihren etwa 7,5 Millionen Einwohnern bietet die Möglichkeit der Reproduktion des realen Lebens[12]. In einer virtuellen Welt mit künstlichen Figuren und deren Lebenswelten sind der Gestaltung des Ich kaum Grenzen gesetzt, so dass der virtuellen Ich-Entfaltung kaum etwas im Wege steht. Die Figuren - Avatare genannt - können sich so auch selbst und auch ihre Umgebung weitgehend frei gestalten. Ganz ähnlich wie im „realen" Leben gibt es im zweiten Leben zwischenavatarische Beziehungen, Kontakte und Sex, ökonomische Transaktionen und Arbeit. Und nicht zuletzt ist für die Existenz und den Lebensstil der Avatare entscheidend, wie die lokale Währung -und wie viel davon-, der so genannten Linden-Dollar, sie entweder im Programm verdienen oder importieren[13]. Second Life scheint aufgrund seiner avantgardistischen Stellung zunehmend auch für Unternehmen und Marktforscher interessant zu sein.[14]

12 Die Community findet sich unter www.secondlife.de, Stand der Einwohner am 26.06.2007 um 15.55 Uhr: 7.584.016.

13 Um im Second Life solvent zu sein, ist es möglich, reale Währungen in Linden-Dollars zu konvertieren. Im Mai 2007 erhielt man für einen US-$ etwa 290 Linden-Dollar. So stehen denn hinter Second Life auch veritable ökonomische Interessen des Betreibers Linden Lab, die im Jahr 2006 etwa 11 Millionen US-$ Umsatz machen konnte, wie Georg Seeßlen in einem Artikel in der Stuttgarter Zeitung vom 5. Mai 2007 schreibt (Seeßlen 2007).

14 So sind laut Stern etwa 1000 Unternehmen weltweit in Second Life aktiv und schalten dort Kampagnen. Vgl. http://stern.de/computer-technik/internet/587335.html?nv=pr&pr=1, rev. 06.06. 2007, 8:25 Uhr

Religiöse und spirituelle Sinnangebote und Erklärungsmuster für die unterschiedlichsten Lebensbereiche jenseits der traditionellen Kirchen und Gottesdienste sprießen im Zuge von Pluralisierung und Enttraditionalisierung wie Pilze aus dem Boden. Je nach persönlichen Bedürfnissen und Sehnsüchten kann sich so jeder seine eigene Sinnwelt als „Patchwork-Religion" komponieren. Esoterik aller Art, fernöstliche Religionen und Meditationsformen, Science-Fiction und Mittelalter, Hexen- und Druidenkulte, Selbstfindungs- und Selbstheilungsstrategien formieren sich zu einem eigentümlichen Konglomerat neuer Spiritualität, die durch und durch postmodern anmutet und in Zeiten von Enttraditionalisierung und dem Verlust überkommener Wert- und Orientierungsmuster rasanten Zulauf hat. Auch erfreuen sich die eventartig und erlebnisorientiert organisierten Veranstaltungen wie Esoterik-Messen oder Massenseminare ebenso großer Beliebtheit wie die neuerdings ähnlich konzipierten Kirchentage der christlichen Konfessionen.

4.1. Inseln der Moderne

Dennoch sollte trotz aller Veränderung nicht vergessen werden, dass auch Kontinuitäten zwischen Moderne und Postmoderne bestehen und dass auch Bereiche existieren, die weit davon entfernt sind, „postmodernisiert" zu werden – moderne Inseln. Dies geht in der postmodernen Vielfalt leicht unter, verstärkt aber die ambivalenten Anforderungen an Gesellschaft und Individuum um ein vielfaches:

- So bleibt trotz Transnationalisierung und Globalisierung der Nationalstaat die staatliche Organisationsform auch in der Postmoderne. Die eher zaghaften Versuche der Supranationalisierung und Internationalisierung sprechen denn auch eher für ein Fortbestehen denn für die Auflösung nationalstaatlicher Organisationsformen.
- Leistungs- und Effizienzdenken sind in der Postmoderne mindestens ebenso bedeutsam wie in der Moderne und können als tragende Säulen der jeweils spezifischen ökonomischen Entwicklung gelten, auch wenn sie in der Postmoderne nach anderen Rationalitäten strukturiert sind.
- Das gesamte Erziehungs- und Bildungssystem hochentwickelter Industrienationen ist auf die Anforderungen moderner Gesellschaften abgestimmt. Gleiches gilt für Bürokratie und Verwaltung. In diesen Bereichen ist eine Anpassung an postmoderne Bedingungen mitnichten geschehen und die modernen staatlichen Bürokratien stellen die vermutlich wirkmächtigsten Bremsanker einer konsequenten Postmodernisierung dar.
- Die erst mit der Moderne zunehmende Freizeit ist eine zentrale Grundlage postmoderner Entwicklungen. Erst durch die Freiräume und Zeitkapazitäten jenseits der Arbeit konnte die für die Postmoderne auch typische Erlebnis- und Unterhaltungsindustrie entstehen. Die postmoderne Gesellschaft ist eben auch eine „Erlebnisgesellschaft" (Schulze 1992).

- Ohne die mit der Moderne einhergehende Urbanisierung (Verstädterung) wäre Postmoderne kaum denkbar. Auch wenn durch Neue Medien und Kommunikationstechniken postmoderne Lebenswelten immer weniger ortsgebunden sind, so ist Postmoderne dennoch in erster Linie noch immer ein Phänomen der urbanen Zentren.

Es sind eben auch diese und andere zeitgleichen Ungleichzeitigkeiten, welche die postmoderne Herausforderung und wesentlich die Ambivalenz ausmachen, die eine Analyse postmoderner Gesellschaften und Entwicklungsdynamiken zu einem komplexen Unterfangen werden lassen.

4.2. Gegenbewegungen

Aus ganz anderer Richtung breiten sich machtvolle Gegenbewegungen zur Postmodernisierung aus. Diese Entwicklung lässt sich schon für die Moderne in der „Dialektik von Moderne und Gegenmoderne" finden, über die Ulrich Beck schreibt: „Für die Gegenmoderne sind alle Grundbegriffe, die die Moderne demontiert, demaskiert, delegitimiert, heilig: selbstverständlich >Tradition<, ihre >Pflege<, sprich: Erfindung, Inszenierung, aber vor allem auch Natur, Religion, Nation (...): Freund-Feind-Beziehungen, und als Zauberstab der Wiedervereinfachung: Gewalt (...). Der Demontage von Traditionen lassen sich Prozesse der Remontage gegenüberstellen" (Beck 1993:107). Dies gilt umso mehr in der Postmoderne, in der Delegitimierung und Pluralisierung neue Dimensionen erreichen. Die Verkünder der Gegen-Postmoderne sind so dazu gezwungen, auf dem Boden der Postmoderne zu agieren. Genau damit aber gewinnen die Gegenbewegungen eine neue Qualität.

Insbesondere in den USA breitet sich ein evangelikal geprägter *Neo-Fundamentalismus* besonderer Art aus, der auf der Suche nach Orientierung regressiv die Säulen der Moderne infrage stellt, wenn er z.B. die Verbreitung der Darwinschen Evolutionslehre mit Verweis auf die biblische Schöpfungsgeschichte zu verhindern sucht. Das Ziel ist hier nicht postmoderner Pluralismus und Vielfalt, sondern ein Zurück in prämoderne Denkwelten und Wirklichkeiten. Der Neo-Fundamentalismus konstruiert sich seine Lebenswelt und ist in seinem Vorgehen postmodernen Prinzipien der Dekonstruktion und Pluralisierung scheinbar doch so nah. Auch in Kontinentaleuropa ist eine Zunahme neo-fundamentaler christlicher Vorstellungen und die Rückkehr zu „konservativen" Regeln und Ritualen gleichsam als Gegenbewegung zu postmoderner Beliebigkeit und Desorientierung zu beobachten. Schenkt man Kampagnen wie der evangelikal inspirierten „true love waits"-Bewegung[15] Glauben, so nimmt etwa die Zahl derer, die vor der Ehe, vermeintlich ganz postmodern und selbstbestimmt, keinen Geschlechtsverkehr haben möchten, unter jungen Menschen wieder deutlich zu.

15 http:// www.lifeway.com/tlw/

Ein besonderes Phänomen stellt der sich „postmodern“ neu formierende *Rechtsextremismus* dar. Die rechtsextremen Szenen in hochentwickelten Industrienationen bilden mehr und mehr Netzwerke aus, die sowohl der Kommunikation untereinander als auch der Verbreitung von „Propagandamaterial“, von Flugblättern über revisionistische Literatur bis hin zu einer expandierenden rechten Musikszene und -industrie dient. Rechtsextremer Inhalte im Internet unterstreichen dies: Der Feind ist klar definiert: die offene, plurale Gesellschaft, deren Möglichkeiten man voll nutzt. Hier werden nahezu alle rechten Einstellungen, Strömungen und Tendenzen bedient und gleich einem Baukasten kann jeder „User“ sich so sein rechtsextremes Weltbild zusammenbasteln. Genau darin mutet der neue Extremismus so postmodern an und darin liegt auch die dreifache Gefahr: Noch nie war es für das Individuum so leicht, aufgrund der unterschiedlichsten Angebote Anschluss zu finden. Noch nie war es so leicht, rechtsextremes Material zu verbreiten. Noch nie war es so leicht, sich weltweit und effizient zu organisieren.

Das Phänomen des internationalen oder *globalisierten*, mehrheitlich islamistisch geprägten *Terrorismus* hingegen formiert sich weniger postmodern. Er bedient sich zwar genauso v.a. der Möglichkeiten von Globalisierung und Digitalisierung, um sich zu vernetzen und auszurüsten, hat aber ansonsten mit postmodernen Entwicklungen in den westlichen Industrienationen wenig zu tun. Im Gegenteil, richtet er sich doch vor allem gegen so wahrgenommene Tendenzen des „westlichen Politik-, Kultur- und Wirtschaftsimperialismus“ und propagiert eine Befreiung, die einem neuen Imperialismus gleichkommt. Huntingtons Thesen vom „clash of civilizations“ (Huntington 1996) und Barbers Analyse des „Jihad vs. McWorld“ (Barber 2001) als dem grundlegenden Konflikt unserer Zeit gewinnen in diesem Kontext ungeahnte (neue) Relevanz. Der islamistische Terrorismus stellt so eine doppelte Gefahr für die Postmoderne dar. Zum einen unterscheidet er nicht zwischen modern und postmodern (warum auch?), sondern zwischen „Gläubigen“ und „Nichtgläubigen“. Letztere gibt es in seiner Interpretation in diesen Gesellschaften nicht. Zum anderen mobilisiert der Terrorismus jenseits seines realen Bedrohungspotentials enorme Angst- und Gefährdungspotentiale, die - wie das Beispiel USA unter der Bush-Administration zeigt – zu einer restriktiven Sicherheits- und Innenpolitik bis hin zu Zensur und Bespitzelung führen, so dass Offenheit und Pluralismus, Vielfalt von Lebens- und Wertvorstellungen und sogar bürgerliche Rechte eingeschränkt und gefährdet sind.

5. Individuelle Lebensführung in der Postmoderne

Nimmt man Neo-Fundamentalismus und globalisierten Terrorismus einmal aus, so kann man für die beschriebenen gesellschaftlichen Veränderungen zusammenfassend konstatieren: In der Folge verändern diese Entwicklungen die Moderne weitgehend, ohne die Moderne dabei einfach zu ersetzen oder aufzuheben. Es kommt zu Diskontinuitäten, zur Fragmentierung und Zerstreuung von bisher geltenden, ordnenden „Selbstverständlichkeiten“ in allen Bereichen des Lebens. Gemein ist diesen Entwicklungen Ambivalenz und Widersprüchlichkeit. In ihnen stecken sowohl neue

Chancen und Freiheiten als auch neue Zwänge und Risiken. Diese entfalten ihre Wirkung in den hochentwickelten Industrienationen in nahezu allen Bereichen der Gesellschaft: Es finden sich Manifestationen postmoderner Bedingungen in Ökonomie und Gesellschaft, Kultur und Politik, die so den Rahmen für das Individuum und seine Lebensgestaltung darstellen. Und sie zeitigen ihre Auswirkungen auch im Kern des Individuums, seinem „Selbst", seiner Identität. Sozialisationsmuster und Identitätskonstruktionen werden regelrecht atomisiert und so erscheint die Identitätsbildung auch in der Postmoderne als das zentrale Problem von Menschen. Die Diversifizierung und Infragestellung von Lebensmustern, Wirtschafts- und Gesellschaftsformen verweisen das Individuum mit ihrer Widersprüchlichkeit und Kontingenz auf Eigeninitiative und Selbstorientierung. Es muss sich Richtung und Ordnung suchen und konstruieren. Diese Aufgabe verheißt nicht nur neue positive Chancen und Möglichkeiten, sondern bedeutet für den Einzelnen immer auch den Zwang zu permanenter Entscheidung und Eingrenzung des postmodernen Möglichkeitsraums mit all den damit verbundenen Risiken und Unsicherheiten. Dies ist die wohl zentrale Herausforderung postmoderner Lebensgestaltung.

5.1. Identitätsbildung und Sozialisation

Insbesondere die deutsche, vor allem pädagogisch-soziologisch geprägte Debatte um die Veränderung der Parameter für Identitätsbildung und Sozialisation in der Postmoderne ist von einem latenten Kulturpessimismus geprägt, wie er vor allem bei Wilhelm Heitmeyer (1991) oder auch Heiner Keupp (1999) anklingt, wenn sie die Schwierigkeiten und Gefahren der Identitätsbildung unter postmodernen Bedingungen beschreiben und auf Anforderungen und Ressourcen verweisen, die zu einem gelingenden Lebensvollzug unabdinglich seien. Auf der anderen Seite gibt es Entwürfe, die sich deutlich von modernen Vorstellungen von Identität und Subjektivität als einer kohärenten Einheit absetzen und diese konsequenterweise postmodernisieren, wie dies etwa Helga Bilden mit ihrer Vorstellung von dynamischen Teil-Selbsten (Bilden 1998, 2007) umsetzt. Entscheidend für die produktive Umsetzung von Sozialisationsbedingungen und Parametern der Identitätsbildung erscheint auf dem Hintergrund dieser widerstreitenden Standpunkte die Herangehensweise. Während eher der Moderne verpflichtete Argumentationen die Probleme hervorkehren, stellen die der Postmoderne offen gegenüberstehenden Positionen die gewinnbringenden Möglichkeiten heraus.

So ist es denn auch schwierig, die Diagnosen der objektiven Bedingungen von Sozialisation und Identitätsbildung von deren Bewertungen zu trennen. Klar ist, dass sich diese Bedingungen stark verändern und geprägt sind von der schon geschilderten umfassenden Individualisierung von kontingenten Lebenszusammenhängen: „Einerseits wird der einzelne immer mehr aus Bindungen und Versorgungsbezügen herausgelöst und ist zur Sicherung seiner Existenz auf sich selbst und sein persönliches Arbeitsmarktschicksal verwiesen. Andererseits wird er zugleich in der Sicherung seiner privaten Existenz immer nachdrücklicher und offensichtlicher von Verhältnissen und Regulierungen abhängig, die sich seinem Zugriff vollständig entziehen“ (Heitmeyer 1991:20). Heiner Keupp fasst die Umbruchserfahrungen, vor deren Hintergrund sich Sozialisation und Identitätsbildung von Individuen in „spätmodernen“ Gesellschaften vollziehen, in anderer Weise zusammen: Durch eine fortschreitende Entgrenzung und Dynamisierung individueller und kollektiver Lebensmuster fühlten sich Subjekte zunehmend „entbettet“ und die „multiphrene Situation“ werde zur Normalerfahrung, da die wachsende Komplexität von Lebensverhältnissen eine extreme Vervielfältigung unterschiedlicher Erlebens- und Erfahrungsbezüge mit sich bringe. Keupp betont in seiner dezidiert modernen Blickrichtung auch die Gefahr, dass diese Erfahrungen nicht mehr in ein Gesamtbild integrierbar seien und oftmals unverbunden nebeneinander stehen gelassen werden müssten[16]. Letztlich wird über die Individualisierung von Lebenszusammenhängen auch das Verhältnis des Einzelnen zur Gemeinschaft und deren Wertekanon transformiert und pluralisiert. Diese Transformation kann mit Wilkinson als „Übergang von feststehenden, überkommenen Verhaltenskodes zu einer stärker personenbezogenen Moral“ (1997:119) gefasst werden, der das Schwinden alter Vorstellungen von Pflicht und Loyalität gegenüber Familie, Gruppe, Gemeinschaft oder Gesellschaft mit sich bringe.

Den Menschen eröffnen sich in dieser multiphrenen Situation neue Möglichkeiten, das eigene Leben erfolgreich konstruieren, inszenieren und realisieren zu können. Aber, so Keupp, dazu bedürfe es einer ganzen Reihe von materiellen, sozialen und psychischen Ressourcen, die aber oftmals gar nicht oder nur ungenügend vorhanden seien. Dies mache die Selbstgestaltung des eigenen Lebens zu einer schweren Aufgabe, der man sich nach Möglichkeit gerne entziehe. Aber, und dies spiegelt einmal mehr die Ambivalenzen der Postmoderne, „Architekt und Baumeister des eigenen Lebensgehäuses zu werden, ist (...) zunehmend Pflicht in einer grundlegend veränderten Gesellschaft“, in der sich ein tiefgreifender Wandel von geschlossenen, verbindlichen zu offenen, selbständig zu gestaltenden sozialen Systemen vollzogen habe. Die Spielräume zur Ausgestaltung des Lebens hätten sich vervielfältigt. „(...) Nichts ist mehr selbstverständlich so, wie es ist, es könnte auch anders sein; was ich tue und wofür ich mich entscheide, erfolgt im Bewusstsein, dass es auch anders sein könnte und dass es meine Entscheidung ist, es so zu tun“ (Keupp 1999: 56). Nach Keupp bedeutet die pluraler und widersprüchlicher gewordene soziale Welt vor allem Folgendes: „Die Individualisierungs- und Fragmentarisierungsprozesse sind einerseits eine Aufforderung zum selbstbestimmten Leben, andererseits sind die damit einhergehende Unübersichtlichkeit, die Mehrdeutigkeit und die schwindende Vor-

16 Dazu ist nach Keupp die Pluralisierung von Lebensformen ebenso zu rechnen wie die dramatische Veränderung von Geschlechterrollen. Mit technischem Fortschritt gehe zum einen die Erfahrung der Schrumpfung der Gegenwart aufgrund von beschleunigten Innovations-, aber auch Veraltensraten einher, zum anderen das Entstehen virtueller Welten, die aufgrund der nahezu perfekten Illusion neue Realitäten schafften.

hersagbarkeit wieder Momente der Fremdbestimmtheit des Menschen“ (Keupp 1999: 276).

In der Konsequenz lässt sich aus den Umbruchserfahrungen das Programm der Postmoderne ableiten: Das Ich wird zum Projekt. Wie Anthony Giddens betont, könne und dürfe das postmoderne Individuum sich nicht mehr mit dem Verweis auf überkommene Identitätsmuster aus der Verantwortung der Wiederentdeckung, Konstruktion und Aufrechterhaltung der eigenen Identität entlassen. Der Mensch müsse zunehmend entscheiden, wer er sei, wie er handeln und wie er sich der Außenwelt gegenüber präsentieren wolle (Giddens 1997: 119). So sei das tägliche Leben „ (…) in einer Weise experimentell geworden, die dem <Großversuch> der Moderne insgesamt entspricht. In vielen Situationen des sozialen Lebens bleibt uns keine andere Wahl, als zwischen verschiedenen Alternativen zu wählen – selbst wenn wir uns dafür entscheiden, traditionell zu bleiben. Alltagsexperimente werden zu einem wesentlichen Teil unseres täglichen Handelns in Kontexten, in denen die aus vielfältigen Quellen – ortsgebundenen Kenntnissen, der Überlieferung, wissenschaftlichen Schriften und Massenkommunikationsmitteln – stammenden Informationen in irgendeiner Weise gedeutet und benutzt werden müssen. (...) Dabei ist es wichtig zu erkennen, dass der experimentelle Charakter des täglichen Lebens dessen konstitutives Merkmal ist“ (Giddens 1997:122).

Was bedeutet die postmoderne Veränderungsdynamik hochentwickelter Gesellschaften nun konkret für die individuelle Lebensführung der diesen Bedingungen ausgesetzten Menschen? Um die mehr oder weniger offen wirkenden negativen Potentiale zu identifizieren, bietet es sich an, einige Kernbereiche oder Komplexe postmodernen Wandels und deren Implikationen getrennt zu beschreiben. Zwar bedingen und beeinflussen sich diese Komplexe in den meisten Fällen und fügen sich - in ihrer Gesamtheit betrachtet - zu einer spezifisch postmodernen Anforderungsstruktur und -dynamik zusammen. Gemeinsam scheint ihnen trotz unterschiedlicher Anforderungen und Spielregeln das Risiko und der Zwang, unter den Bedingungen von mangelnden Orientierungshilfen, von Pluralität und Kontingenz ständig neu Entscheidungen zu treffen, zwischen Möglichkeiten zu wählen, deren Auswirkungen mit hohen Unsicherheiten verbunden sind oder zumindest sein können. Hinzu tritt eine auf denselben Grundlagen beruhende Begründungs- und Verantwortungspflicht gegenüber dem eigenen Handeln, die für das Individuum schnell zur Belastung werden kann, wie die zunehmende Inanspruchnahme professioneller Hilfsangebote zeigt. Oder aber dies ruft die Haltung einer „Weil es mir eben so gefällt“-Strategie hervor, die in ihrer Verbreitung und sozialen Bedeutung nicht zu unterschätzen ist.

Zentral sind hier vor allem die Bereiche Ökonomie und Gesellschaft, Wissen und Technologie, Lebensführung und Kultur, soziale Differenzierung und Segmentierung sowie der Bereich von Politik und Gesellschaft, die im Folgenden erörtert werden. Gelegentliche Überschneidungen in der Darstellung dieser einzelnen Komplexe (ohne Anspruch auf Vollständigkeit) sind dabei kaum zu vermeiden.

5.2. Ökonomie und Gesellschaft

Hinter dem Begriff ökonomisch-gesellschaftlicher Komplex verbergen sich lokale und regionale, nationale und globale Entwicklungen von ökonomischer Globalisierung, Flexibilisierung und Dienstleistungsrevolution, die im Zuge des Wandels hin zu postindustriellen Gesellschaften (Bell 1975) einen wesentlichen Teil postmoderner Veränderungsdynamiken ausmachen und mittelbar wie unmittelbar individuelle Risiken und Zwänge und die Forderung nach einem „flexiblen Menschen" (Sennett 1998) zeitigen.

Die *Globalisierung ökonomischer Zusammenhänge* zeigt sich unter anderem in Gestalt stetig zunehmender transnationaler Handelsströme und global operierender (nationaler wie transnationaler) Unternehmen. Dies bedeutet zum einen eine Erweiterung von Märkten und eine Vervielfältigung von Angeboten aller Art. Zum anderen werden die sich daraus ergebenden Zusammenhänge immer unüberschaubarer. War es zu Zeiten der Ölkrise in den 70er Jahren noch gut nachvollziehbar, warum Rohöl und Benzin bei uns knapp und teuer waren, so haben sich die Märkte seit den 90er Jahren radikal verändert. Dies gilt insbesondere für die internationalen Finanzmärkte, bei denen der Spruch vom in China umfallenden Sack Reis längst nicht mehr zu gelten scheint. So erfasste die Asienkrise 1997/98 Volkswirtschaften auf der ganzen Welt. Dem "normalen Menschen" jedoch sind solche Interdependenzen und Auswirkungen globaler Märkte oft nicht verständlich oder zugänglich. Das Erfassen von Zusammenhängen wird aufgrund der riesigen Anzahl von Faktoren schlicht unmöglich. Die daraus resultierenden negativen Konsequenzen jedoch muss er gegebenenfalls tragen: Erwirtschaften (transnationale) Unternehmen nicht den gewünschten Gewinn oder gar Verluste, so versuchen sie, Kosten einzusparen. Dies geschieht heutzutage in den westlichen Industrienationen in erster Linie vor Ort, das heißt bei den „teuren" inländischen Produktionsstätten und hier vor allem bei den Arbeitsplätzen. Ohne etwa schlecht, fehlerhaft oder ineffizient gearbeitet zu haben, werden Arbeiter und Angestellte mit Personalabbau, Werksschließungen und überraschenden Firmenverkäufen oder -verlagerungen konfrontiert und es droht der Verlust von Arbeits- und Erwerbsmöglichkeiten. Unternehmen nutzen zunehmend die sich ihnen bietenden Möglichkeiten der Globalisierung und des „outsourcing" in Billiglohnländer zur „Erpressung" ihrer Belegschaft: „Nehmt Kürzungen hin oder wir verlagern die Produktion in Teile des Landes oder ins Ausland, wo wir billiger produzieren".

Die persönlichen wirtschaftlichen Unsicherheiten und der erfahrene Bedeutungsverlust von Arbeit, Leistung, Qualifikation und Person – subjektiv so wahrgenommen oder nicht – angesichts solcher individuell kaum zu beeinflussender Entwicklungen lassen leicht Gefühle von Ohnmacht und Resignation aufkommen, da man solchen Situationen oft nur wenig oder nichts entgegenzusetzen hat. Umso eher ist dann die Organisierung in Gewerkschaften und die Entwicklung transnationaler Arbeitnehmerstrategien gefragt.

Genau an diesem Punkt setzen Angebote und Forderungen nach mehr Mobilität und *Flexibilisierung* ein: Flexibilisierung eröffnet zum einen die Chance, nach Wunsch verschiedene Arbeiten zu verschiedenen Zeiten zu verrichten, die Arbeitsstelle zu wechseln und zu einem Zeitpunkt der eigenen Wahl zu arbeiten. Zum anderen bedeutet dies das Risiko, jederzeit entlassen werden zu können und in existentielle Nöte zu geraten. „Die individuelle Verfügung über Zeit gehört zu den herausragenden Versprechungen der Sonnenseite von Individualisierungsprozessen (...). Sozialisatorisch und politisch wirft dieses Versprechen lange Schatten, vor allem dann, wenn es einen Zwang zur Zeitflexibilität gibt, also quasi eine Standardisierung auf anderer Ebene (...) Deshalb ist grundlegend das Auseinanderfallen von Lebensrhythmus und ökonomischem Rhythmus durch neue Produktionsformen anzusprechen. Der Flexibilitätsdruck führt zu neuen Stufen der Zurichtung der Menschen und ihrer Verfügung nach ökonomischen Erfordernissen." (Heitmeyer 1991:22f)

Aufgrund der Krise der Erwerbsgesellschaft kommt es zu einem zunehmenden Konkurrenzdruck um Arbeitsplätze. Die Konkurrenz beruht im Wesentlichen auf Austauschbarkeit und Verfügbarkeit alternativer Arbeitnehmer. Dies erhöht den Druck, diese Austauschbarkeit durch Betonung und Inszenierung der Besonderheit, Einmaligkeit und Individualität der eigenen Leistung und Person zu minimieren bzw. zu kompensieren. Gleichzeitig erhält man aber auch die – oft allerdings nur rhetorische - Chance, aufgrund seiner besonderen Fähigkeiten und Kompetenzen jederzeit einen Arbeitsplatz zu erhalten (wenn auch auf Kosten anderer). Neben Flexibilisierung wird Selbstdurchsetzung so zu einer zentralen Anforderung der Postmoderne. Um diesen Anforderungen jedoch gerecht werden zu können, sich durchsetzen zu können, bedarf es bestimmter Fähigkeiten und Ressourcen. Diese jedoch kann sich der Einzelne nicht ohne weiteres aneignen. Und er steht immer vor der Entscheidung, welche dieser Kompetenzen und Fähigkeiten er denn erlernen soll. Eindeutige oder generelle Vorgaben existieren letztlich nicht (oder nur in Form von Allgemeinplätzen) und sie können rasch wechseln (s.u.).

Nicht zuletzt in enger Verbindung mit den Prozessen der Globalisierung, Digitalisierung und Technologisierung (s.u.) kommt es zu einem umfassenden Wandel und zu Verschiebungen in der Wirtschaftsstruktur hochindustrialisierter Gesellschaften. Der primäre und der sekundäre Sektor (Agrar- und Industrieproduktion) werden weitgehend rationalisiert und technisiert. Diese Rationalisierung hat zur Folge, dass immer weniger Menschen in diesen Bereichen Arbeit finden. Entsprechende berufliche Qualifikationen für Arbeit in diesen Bereichen müssen immer spezifischer sein; jedoch können immer mehr Aufgaben in der industriellen Produktion auch von angelernten Kräften ausgeführt werden. Zugleich expandiert der tertiäre Sektor in einer „*Dienstleistungsrevolution*": Von der Reinigungsbranche bis zur Softwareinstallation, von Mitarbeiterschulungen bis Qualitätssicherung und Pizzalieferung entwickelt sich eine immer breitere Angebotspalette von Dienstleistungen. Mit dem Wandel vom Verkauf von Waren hin zum Verkauf von Service-Angeboten und Dienstleistungen werden auch Informationen und Wissen (Know-How) zum Gegenstand von Transaktionen. Dieses Angebot an sich ist durchaus zu begrüßen. Der Vorteil immaterieller Güter liegt hier eindeutig in der räumlichen Ungebundenheit – das benötigte

Personal muss flexibel beziehungsweise austauschbar sein. So befördert die Dienstleistungs- und Service-Expansion nicht nur die Globalisierung, sondern auch die Flexibilisierung mit all ihren Unsicherheiten und Zwängen für die Arbeitnehmer. Auch hier gilt wieder: Neue Fertigkeiten, Fähigkeiten und Kompetenzen werden benötigt, um Fuß zu fassen – aber wer kann sie mit vertretbarem Aufwand so schnell erwerben? Und wer geht das Risiko kostspieliger (Weiter-) Qualifizierungen ein, die womöglich schnell veralten und auf dem Arbeitsmarkt nicht mehr gefragt sind?

Hinzu kommt, dass ähnlich wie in der rationalisierten, in Einzelschritte zerlegten industriellen Produktion das Endprodukt (die Ware) für Arbeitnehmer nicht mehr greifbar ist und damit ein Gefühl von Distanz, Leere und Beziehungslosigkeit eintreten kann. So entsteht auch keine Befriedigung nach getaner Arbeit im Blick auf das Geschaffene wie zum Beispiel bei einem Schreiner, der einen Tisch hergestellt hat und das Ergebnis hernach betrachten kann. Überdies werden im Zuge der Standardisierung und Kostenrationalisierung Dienstleistungen am Menschen strikt nach technisch-ökonomischen Standards wie der Qualitätssicherung organisiert und damit weithin inhuman. Man denke an Bereiche wie die Alten- oder Krankenpflege, in denen die zu verrichtende Arbeit in Einzelschritte zerlegt wird, die mit Zeit- und Werteinheiten versehen werden. Der oft fiskalisch bedingte Zwang zur Ökonomisierung führt zum Primat einer quasi-betriebswirtschaftlichen Kosten-/Nutzen-Rechnung, die der Spezifik der Arbeit mit Menschen in den Bereichen Gesundheit, Erziehung, Bildung und Wissenschaft nicht gerecht wird.

5.3. Wissen und Technologie

Der Wissenskomplex beinhaltet Digitalisierung, Technologisierung und Neue Medien in ihrer Funktion als Vehikel des Wissens und der Unterhaltung ebenso wie den eigentlichen Bereich des Wissens und der Information im Informationszeitalter (Castells 2001, 2002, 2003) und der Risikogesellschaft (Beck 1986). Der Mensch sieht sich einer Unzahl neuer und alter Wissensformen und Informationen gegenüber, welche den Blick eher vernebeln denn schärfen.

Mit der Entwicklung digitaler Technologien, Computerprozessoren und -steuerungen, neuer digitaler Kommunikationstechniken und Medien zeichnet sich die Postmoderne durch einen gewaltigen Innovationssprung mittels *Digitalisierung und Technologisierung* aus. So werden Produktivität und Effizienz, Steuerungs- und Kommunikationsmöglichkeiten außerordentlich und unaufhörlich gesteigert. Innovations- und Veraltensraten technischer Entwicklungen sind jedoch zugleich Segen und Fluch der Postmoderne. Für das Individuum bedeutet dies die Chance, ständig neue technische Möglichkeiten nutzen zu können, welche das Lebens und die Arbeit erleichtern und neue, ungeahnte Perspektiven in der praktischen Lebensbewältigung eröffnen können. In gleichem Maße impliziert dieser Fortschritt auch den Zwang zu permanentem Lernen, um mit diesen Technologien kompetent umzugehen. Ganz abgesehen davon, dass der „Durchschnitts-User" die Optionen seiner technischen Geräte kaum auszuschöpfen vermag, verändern und erweitern sich diese Optionen stetig. Kaum hat man sich die Kompetenz angeeignet, mit der einen oder anderen „Maschine“ – sei es das Mobiltelefon, die Digitalkamera oder der Computer mit ihren vielen Anwendungsmöglichkeiten umzugehen, gibt es schon wieder Neuentwicklungen, Verbesserungen oder Upgrades zu erwerben und zu nutzen, die zumindest Teile des erworbenen Wissens und Könnens überholt sein lassen. Dies stellt nicht nur für ältere Menschen ein Problem dar; denn kaum ist man zum Beispiel in der Lage, mit neuen Computerprogrammen umzugehen, wird eine neue, veränderte Version oder komplette Neuerfindung zum Maß aller Dinge erklärt, deren Verwenden und Verstehen zum Beispiel für das berufliche Fortkommen unerlässlich sind. Man denke nur an die Einführung neuer Betriebssysteme und Datenbanken in Behörden oder Verwaltungen, für welche die komplette Belegschaft Schulungen benötigt. Aber auch kleine, banal erscheinende Dinge können zum Problem werden. So ist zum Beispiel der Weckdienst der Telekom digitalisiert und man kommuniziert mit einem Computer. Dieser neigt dazu, die Sprache vieler Menschen schlecht zu verstehen. Insbesondere alte Menschen, die noch nie oder selten mit derartigen Programmen zu tun hatten, haben, so meine Erfahrung, Schwierigkeiten im Umgang damit. Dies ist nur ein Beispiel von vielen, welches Digitalisierung und Technologisierung bestenfalls als ambivalent erscheinen lässt.

Eng mit technischen Entwicklungen hängt die exponentielle Vervielfältigung von *Wissen* zusammen. Zum einen nimmt die schiere Menge an *Informationen* zu und zum anderen gibt es immer neue Möglichkeiten, sich diese Informationen anzueignen. Das Internet mit seinen unzähligen Datenbanken und –speichern bietet Information und Wissen im Überfluss. Man kann sich über nahezu alle Themen umfassend informieren - vorausgesetzt, man weiß, dieses Medium effektiv zu nutzen. Mehr verfügbares Wissen bedeutet die Chance, individuelle Kompetenzen zu erweitern. Aber es wird auch zum Zwang, Bescheid zu wissen, up to date zu sein und zu bleiben. Damit verbinden sich zwei Probleme oder Gefahren: Es besteht aufgrund der Vielfalt an Informationen der Zwang zu entscheiden, welche Informationen bedeutsam sind. Dafür gibt es jedoch immer weniger eindeutige oder gar verbindliche Richtlinien und Hinweise (die wohl auch gar nicht so leicht zu geben sind), vielmehr wird auch hier außer der einheitlichen Forderung nach kompetentem Umgang mit Wissen und Medien ein vielfältiges Spektrum an Ratschlägen erteilt.

Der *Zugang zu Wissen* erhält zentrale Bedeutung in postmodernen Gesellschaften. Es besteht also der Zwang, sich Wissen und Kompetenzen für den Zugang zu Informationen zu verschaffen. Das wird durch wachsende und immer komplexere Technisierung nicht einfacher. Auch bedarf es materieller Ressourcen, um sich einen „zeitgemäßen“ Zugang zu Wissen zu verschaffen. Computer und Internetzugang sind relativ teuer und das gilt auch für westliche Industrienationen. Wer nicht in der Lage ist, sich neue Technologien, Wissenszugänge und Wissen anzueignen, läuft Gefahr, gesellschaftlich und beruflich marginalisiert zu werden.

5.4. Lebensführung und Kultur

Der Kultur- und Lebensführungskomplex bezieht sich auf Veränderungen wie Enttraditionalisierung, Individualisierung und Identität, das sich ständig vermehrende Angebot an Sinnstiftung und Lebensorientierung sowie auf kulturelle und soziale Aspekte der Globalisierung. Diese bilden die Rahmenbedingungen für den Entwurf und den Vollzug von individueller Lebensführung unter Rückgriff auf und in Interaktion mit den anderen Komplexen.

Mit der *Enttraditionalisierung* der Gesellschaft werden eine enorme Chance der Befreiung von „bornierten loyalitätsverpflichtenden Sozialbindungen" (Heitmeyer 1991:24) und die Möglichkeit des Findens neuer Formen des gesellschaftlichen Zusammenlebens assoziiert, die die politische wie soziale Emanzipation des Individuums ermöglicht. Die andere Seite der Medaille ist jedoch das Risiko der Desintegration und die Bildung neuer Subkulturen in der Folge des beobachtbaren Wertewandels bis hin zur Auflösung traditioneller Wert- und Moralvorstellungen. Folgt man Wilhelm Heitmeyer in seiner Argumentation, bedeutet dies eine doppelte Subjektivierung: „Der einzelne wird zum Träger von immer mehr Entscheidungen" (Heitmeyer 1991:24), deren Begründungsdruck sich erhöht und zugleich „subjektiver" wird: Zwar könne man über Sinn individuell verfügen, müsse aber gleichzeitig durch die Verknappung von Sinn, das heißt vor allem traditioneller Wertvorstellungen und Lebensentwürfe selbst neuen Sinn erzeugen und diesen wieder begründen. Die Gestaltung des eigenen Lebens wird zur Pflicht, zum Zwang, dem man sich nicht entziehen kann, es sei denn man ist bereit, sein Selbst durch das Eintauchen in das Leben Anderer aufzugeben und an deren Sinn-, Lebens- und Wertvorstellungen teilzuhaben. Die Gefahr, sich auf der Suche nach Gestaltungs- und Begründungsmustern des eigenen Lebens zu verlieren und aufzugeben, erscheint enorm groß.

Eine weitere Konsequenz der Enttraditionalisierung und der damit entstehenden Gestaltungsspielräume ist darin zu sehen, dass die Chancen der Bündelung von Interessen wesentlich geringer werden. Die kommunikative Aushandlung von Handlungs- und Lebensweisen wird aufgrund der Auflösung von Rollenbildern, Lebenslaufmustern und Traditionen zum obersten Gebot. Das Individuum ist gleichermaßen gezwungen, eine „Politik der Lebensführung" (Wilkinson 1997:109) zu betreiben.

Die Risiken einer zunehmenden sozialstrukturellen und mental-psychischen „Freisetzung" aus tradierten Lebensformen sind groß, denn nie ist sichergestellt, ob ein so nach eigenen Prinzipien frei gewählter Lebensstil tatsächlich soziale Anerkennung findet. Es besteht immer die Gefahr, mit der freien Wahl gesellschaftlich marginalisiert oder gar isoliert zu werden. Zwar rückt die *Individualisierung*, wie Ulrich Beck richtig feststellt, das Selbstgestaltungspotenzial und das individuelle Tun ins Zentrum, aber die Gestaltung der vorgegebenen Biographie wird auch in ihrer Gänze und großen Tragweite zu einer Aufgabe des Individuums, die immer schwieriger zu bewältigen ist: „Die Lebensbedingungen der Individuen werden ihnen selbst zugerechnet; und dies in einer Welt, die sich fast vollständig dem Zugriff der Individuen verschließt. Auf diese Weise wird das ‚eigene Leben' zur biographischen Lösung systemischer Widersprüche" und „an der Stelle von Vollzug und Ableitung öffnet sich ein Wahlzwang, Optionsraum, der subversive, (non-) konformistische Vielfalt ermöglicht; ein Raum allerdings, in dem die Erwartung der Ich-Autorenschaft und Ich-Zuschreibung von Handlungs-(er)folgen dominiert" (Beck 2001a:3-4). Jeder hat dann zwar die zweifelhafte Freiheit, unter gegebenen Bedingungen sein Leben nach eigenen Vorstellungen zu gestalten. Aber man ist ständig mit der Möglichkeit konfrontiert, sich fragen lassen zu müssen und sich – nicht zuletzt auch vor sich selbst – rechtfertigen zu müssen, mit welcher Begründung man so und nicht anders gehandelt hat. Eine weitere nicht zu unterschätzende Folge dieser Individualisierung ist die Tendenz, ein Scheitern dem Individuum selbst zuzuschreiben, ohne Berücksichtigung nach wie vor existierender struktureller wie individueller Begrenzungen und Unzulänglichkeiten, welche ohne Zweifel ebenso zum Scheitern beitragen (können) wie eine selbstgewählte Entscheidung. Zwar kann die radikale und freie Selbstsetzung als oberster Imperativ der Postmoderne angesehen werden, aber dies befreit zumindest im gesellschaftlichen Kontext nicht von einer neuen inter- und zwischenpersönlichen Begründungspflicht und Diskursfähigkeit des Einzelnen.

Dies gilt in gleichem Maße auch für das *Geschlechterverhältnis und Beziehungsmuster*. Da sich festgefügte Vorstellungen und Rollen auch hier auflösen, wird es nicht nur für Frauen notwendig, sich zu entscheiden. Zum einen muss man entscheiden, welche Art der Lebensführung man anstrebt, ob man sich für althergebrachte Lebensformen (vor allem für Mutter und Hausfrau) entscheidet, ob man sich für Erwerbsarbeit und Karriere entscheidet oder ob man den ebenso schwierigen wie riskanten Versuch wagt, beides zu verbinden. Dies gilt im Übrigen auch für Männer, deren Leben nicht mehr festgelegt scheint auf Erwerbsarbeit und Karriere. Im Zuge von „Geschlechterrevolution" und Individualisierung wird auch von Männern erwartet, sich neu zu orientieren, wenngleich die Last der Unsicherheiten zweifelsohne zum größten Teil der Frau zufällt, ist sie es doch, die sich in einer von Männern dominierten (Arbeits-) Welt zu etablieren versucht. Zum anderen muss in einer Partnerschaft zwischen den Geschlechtern in jedem Einzelfall ausgehandelt werden, wer welche Teile wann und wie übernimmt, will man gemeinsam ein gelingendes Leben gestalten. Dies erfordert mitunter enormen diskursiven und planerischen Aufwand, den zu bewältigen und erfolgreich zu gestalten alles andere als selbstverständlich ist.

Hinzu kommt eine Vervielfältigung möglicher Formen des Zusammenlebens (und der Sexualität), welche die Freiheit der Wahl ermöglicht, aber auch in enormem Maße Austauschbarkeit und Beliebigkeit von Partnerschaften fördert beziehungsweise diese herausfordert und eventuell belastet. Bestens charakterisiert wird dies mit dem Begriff der Lebensabschnittspartnerschaft, welche von vorne herein nicht auf Dauer, sondern auf Zeit angelegt ist: Wenn es nicht mehr „passt", trennt man sich - das klingt einfacher, als dies in Wirklichkeit ist, wie jeder weiß.

In einem engen Bezug zu Enttraditionalisierung und Individualisierung steht die Frage nach der persönlichen und kollektiven *Identität*. Der Mensch muss sich bewusst sein, was ihn auszeichnet, was ihn von anderen unterscheidet, aber auch mit ihnen verbindet. In der Identitätsbildung geht es also um ein Wechselspiel von Verbundenheit und Autonomie, das Helga Bilden (1998:234) so beschreibt: „Ich existiere nicht fein säuberlich abgetrennt von meiner Umgebung, von Menschen, sozialen Verhältnissen, von der Natur, trotz der Haut als Grenze". Damit sich aber das Individuum nicht in der postmodernen Vielfalt und Diskontinuität seiner Umwelt und den ebenso offenen Identitäten seiner Mitmenschen zu verlieren droht, gilt es, neue Inhalte und Formen von Identität zu entwickeln. Denn Person, Selbst und Identität können in der Postmoderne als offener Prozess oder als ständiges Werden im Sinne des Ich als Projekt begriffen werden. Will man in sich ständig und diskontinuierlich verändernden gesellschaftlichen Verhältnissen (wenigstens teilweise) Frau oder Herr des eigenen Lebens bleiben, wird aus der Chance, an sich selbst zu arbeiten, schnell der Zwang, das eigene Selbstverständnis und den eigenen Lebensentwurf ständig kritisch zu überprüfen und wo möglich neu zu konzipieren und zu verwirklichen. Aus der Vielfalt möglicher „Selbste im Lauf der Biographie" muss man auswählen oder auch nebeneinander stehen lassen. Man sollte das Ich „offen halten". Denn „jenseits der einheitlichen Identität ist reichere Entfaltung und Erweiterung der Ressourcen zur Lebensbewältigung möglich. Vielleicht ist das dezentrierte oder jedenfalls nicht eindeutig zentrierte Subjekt, das Spiel mit den Rollen und Selbsten, auch eine widerständige Reaktion gegen die im Zivilisationsprozess immer stärker geforderte rationale Selbstzwangapparatur? (...)" (Bilden 1998:242).

Die von Bilden vorgeschlagene Form von Identität als vielfältige, variable und elastische Verbindung von Teil-Selbsten stellt eine interessante, aber nicht unproblematische Lösung der Identitätsproblematik der Postmoderne dar. Bietet sie doch nach Bilden eine Möglichkeit persönlicher Stabilisierung gegen Erschütterungen und Enttäuschungen in einer differenzierten und individualisierten Welt. In ihr seien „Kohärenz und Kontinuität von den Subjekten aktiv herzustellen". „Störungen in einem Lebensbereich, einem Teil-Selbst können eher ausgehalten und gemeistert werden, weil sie nicht die ganze Person treffen; diese kann aus wohlfunktionierenden Lebensbereichen Befriedigung, Anerkennung und Energie schöpfen, um Probleme in einem anderen Bereich anzugehen" (Bilden 1998:243). Die „variable und teilweise lockere Verbindung von Selbsten könnte Ambiguitätstoleranz – Ertragen uneindeutiger, unstrukturierter Situationen – und Ambivalenztoleranz ohne rigide Spaltung erleichtern. Beide sind angesichts von Spannungen und Ungleichzeitigkeiten in der Gesellschaft, für das Überschreiten von einengenden Geschlechterrollen wie auch das Erproben neuer Lebensmöglichkeiten notwendig" (Bilden 1998:244).

Heiner Keupp (1999:73) verweist in der Diskussion um neue Identitätsbildungsmuster eindringlich auf die Gefahren der Postmodernisierung, die im Wesentlichen in der Auflösung stabiler sozialer Ordnungen zu sehen seien: „Das Individuum wird gedacht als enterprising self, als Wirtschaftsunternehmen. (...) Der Freisetzungsprozess bedeutet für das Individuum eine erhebliche Belastung. Während das Subjekt der klassischen Moderne noch glaubte, eine Versöhnung der unterschiedlichen lebensweltlichen Rationalitäten erwarten zu können, ist ihm in der (Post-) Spätmoderne diese Hoffnung abhanden gekommen. Hinzu kommt, dass die Freisetzung als Erweiterung von Wahlmöglichkeiten nicht so einfach von jedermann und –frau genutzt werden kann. Nicht jeder >Unternehmer< hat die Ressourcen, viel zu unternehmen“. Große soziale Ungleichheiten bestehen in fast allen Dimensionen fort. Dies wirft unweigerlich die Frage auf, was Individuen benötigen, um unter postmodernen Bedingungen bestehen und erfolgreich leben zu können. Und man muss kein Psychologe sein, um in diesem Szenario die Gefahr zu erkennen, dass sich aus diesem Nebeneinander von „Teil-Selbsten“ eine ausgewachsene Persönlichkeitsstörung à la Schizophrenie entwickeln kann, wenn Ambiguitäts- und Ambivalenztoleranz nicht mehr ausreichen. Und noch ist nicht klar, wo und wie man sich diese aneignen kann.

Um sich von Zwängen und Risiken der Konstruktion und Begründung von Identität und Lebensführung zu entlasten, ist man geneigt, sich vorgefertigte Sinnzusammenhänge in produzierten *Sinn- und Lebenswelten* zu suchen. Ein Charakteristikum postmoderner Gesellschaften ist eine enorme Vielfalt von Sinn- und Lifestyleangeboten, die – so könnte man argumentieren – genau auf den schon angesprochenen Mangel an Orientierung durch überkommene Wert- und Moralvorstellungen abzielen. In diesem Zusammenhang zeigen sich auch Auswirkungen der kulturellen und sozialen Globalisierung, die erheblich dazu beitragen, das mögliche Erfahrungsspektrum zu verbreitern. In kaum zu überblickendem Ausmaß sieht man sich Ratgebern, Therapeuten, Gurus, Priestern, religiösen, spiritistischen und esoterischen Glaubensgebäuden und Praktiken gegenüber, die die gesamte Bandbreite abdecken. Neben den überkommenen Institutionen der christlichen Kirche findet sich von fernöstlichen Religionen über asiatische Meditationstechniken bis hin zu sektenartigen Gruppen und Glaubensgemeinschaften ein breites Spektrum spiritueller Angebote. Dazu gesellen sich Angebote wie homöopathische, traditionell chinesische und neue Medizin, Reiki, Lifestyleberatung und Selbstfindungskurse, Persönlichkeitstraining und psychologische Therapien, Parapsychologie, Befragung von Geistern, Analyse von Auren und allerlei bisweilen skurril anmutende Heilslehren und Sinnversprechungen. Es ist in der Vielfalt schwer, den Überblick zu behalten, auszuwählen und zu beurteilen, welche dieser Angebote hilfreich und sinnvoll, wirkungslos oder gar gefährlich sind. Sie bieten ganz im Sinne postmoderner Bastelmentalität einen Baukasten zur Konstruktion von Sinn und Orientierung, belassen den Menschen dabei aber im gleichen Dilemma, wählen und begründen zu müssen, warum bestimmte Angebote wahrgenommen werden. Im anderen Extremfall entlasten solche Angebote den Menschen von jeglicher Begründungspflicht, indem sie inhärente Erklärungsmuster anbieten: Wer das jeweilige Angebot nicht annimmt oder gar kritisch hinterfragt, ist selbst schuld und hat nichts verstanden. Dass das Eintauchen in solche Angebote einer Selbstaufgabe und Entmündigung, einer Flucht vor sich Selbst gleichkommen und mitunter auch lebensgefährlich sein kann, wird freilich nicht expliziert.

Insbesondere die kommunikations- und computertechnische Innovation bietet leichten Zugang zu diesen Märkten. Darüber hinaus finden sich im Internet Angebote, die geradezu als Parallelwelten zu bezeichnen sind und in denen jede Person in der Lage ist, eine neue, andere Identität anzunehmen. Dies reicht von virtuellen Begegnungsstätten und Austauschforen (Chatrooms) aller Art und zu (fast) jedem Thema über Spielforen bis hin zur Konstruktion ganzer Gesellschaften. Ein Beispiel dafür ist das Phänomen der „Massive Multiplayer": Ähnlich dem Rollenspiel nimmt der Mitspieler eine Identität in einer Gemeinschaft an, erfüllt gesellschaftlich benötigte Aufgaben und Rollenanforderungen, gestaltet die virtuelle Gesellschaft mit und führt so ein virtuelles Parallel-Leben. Diese Art Spiele erfordert einen recht hohen Zeitaufwand und so wird diese künstliche Welt mitunter ein wichtiger Bestandteil des Lebens der Spieler. Die Gefahr, sich in solchen oder anderen virtuellen Angeboten zu verlieren, Realitäten zu vermischen oder sich in virtuelle Realitäten zu flüchten, scheint groß.

Mit all diesen Möglichkeiten verbindet sich die Gefahr der Entfremdung von der unmittelbaren sozialen Umgebung, der Rückzug aus der „realen Lebenswelt" und lokalen gesellschaftlichen Zusammenhängen. Individualisierung kann einhergehen mit dem Schaffen neuer „Vergemeinschaftungen", „Communities" oder Familien jenseits persönlicher oder gar emotionaler Bindungen. Und wieder ist der Mensch letztlich auf sich zurückgeworfen in einer Art multiphrener Lebensweltenagglomeration.

5.5. Die Ästhetisierung sozialer Differenzierung - Die Sozialen Milieus von Jörg Ueltzhöffer und Bodo B. Flaig

Mit der Ästhetisierung des Alltagslebens scheint der Begriff „Lebensstil" als „das sich in den Aktivitäten, Interessen und Einstellungen manifestierende Muster der Lebensführung einer Person" (Kotler / Bliemel 1992:259) zur Schlüsselkategorie postmoderner sozialer Differenzierung zu werden und damit ein bestimmtes Maß an Orientierungsmöglichkeiten in der postmodernen Vielfalt zu liefern[17]. „Die Zeichen und Symbole selbst übernehmen die Rolle der Sinngebung in der Lebensführung und im Selbstverständnis des einzelnen. Sie werden aus Signalen einer Identität zu ihrer Struktur" (Flaig/Meyer/Ueltzhöffer 1994:20-21). Ein Ansatz, der genau diese Entwicklung hin zur alltagsästhetisch fundierten Form sozialer Distinktion und „sozialästhetischer Segmentierung" (Flaig/Meyer/Ueltzhöffer 1994:23) hoch entwickelter Konsumgesellschaften untersucht, ist der Ansatz der „Sozialen Milieus" nach Ueltzhöffer/Flaig (1980): „Soziale Milieus beschreiben Menschen mit jeweils charakteristischen Einstellungen und Lebensorientierungen. Sie fassen, ganz allgemein gesprochen, soziale Gruppen, also Menschen zusammen, deren Wertorientierungen, Lebensauffassungen und Lebensweisen ähnlich sind" (Ueltzhöffer 1999:629). Auf der Basis dieser Definition von Milieus als „Lebensstilgruppen" ermöglicht das von Jörg Ueltzhöffer und Bodo B. Flaig schon vor mittlerweile fast 30 Jahren formulier-

17 Zur systematischen Diskussion des Begriffs Lebensstil vgl. etwa Hartmann 1999

te, stetig aktualisierte und weiterentwickelte Modell der Sozialen Milieus[18] die soziokulturelle Segmentierung von Gesellschaften, welche versucht, sowohl „soziale Syndrome, bestehend aus sozialen Lagen einerseits und Wertorientierungen sowie lebensweltlichen Sinn- und Kommunikationszusammenhängen andererseits" (Flaig/Meyer/Ueltzhöffer 1994:58) angemessen zu berücksichtigen. Eine Grundannahme des Modells ist, dass die Ästhetisierung der Lebenswelt sowohl entgrenzende als auch strukturbildende Wirkungen entfaltet, die das Erscheinungsbild postmoderner Gesellschaften prägen, indem sie für „die Entstehung neuartiger gesellschaftlicher Strukturmuster [verantwortlich sind], die dem einzelnen subjektiv sinnhafte Identitätsbildungen und Bindungen ermöglichen, aber auf neue Weise auch objektiv trennend wirken" (Ueltzhöffer 1999:628-629). Denn „soziokulturelle und alltagsästhetische Identitätsfindungen entscheiden heute nicht nur über Lebensweise, Kommunikationsmuster, Konsumziele, etc. des Einzelnen und von Gruppen, sondern prägen zunehmend auch die strukturellen Merkmale von Gesellschaften" (Ascheberg 2006:18). Aufgrund dieser Annahme erscheint der einzige Weg zur „zureichenden Rekonstruktion der sozialen Wirklichkeit" (Flaig/Meyer/Ueltzhöffer 1994:51) die Erfassung des Alltagsbewusstseins und des Alltagslebens der Menschen. Dieses definieren sie als das „Insgesamt subjektiver Wirklichkeit eines Individuums, also alle bedeutsamen Erlebnisbereiche des Alltags (Arbeit, Familie, Freizeit, Konsum usw.), die bestimmend sind für die Entwicklung und Veränderung von Einstellungen, Werthaltungen und Verhaltensmustern", und integrieren gleichsam „Wünsche, Ängste, Sehnsüchte, Träume usw." in den Begriff der Lebenswelt (Flaig /Meyer/Ueltzhöffer 1994:51). Ziel der Milieuanalysen ist in diesem Sinne der „ganze Mensch" in seinem subjektiven Lebenszusammenhang.

Das Modell berücksichtigt neben der Grundannahme der gesellschaftlichen Strukturierungskraft der Alltagsästhetik weitere Aspekte. So führen die Beobachtungen, dass gleiche sozioökonomische Lebensbedingungen offenbar unterschiedliche Lebensstile hervorbringen können und dabei in sehr unterschiedlichem Maße - von starker Abhängigkeit bis scheinbar losgelöst - mit Schicht- und Klassenzusammenhängen in Verbindung stehen sowie der unterschiedlichen subjektiven Bedeutsamkeit von Lebensstilen und deren prägendem Charakter für soziale Zugehörigkeit[19] zu dem Schluss, dass heute vor allem alltagsästhetische Beziehungswahlen über die Milieuzugehörigkeit von Individuen entscheiden. Diese wiederum werden „(...) von objektiven Merkmalen wie Alter, Einkommen, Bildung usw. – und natürlich vom Herkunftsmilieu – beeinflusst, aber nicht entschieden, auch nicht von der Berufsgruppenzugehörigkeit" (Ueltzhöffer 1999: 630-631). In diesem Sinne sind Soziale Milieus aufgrund der relativen Stabilität von Wertorientierungen und sozialästheti-

18 Das Modell der Sozialen Milieus ist als „Sinus-Milieu-Modell" bekannt geworden. Es wurde 1979/ 1980 von Ueltzhöffer und Flaig geschaffen und von Ueltzhöffer weiterentwickelt zum heute vom SIGMA-Institut in der empirischen Markt- und Sozialforschung verwendeten Modell der „Sozialen Milieus".

19 Vgl. Ueltzhöffer 1999: 629-630

schen Beziehungswahlen selbst vergleichsweise stabil, unterliegen aber auch einem gewissen Grad an Veränderbarkeit. Zudem unterliegen die Grenzen Sozialer Milieus einer analog zur Heisenbergschen Unschärferelation formulierten sozialen Unschärfe, denn „Milieugrenzen schließlich sind fließend, sie lassen sich nicht so (scheinbar) exakt gegeneinander abgrenzen wie Berufsgruppen oder soziale Schichten" (Ueltzhöffer 1999:631). Zusammenfassend bilden also Subjektivität, alltagsweltlicher Bezug, Ganzheitlichkeit, Stabilität, Veränderbarkeit und Unschärfe die Grundlagen des Ansatzes der Sozialen Milieus[20]. Um diese Gegebenheiten angemessen untersuchen zu können, versucht die Milieuanalyse, „(...) alle jene – subjektiven wie objektiven – Merkmale empirischer Analyse zugänglich zu machen, die die sozialästhetische Identität des einzelnen konstituieren (Wertorientierungen, Lebensziele, Arbeitseinstellungen, Freizeitmotive, unterschiedliche Aspekte der Lebensweise, alltagsästhetische Neigungen usw.)" (Ueltzhöffer 1999: 630). Es werden sowohl quantitative als auch qualitative Methoden zur Entwicklung von als „Milieu-Indikatoren" bezeichneten Statement-Batterien eingesetzt. Diese dienen dann der quantitativen Untersuchung und Milieusegmentierung großer repräsentativer Stichproben (vgl. Ascheberg 2006:19)[21]. Die Milieu-Indikatoren werden zudem laufend durch qualitative Forschung überprüft und ggf. aktualisiert. Nur so lässt sich garantieren, dass der „Prozesscharakter von Gesellschaft" (Flaig / Meyer / Ueltzhöffer 1994:57) auch wirklich erfasst wird. Dies spiegelt sich im Übrigen in der Entwicklung des SIGMA-Milieumodells für Deutschland wider, das erst in den 1990er Jahren zunächst das „Moderne Arbeitnehmermilieu" und später das „Postmoderne Milieu" als Ausdruck der „Postmodernisierung der Alltagswelt" (Ascheberg 2006:20) in sein Modell aufnahm. Mit den Milieu-Instrumenten des SIGMA-Instituts werden inzwischen in 26 Ländern Milieusegmentierungen durchgeführt und dabei zumindest für die hochentwickelten Konsumgesellschaften sehr ähnliche - wenn auch national spezifisch ausgestaltete - „Megatrends" der Postmodernisierung von Lebensweisen (Featherstone) und Wertorientierungen (Inglehart) identifiziert. Dies resultiert nach Jörg Ueltzhöffer in der „Entstehung einer transnationalen Milieulandschaft, deren soziale Milieus unabhängig vom jeweiligen nationalkulturellen Kontext in ausgeprägten soziokulturellen Verwandtschaftsbeziehungen zueinander stehen (...)" (Ueltzhöffer 1999:649). Obwohl mit der Bildung transnationaler Milieus das Phänomen der sozialästhetischen Segmentierung in gewisser Weise quer zu nationalstaatlichen Begren-

20 Vgl. dazu Flaig / Meyer / Ueltzhöffer 1994:51-59 sowie Ueltzhöffer 1999:629-632.

21 Diese quantitative Milieusegmentierung wird – sehr erfolgreich – für das sogenannte „globale Zielgruppenmanagement" und das „transnationale Zielgruppenmarketing" eingesetzt (Ascheberg 2006). Das Milieumodell im Sinne eines Modells der Zielgruppensegmentierung bildet damit die Basis für Produktentwicklungen und Marketingstrategien, die sich an den alltagsästhetischen Wünschen und „Bedürfnissen" der Menschen orientieren und es ermöglichen, Produkte sehr exakt auf eine jeweilige Zielgruppe hin zu gestalten und mit den passenden „Images" auszustatten. Aufgrund der Geschäftsrelevanz der Milieu-Indikatoren unterliegen diese verständlicherweise dem Betriebsgeheimnis des SIGMA-Instituts und können nicht zugänglich gemacht werden.

zungen von Gesellschaften verläuft, kann dieser Strang hier nicht weiter verfolgt werden. Die folgende Darstellung konzentriert sich daher aufgrund des Forschungsgegenstands auf das Milieumodell für Deutschland.

Das SIGMA-Institut bezieht in die Kurzcharakterisierungen der von ihm gegenwärtig erfassten zehn sozialen Milieus in Deutschland die je subjektiv definierten Leitwerte der Lebensgestaltung, den Lebensstil und ihren gesellschaftlichen Status ein, so dass jedes Milieu ein spezifisches soziokulturelles Profil erhält. Schaubild II.1. gibt die Verortung der Sozialen Milieus im zweidimensionalen Merkmalsraum Sozialer Status – Wertorientierung wieder. Auf der x-Achse ist die Wertorientierung von traditionell über modern bis postmodern abgetragen, auf der y-Achse findet sich der soziale Status eingeteilt in Unterschicht, untere Mittelschicht, mittlere Mittelschicht, obere Mittelschicht und Oberschicht. Beide Dimensionen sind dabei als semi-diskret aufzufassen, denn ebenso wie die Milieugrenzen sind die Übergänge im Sinne der „sozialen Unschärferelation" (Ueltzhöffer) als nicht exakt abgrenzbar zu betrachten.

Das ***Etablierte Milieu*** ist das traditionell-konservative Elitemilieu, das sich als Führungsschicht der Gesellschaft versteht und sich selbst als Hüter von Traditionen und Werten wahrnimmt. „Ihr häufig hoher sozialer Status wie auch ihr Selbstverständnis als wirtschaftliche und gesellschaftliche Elite kulminiert in einem gleichsam "natürlichen" gesellschaftlichen und wirtschaftlichen Führungsanspruch" (Ascheberg 2006:20). Für dieses Milieu sind gepflegte Umgangsformen und ein distinguierter Lebensstil ebenso zentral wie Diskretion und Understatement.

Das ***Traditionelle bürgerliche Milieu*** lebt die traditionellen Werte, Konventionen und Moralvorstellungen, die unsere Gesellschaft lange Zeit prägten. „Zusammen mit dem Traditionellen Arbeitermilieu bildete das Traditionelle bürgerliche Milieu über Jahrzehnte gleichsam den natürlichen Mittelpunkt der deutschen Gesellschaft. Heute hat es diese Rolle längst an modernere Milieus abgetreten" (Ascheberg 2006:20). Diese Lebenswelt ist mit einem Anteil von 11% an der deutschen Wohnbevölkerung immer noch eine finanzstarke Zielgruppe, die Wert auf Familie, Sicherheit, einen bürgerlichen Lebensstandard und geordnete finanzielle Verhältnisse legt.

Das ***Traditionelle Arbeitermilieu*** ist ein Milieu des Industriezeitalters, häufig gewerkschaftlich organisiert und vergleichsweise autoritär eingestellt, was sich vor allem in der ausgeprägten Besitzstandswahrungsmentalität zeigt. Mitgliedschaften in Arbeitersport- oder Taubenzüchterverein sind ebenso charakteristische Aufenthaltsorte wie Kleingärtnervereine, Schrebergärten und Vereinsgaststätten. Das Traditionelle Arbeitermilieu ist ebenso wie die Industriegesellschaft von der Auflösung bedroht. Daher ist es nicht verwunderlich, dass diesem Milieu materielle und soziale Sicherheit, Solidar- und Gemeinschaftswerte von zentraler Bedeutung sind.

Das ***Konsum-materialistische Milieu*** ist ein Sammelbecken der „wirtschaftlich und sozial Randständigen mit geringen Chancen am Arbeitsmarkt nachindustrieller Gesellschaften" (Ascheberg 2006:21), das geprägt ist von alter wie auch neuer Armut. „Dem Zauber der Schönen, Reichen und Berühmten der Regenbogenpresse, die man hier besonders schätzt, steht das zumeist von materiellen Sorgen geprägte Alltagsleben des Konsum-materialistischen Milieus gegenüber. Es ist mit mehr als 10%

der Wohnbevölkerung 16+ eines der zahlenmäßig stärksten Milieus in Deutschland, das durch die gesamtwirtschaftliche Entwicklung der letzten Jahre zudem an Bedeutung gewonnen hat" (ebd.). Wichtig ist diesem Milieu neben Geld und Konsum, den Anschluss an den gesellschaftlichen Mainstream nicht zu verlieren.

Das ***Aufstiegsorientierte Milieu*** orientiert sich in seinem Lebensstil an gehobenen Schichten. Das Erreichen dieses Lebensziels wird zum Erfolgsmaßstab. „Beruflicher Erfolg steht auf ihrer Werteskala ganz oben, ist aber kein Selbstzweck, sondern ermöglicht einen aufwändigen Lebensstil mit Fernreisen und Nobelsportarten, Luxusartikeln und Designermöbeln" (Ascheberg 2006:21). Daher sind renommierte Marken und Edel-Konsum natürliche Bestandteile ihrer Alltagswelt, was das etwa 10 Millionen Menschen starke Aufstiegsorientierte Milieu auch so besonders interessant als Zielgruppe für Premium-Marken macht. Es ist ebenso konsumfreudig wie kaufkräftig und dabei an Prestige, Luxuskonsum und der Zugehörigkeit zu den Reichen und Schönen orientiert.

Das ***Liberal-Intellektuelle Milieu*** ist das moderne Gegenstück zum Etablierten Milieu. Für dieses aus liberalem Bildungsbürgertum und modernen Funktionseliten bestehende Milieu genießen die postmaterialistischen Werte Selbstverwirklichung und Ich-Identität in Beruf und Freizeit einen hohen Stellenwert. „Liberal-Intellektuelle schätzen sinnstiftenden Genuss auf hohem Niveau und politisches Engagement gleichermaßen" (Ascheberg 2006:21). Wichtig ist ihnen daher soziale Gerechtigkeit, ökologische und politische Korrektheit – kurz, der verantwortungsbewusste Umgang mit sich und der Welt.

Ein ausgeglichenes, harmonisches Leben strebt das ***Moderne bürgerliche Milieu*** an. Soziale Beziehungen und Ausgleich sind wichtiger als Risiko und Extreme. Der hohe Stellenwert von Familie und Kindern verwundert daher kaum. „In dieser Lebenswelt schlägt heute das Herz Deutschlands. Bodenständig, häuslich und modern zugleich, bilden sie den etwas konventionelleren Flügel des Modernen Mainstream" (Ascheberg 2006:21). Zentrale Werte sind in diesem Milieu Lebensqualität, Sicherheit, materielles und emotionales Wohlergehen.

Das ***Moderne Arbeitnehmermilieu*** ist ein in vielerlei Hinsicht dem Neuen gegenüber offenes Milieu, das sich vielfach aus Angehörigen der New Economy rekrutiert: „Jung, flexibel, ambitioniert, konsumfreudig, so zeigen sich die meisten Angehörigen dieses für das Lifestyle-Verständnis im modernen Mainstream so wichtigen Milieus" (Ascheberg 2006:21). Neben sozialen Kontakten und individualisiertem Konsum ist Lebensfreude im Sinne einer Balance zwischen Arbeit, Freizeit und Familie der zentrale Wert.

Ein junges, ausgesprochen konsum-hedonistisch eingestelltes Milieu mit unkonventionellen Lebensformen ist das ***Hedonistische Milieu***, das sich über den Ausbruch aus vorgegebenen Lebensstilen definiert und vorgegebene gesellschaftliche Normen, Konventionen und Verhaltenserwartungen zurückweist und so zur Verbreitung neuer Moden und Geschmackskulturen beiträgt. „Freiheit, Ungebundenheit und Spontaneität (sich von niemandem etwas vorschreiben lassen) sind zentrale Werte dieses Milieus. Die ständige Suche nach Kommunikation, Abwechslung und Unterhaltung prägt die Freizeit- und Konsumansprüche. Man möchte das Leben genießen, intensiv leben, aus den Zwängen des Alltags ausbrechen“ (Ascheberg 2006:22).

Das ***Postmoderne Milieu*** ist ***das*** urbane, hoch gebildete Avantgarde-Milieu, das mit seiner subjektivistischen Lebensphilosophie des „Self-engineering“ neue Trends setzt. „Sie sind selbstbewusste Lifestyle-Architekten, die sich ohne Bauanleitung aus ihrem individuellen "construction kit" einen Lebensstil nach ihrem persönlichen Maß schneidern. Hier wird die (postmoderne) Freiheit des "anything goes" gepflegt, die traditioneller gestimmten Menschen manchmal den Angstschweiß auf die Stirn treibt“ (Ascheberg 2006:22). Zentrale Werte sind die Identität von Ich und Außenwelt sowie die Toleranz von Widersprüchen[22].

5.6. Politik und Gesellschaft

Der politisch-gesellschaftliche Komplex bezieht sich auf die vorhandenen oder nicht vorhandenen Alternativentwürfe in der Politik, den Mangel an Steuerung und Angeboten an Orientierung im Zuge ökonomischer, politischer und kultureller Globalisierung. Die Politik droht das Objekt und das Subjekt des Politischen zu verlieren und lässt den Menschen mit ihrer Forderung nach Eigenverantwortung, Engagement und Partizipation zunehmend alleine.

An erster Stelle steht hier eine weiterreichende Verunsicherung bezüglich politischer Entscheidungs- und Steuerungskapazität. Denn unter den Bedingungen der Postmoderne und hier insbesondere von Globalisierung und Pluralisierung ökonomischer, aber auch und gerade politischer Zusammenhänge formiert sich eine unüberschaubare Komplexität von Interdependenzen und Interaktionen. Der überwiegend von transnationalen Großkonzernen getragenen ökonomischen Globalisierung stehen vergleichsweise „hilflose“ Staaten gegenüber. Nationalstaatlich organisierte politische Strukturen und Herrschaftsgefüge zeigen sich immer weniger in der Lage, die Interessen ihrer Bürger adäquat zu vertreten, und befinden sich in einer tiefen Krise. Denn die Konzeption eines modernen demokratischen Verfassungsstaats beinhaltet auch und vor allem den Gedanken der Gestaltbarkeit gesellschaftlicher Zusammenhänge im nationalen Rahmen: „Die Globalisierung stellt eine Herausforderung (...) insofern dar, als dass der bisherige Bezugsrahmen moderner politischer Herrschaft, der demokratische Verfassungsstaat, seine Konturen verliert (...). Die Verflechtungen in allen Bereichen haben in einem Maße zugenommen, dass seine Integrität zu schwinden scheint. Nicht nur Ökonomie, Wissenschaft, Kunst, Kultur und Familien verweben sich in zunehmendem Maß grenzüberschreitend, auch Politik ist immer öfter nicht mehr allein in nationalen Kategorien zu denken, selbst wenn es sich um sogenannte Innenpolitik handelt“ (Niedermaier 2006:64-65).

22 Die Milieuprofile basieren auf der Darstellung von Ascheberg 2006: 20-22 und sind wie Schaubild II.1. „Die SIGMA Milieus in Deutschland 2006“ urheberrechtlich geschützt. Die Wiedergabe erfolgt mit freundlicher Genehmigung des SIGMA-Instituts.

Schaubild II.1.: Die SIGMA Milieus in Deutschland 2006

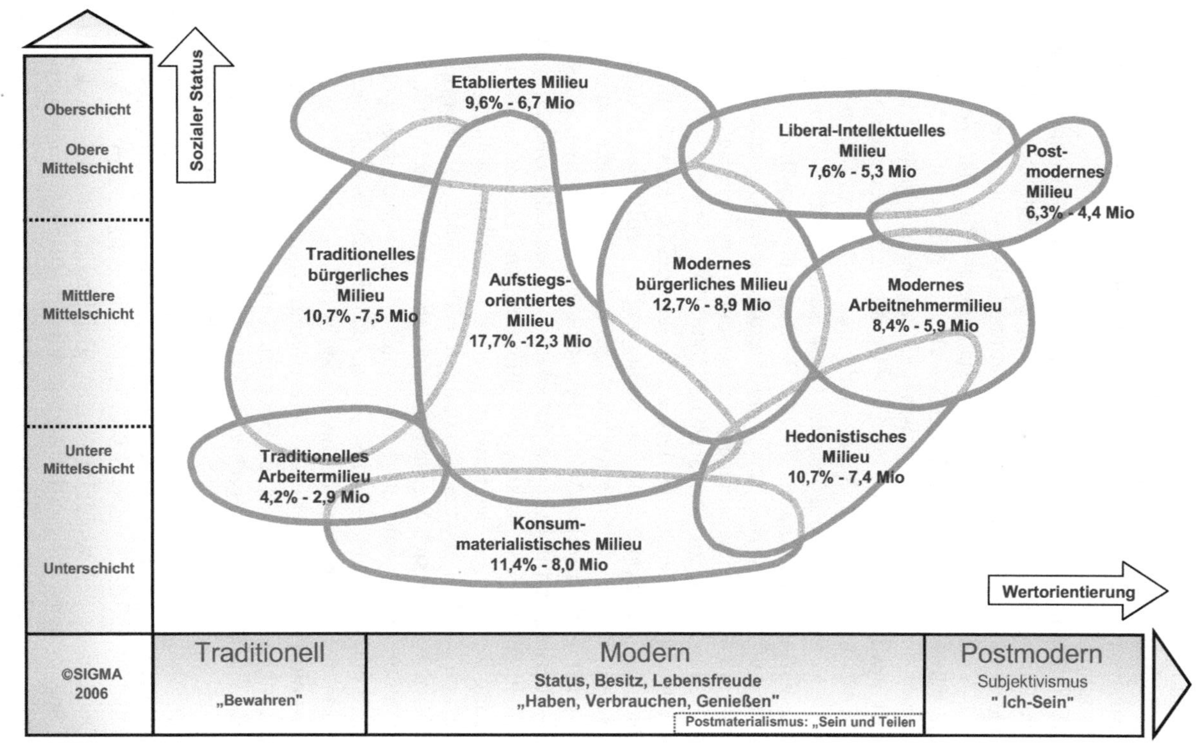

Dabei transformiert sich die Rolle von Nationalstaaten nachhaltig. Sie sind immer stärker gezwungen, in einen Wettbewerb um transnationale Unternehmen und deren Produktionsstätten zu treten: „Weg von der Rolle als übermächtige, Regeln vorgebende Ordnungsmacht gerät der Staat in die Rolle eines Anbieters von attraktiven Standortbedingungen auf einem an Konkurrenten reichen Markt“ (Niedermaier 2006:81) und Politik wird quasi zu einem Aushandlungsprozess, an dem längst nicht mehr nur nationale politische Akteure beteiligt sind. Ulrich Beck spricht angesichts dieser massiven Verluste an Autonomie und Steuerungsmöglichkeiten von einem „Globalisierungsschock“ (Beck 1997:33).

Eine Reaktion nationalstaatlicher Politik ist die verstärkte Initiierung von und die unterschiedlich große Kompetenzübertragung an internationale politische Organisationen wie etwa die EU, die Vereinten Nationen, die Welthandelsorganisation WTO oder die NATO. Aber auch diese tun sich oftmals mit der Verregelung globaler Probleme schwer. Die „neuen Kriege“, weltweite Migrationsströme aufgrund eines nach wie vor dramatischen Arm-Reich-Gefälles und die globale Bedrohung der natürlichen Umwelt etwa durch CO^2-Ausstöße sind nur drei exemplarische Problemfelder internationaler Politik, die das Dilemma aufzeigen. Darüber hinaus bedeutet die Mitgliedschaft in Internationalen Organisationen für Nationalstaaten – neben unbestrittenen Vorteilen internationaler Verregelungsbemühungen – in der Regel auch einen Autonomieverlust, denn „in Internationalen Organisationen ist der Staat nicht mehr die allein entscheidende Macht, sondern nur ein Beteiligter am Entscheidungsprozess unter vielen“ (Niedermaier 2006:77).

Angesichts dieser Tendenzen der Entgrenzung des Nationalstaats und seiner Steuerungsfähigkeit unter postmodernen Bedingungen behilft sich nationale Politik oftmals mit dem Verweis auf die Sachzwänge und Notwendigkeiten politischen Handelns in einer globalisierten Welt. Dem entgegen steht ein umfassender Wunsch nach Orientierung und politischen Alternativen seitens der Bürger, denn gerade unter den Bedingungen von risikoreicher Pluralität und Uneindeutigkeit bedarf es der Orientierung für individuelles Handeln, bedarf es der Hilfestellung zum Erwerb von Kompetenzen und Fähigkeiten für ein gelingendes Leben. Auf der Suche nach Sinn, Rat und Hilfe wenden sich Menschen hier auch an Staat und Politik. Doch auch hier finden sich nur wenige eindeutige Angebote: Oftmals erscheinen politische Alternativentwürfe und Strategien als unvollkommen, als geradezu hilflose Flickschusterei an den Krankheitssymptomen postmodernen Wandels.

So wird einerseits der Verlust an Werten und Normen beklagt und eine Rückkehr zu alten „Tugenden“ gefordert, die aber den Bedingungen gesellschaftlicher Realität nicht mehr ausreichend entsprechen. Allein mit Fleiß und Leistungsbereitschaft lassen sich die Risiken der Postmoderne nicht bewältigen. Und es werden – ganz im Sinne der ökonomischen Globalisierung – Flexibilität, Eigenverantwortung und Selbstinitiative eingefordert, ohne diese Ansprüche mit entsprechenden Angeboten sozialer Sicherung, der Fort- und Weiterbildung zu flankieren. So zumindest ist der einer „Demontage des Wohlfahrtsstaats“ gleichende, fortschreitende Ab- und Umbau des Sozialstaates etwa in Deutschland interpretierbar. Auch hier wird das Individuum allzu oft auf sich selbst zurückgeworfen.

Andererseits werden bürgerschaftliches Engagement und politische Partizipation als neue „Werte“ eingefordert, ohne aber den Bürgern die Kernbereiche der Politik – das Fällen allgemeinverbindlicher Entscheidungen – jenseits von Wahlen zugänglich zu machen. Mitbestimmung ist immer nur dann mehr als eine „Meinungsäußerung“ ohne große politische Folgen, wenn es sich um vergleichsweise marginale Themen handelt. Es besteht zumindest teilweise ein gravierender Gegensatz zwischen den Ansprüchen und Wünschen der Bürger einerseits und den Ansprüchen der Politik an die Bürger andererseits. Die Konsequenz ist, dass sich der Einzelne von den politischen Parteien wie auch von Regierung und Staat nur unzureichend repräsentiert fühlt und sich nach und nach zurückzuziehen droht. Hinter dem Schlagwort „Politikverdrossenheit“ verbirgt sich allem Anschein nach nicht nur eine Unzufriedenheit mit den Politikern und Parteien (welche sich als Vorbilder nur allzu oft disqualifizieren).

Unterstützt wird diese Entwicklung zudem durch die Enttraditionalisierung, Postmodernisierung und Hyperindividualisierung von Lebensentwürfen und Wertorientierungen, die vor allem den „großen Volksparteien“ zusetzt und sich in Bedeutungs- und Stimmenzunahme kleinerer Parteien widerspiegelt. Denn fragmentiert sich die gesellschaftliche Basis, so ist eine politische Fragmentierung und Diversifizierung abzusehen. Dass ein Regieren unter postmodernen Bedingungen angesichts schwieriger Mehrheitsverhältnisse nicht leichter wird, ist dabei unmittelbar einzusehen. Aufgrund zunehmend komplexer und damit wenig durchschaubarer Zusammenhänge in und zwischen Politik, Wirtschaft und Gesellschaft in und zwischen Nationalstaaten bei einem gleichzeitigen Vertrauensverlust in die Steuerungs-, Lösungs- und Repräsentationskompetenz nationaler politischer Strukturen und Akteure ziehen sich die Individuen von der Politik zurück. Damit droht einmal mehr eine als negativ einzuschätzende Fragmentierung und Diffusion von Gemeinschaft und Gesellschaft, in der die Menschen weitgehend sich selbst überlassen sind mit all den Gefahren und Zwängen postmoderner Gesellschaften.

6. Postmoderne Ambivalenzen – eine Zusammenfassung

In den vorangegangenen Abschnitten wurde immer wieder die allgegenwärtige Ambivalenz postmoderner Veränderung in den hochentwickelten Industrienationen deutlich. Entscheidend für die Analyse postmoderner Gesellschaften ist es daher, beide Seiten ihrer Verfassung zu zeigen: Neben der „dunklen Seite“ der Risiken und Zwänge existieren eben auch die Verheißungen, Chancen und Möglichkeiten. Meist offenbaren sich diese Potentiale im einfachen Umkehrschluss aus dem Dramatisierten und verweisen zudem auf Kompetenzen, Ressourcen und Fähigkeiten, die einem gelingenden Leben in der Postmoderne zuträglich sind.

Wohl nie zuvor gab es ein so großes Maß an *Freiheit*, sich selbst zu verwirklichen und authentisch zu leben. Es basiert wesentlich auf der Befreiung aus tradierten Zwängen. Einengende oder gar repressive Normen und Regeln, Hierarchien und Verpflichtungen, Unterdrückung, Verleugnung und Verdrängung verlieren angesichts der zunehmenden Enttraditionalisierung und Pluralisierung in allen Lebenszusammenhängen an Verbindlichkeit. Nur so sind Innovationen und das Leben alternativer Entwürfe überhaupt möglich. Auf der anderen Seite ziehen plurale, kontingente und widersprüchliche Lebenssituationen, Gemeinschafts- und Gesellschaftsmodelle eine weitreichende Verunsicherung und Desorientierung nach sich, wie das eigene Leben zu gestalten sei. Die postmoderne Freiheit droht aus dieser Perspektive zur Qual und zur Last zu werden.

Offenheit, Pluralität und Mobilität werden zu Schlüsselkategorien in fast allen Bereichen postmodernen Lebens. Es entwickelt sich eine neue Vielfalt von Lebensstilen, Milieus und Subkulturen. Die Lebensentwürfe und Lebensweisen der Generationen werden noch unterschiedlicher. Dies alles begünstigt ein Mehr an kultureller und sozialer Toleranz und Offenheit, schürt aber auch Ängste. Denn die fortschreitende soziale Desintegration aufgrund von Flexibilisierung, Hyperindividualisierung und Pluralisierung, aber auch aufgrund immer geringer werdender sozialer Kontakte in der direkten Umwelt lässt das Individuum oftmals halt- und orientierungslos zurück. Im Zusammenleben mit den immer zahlreicheren unterschiedlichen Lebensentwürfen, aber auch mit Migrantinnen und Migranten verstärken sich daher subkulturelle wie interkulturelle Spannungen in Prozessen sozialer Integration und Ausgrenzung. Inklusion steht neben Exklusion, Konflikt neben Verständigung.

Mit der massenhaften Verbreitung von PC und Internet und den sich ständig verbessernden und räumlich zunehmend unabhängigen Zugangsmöglichkeiten vergrößert sich das Informationsangebot exponentiell. Dadurch entsteht eine relativ freie *Verfügung über immer mehr Wissen.* Die elektronischen Medien, PC und Internet ermöglichen außerdem die Produktion, Teilhabe und Weitergabe selbst geschaffener virtueller Realitäten in Wort, Ton und Bild. Neue Medien ermöglichen den Aufenthalt, die Bewegung und den Austausch in einer elektronischen, künstlichen Cyberwelt zu relativ geringen Kosten. Andere Denk- und Lebensweisen, andere Systeme, Kulturen und Religionen werden leichter zugänglich und verstehbar. Es ergeben sich neue Chancen nicht nur passiver Teilhabe, sondern auch aktiver Kommunikation und Partizipation, der Interaktion in den Massenmedien und in anderen Öffentlichkeiten. Auf der anderen Seite entstehen Effekte neuer Ausgrenzung in Form von Zugangsbeschränkungen, seien sie technischer oder menschlicher Natur. Denn immer mehr potentiell zugängliche Informationen werden kommerzialisiert und über meist kostenpflichtige Mitgliedschaften geregelt oder über Zensur oder technische Schranken unzugänglich gemacht. Auch besteht die Gefahr von Realitätsverlusten, sei es durch die zunehmende Konsumption virtueller Angebote und Illusionen, sei es durch eine Überforderung der Reizverarbeitungskapazität des durchschnittlichen Menschen. Denn immer mehr Menschen sehen sich sowohl im Arbeits- als auch im Privatleben aufgrund von schier unbewältigbar erscheinenden Informationsmengen und komplexen Kommunikationserfordernissen einer kognitiven und intellektuellen Überforderung ausgesetzt.

Die *Entwicklung der eigenen Person*, von Selbst und Identität wird zunehmend als offener Prozess, als ständiges Werden des Ich in wechselnden Bezügen begriffen. Sie wird je nach Umständen und Bedürfnissen neu bestimmt und verlangt dann

Anerkennung und gegenseitigen „Respekt“. Hier besteht allerdings das Risiko, die eigene Identität zu „verlieren“, auf irrealen oder trendfernen Grundlagen zu konstruieren und sich selbst in eine Identitätsisolation zu bringen. Diese Marginalisierung der eigenen Identität trägt zu sozialer Desintegration bei.

Unter Bedingungen des Wohlstands wächst die Lust an Abwechselung und spielerischer Gestaltung. Die *Ästhetik des Alltags* gewinnt als Ausdruck neuer Freiheiten und Gestaltungsmöglichkeiten immer mehr an Bedeutung. Nicht nur Jüngere finden Gefallen daran, sich lustvoll selbst zu „inszenieren“, Unbekanntes und Abenteuer zu (er-)leben. In allen Lebensbereichen können sich mehr denn je Spiel und Phantasie, Kreativität und Kunst entfalten. Man möchte sich und die Welt immer neu erleben und es wächst die Freude am Genießen. Dabei bleiben Ernsthaftigkeit und Verbindlichkeit leicht auf der Strecke.

Hinzu tritt ein immer wieder beobachtbarer Mangel an *Ressourcen*, die notwendig wären, postmoderne Bedingungen in gelingender Art und Weise für die eigene Lebensgestaltung zu nutzen. Dazu gehören sowohl technisch-technologische als auch kommunikative *Kompetenzen* und berufliche Qualifikationen. Nicht zuletzt fehlt es oftmals auch an materiellen Ressourcen, auch wenn vermeintlich mehr Menschen als je zuvor am Wohlstand teilhaben.

Neue Formen und Qualitäten der *sozialen Bindung* und Vergemeinschaftung entstehen. Bindungen geht man in größerer Freiheit ein als bisher. Dies ermöglicht ungezwungenere, emotional ehrlichere Beziehungen zu sich selbst und zu anderen. Soziale Beziehungen gestalten sich immer offener: nach Intensität und Dauer, im Wechsel der Personen und Orte, auch über größere Distanzen hinweg. In Partnerschaften wie in der Gesellschaft insgesamt gibt es immer weniger feste Rollenvorgaben, Geschlechterstereotype lösen sich auf. Viel mehr als früher muss man das konkrete Miteinander aushandeln, flexibel gestalten und für Veränderungen offen sein. Es wird schwieriger und spannungsvoller, aber auch spannender und abwechslungsreicher, das Eigene und das Andere zusammenzubringen in einer Art permanenter „Wir-Setzung“. Das bedeutet oft weniger Verantwortung füreinander und für Kinder, aber es entstehen auch neue Formen des Zusammenlebens von Individuen, mehreren Familien und (wieder) von Generationen. Zugleich aber besteht die Freiheit der Wahl, auch verbindliche und dauerhafte Beziehungen einzugehen, sie in verschiedenen Lebensphasen zu platzieren. Insgesamt verstärkt sich der Charakter des Vorübergehenden, des Experimentellen. Beziehungen und Lebensentwürfe werden zu „Projekten“, zu „Reisen“. Das Temporäre befreit und hält offen, enthält aber auch viel mehr Risiko, Unsicherheiten und Herausforderungen, mit immer Neuem und Unvorhersehbarem umzugehen.

Alltägliche Prozesse der *Lebensbewältigung* werden komplexer und stressreicher. Mehr denn je werden Flexibilität, Verfügbarkeit und lebenslange Lernprozesse in allen Lebensbereichen gefordert. Einerseits entwickeln sich neue Chancen des Erwerbs von Qualifikationen, des Wechsels von Arbeitsplätzen und -orten, für neue Erfahrungen mit sich und anderen in der Arbeit. Andererseits wachsen Leistungs-, Kosten- und Preisdruck im internationalen Wettbewerb, die Konkurrenz um weniger Arbeitsplätze, die Belastungen am Arbeitsplatz, die Angst um seinen Verlust. In vielen Ländern gibt es ein relativ hohes Niveau dauerhafter Arbeitslosigkeit und erzwungener Mobilität, die soziale Zusammenhänge gefährdet. Zugleich werden die Lebensarbeitszeit länger und die Renten unsicherer.

Nicht zuletzt stehen nationale und internationale *Politik* vor wachsenden Herausforderungen und es ist unklar, ob und wie sie ihnen erfolgreich begegnen können. Mit der kulturellen, politischen und vor allem ökonomischen *Globalisierung* von Lebenszusammenhängen, der Erhöhung individueller Gestaltungsspielräume und der Vielfalt von Lebensstilen, Wertorientierungen und Kulturmustern in (post-) modernen Gesellschaften werden die Bündelung von Interessen und die gesamtgesellschaftliche Integration immer schwieriger. Daraus folgt oftmals die Gefahr der Verarmung und Arbeitslosigkeit als Folge von ökonomischer Globalisierung und rascher Veränderung von Anforderungen an Kompetenzen und Fähigkeiten, der sich Individuen nur schwer anpassen können. Von staatlicher Seite ist vor dem Hintergrund neoliberaler Zukunfts- und Politikentwürfe einerseits und einem zunehmenden Verlust von Kompetenzen und Steuerungsmöglichkeiten im internationalen System andererseits bestenfalls eine eingeschränkte Steuerung postmoderner Entwicklungen zu erwarten. Kompensationsleistungen durch den Staat zumindest werden eher eingeschränkt denn ausgeweitet und so ist das Individuum weitgehend auf sich alleine gestellt.

Der *Umgang mit Unsicherheit und Risiko, mit Ambivalenz, Vieldeutigkeit und Unübersichtlichkeit* wird so zu einer für die Postmoderne typischen Herausforderung. Auf der einen Seite stehen dabei die geschilderten gesellschaftlichen Entwicklungen. Sie stellen die große Herausforderung gleichermaßen für die Politik wie für die Sozialwissenschaften des 21. Jahrhunderts dar. Auf der anderen Seite stehen die Erkenntnisse poststrukturalistischen und postmodernen philosophischen Denkens, welche die Möglichkeiten einer „achtenswerten Postmoderne" (Lyotard) aufzuzeigen suchen. Auch und besonders in der politischen Theoriebildung gewinnen deren neue Kategorien und Betrachtungsweisen an Bedeutung. Dennoch steckt die systematische und konsequente Rezeption postmodernen politischen Denkens, wie es etwa in der Machtanalyse Foucaults oder im Dekonstruktivismus Derridas, in Lyotards „Postmodernem Wissen" und vor allem in der radikalen Neudefinition von Sinn, Gesellschaft und Politik bei Baudrillard angelegt ist, im Mainstream der Politikwissenschaft noch in den Kinderschuhen. Trotz zahlreicher Kritik und Infragestellung des Ertrags postmoderner Philosophie für die Sozialwissenschaften, wie sie etwa Klaus von Beyme (1991:187-200) stellvertretend formuliert, ist es jedoch durchaus möglich und wünschenswert, Postmoderne als Chance zu betrachten und deren Potentiale zu nutzen. Dass dies weder einfach noch schnell zu erreichen ist, braucht man angesichts der Gefahren und Risiken nicht weiter zu betonen. *Postmoderne ist uneindeutig, ambivalent, kontingent und plural.*

III. Gesellschaft – Charakter – Produktives Leben

Die Gesellschaftsanalyse hat die systemischen Determinanten der Entwicklung postmoderner Persönlichkeitsstrukturen und Lebenspraxis aufgezeigt. Die Sozialpsychologie Erich Fromms und seine humanistische Ethik als Leitidee bilden weitere zentrale Grundlagen für unsere empirische Studie. Insbesondere sein Verständnis von gesellschaftlich geprägten "Charakterorientierungen" („socially typical characters") und deren (Nicht-) Produktivität schlägt die Brücke zwischen gesellschaftlichen und psychischen Strukturen (vgl. als Gesamtdarstellungen u.a. Funk 1978, 1995: 17-73, 2003; Hardeck 2005; Meyer 2002, bes. 43-78). Auf dieser Basis und im engen Zusammenhang mit den Ergebnissen der Milieu-Forschung entwickelte das Projektteam drei Skalen zur empirischen Erfassung gegenwärtiger Persönlichkeitsstrukturen, insbesondere der postmodernen Ich-Orientierung, und ihrer Verankerung in sozialen Milieus (Kap. IV, V). Die Befunde der empirischen Feldstudie werden abschließend im Licht der theoretischen Zugänge interpretiert (Kap. VI, VII).

1. Gesellschaft und Charakter: Erich Fromms Sozialpsychologie

Erich Fromms Sozialpsychologie geht von einem spezifischen Verständnis des Zusammenhangs von Gesellschaft und Charakter aus: „Die Verschiedenheit der Produktions- und Lebensweise der verschiedenen Gesellschaften beziehungsweise Klassen führt zur Herausbildung verschiedener, für diese Gesellschaft typischer Charakterstrukturen. Die einzelnen Gesellschaften unterscheiden sich nicht nur durch die Verschiedenheit in der Produktionsweise und ihrer sozialen und politischen Organisation, sondern auch dadurch, daß ihre Menschen bei allen individuellen Unterschieden eine typische Charakterstruktur aufweisen. Wir wollen diese den 'sozial typischen Charakter' nennen." (alle Zitate nach der Gesamtausgabe/GA der Schriften Fromms Bd. I-X 1980/81, Bd. XI, XII 1999; hier GA XI:163/164; außerdem 1937/1992e, GA XI) Erich Fromm versteht unter „social character" (übersetzt als „Gesellschafts-Charakter") „den Kern der Charakterstruktur, den die meisten Mitglieder einer Kultur gemeinsam haben, im Gegensatz zum individuellen Charakter, in dem Menschen, die zur gleichen Kultur gehören, jeweils verschieden sind" (GA I:210).

Fromm greift in seinem psychoanalytischen Ansatz auf Freud zurück und geht zugleich über ihn hinaus. „Eine mit dem *Charakterbegriff* operierende Sozialforschung rezipiert drei zentrale Erkenntnisse der Psychoanalyse: Menschliches Verhalten wird (1) von bewussten und unbewussten Strebungen determiniert, die (2) leidenschaftlicher und triebhafter Natur, also mit psychischer Energie geladen sind und die (3) eine Strukturierung aufweisen, die bewirkt, dass menschliches Verhalten einer Grundorientierung bzw. einer Mischung von Grundorientierungen folgt." (Funk 1995:20) Die analytische Sozialpsychologie setzt sich zum *Ziel*, „die dem Verhalten zugrunde liegenden, im Menschen bleibend verankerten, dynamischen Wirkkräfte zu begreifen, die mit Energie ausgestattet sind. Sie zeigen sich als leidenschaftliche Strebungen, die das Verhalten eines Menschen in einer relativ gleich bleibenden Weise bestimmen" (Funk 1995:17). Schon 1941 sagt Fromm: „Dieser Charakter bestimmt das Denken, Fühlen und Handeln des einzelnen Menschen." (GA I:380)

Der Charakter wird nach Fromm bestimmt durch eine dominante „leidenschaftliche" Grundstrebung oder spezifische Orientierung. Die *Charakterstruktur oder -orientierung* eines Menschen setzt sich wiederum aus verschiedenen Charakter*zügen* zusammen. Der „Charakterzug ist ein energiegeladener Teil des gesamten Charaktersystems" (GA IX:246). Diese *Charakterzüge* bilden ein relativ dauerhaftes und kohärentes „Syndrom". In den Charakterzügen und dem ihnen entsprechenden Verhalten manifestiert sich der Gesellschafts-Charakter oder eine Charakterorientierung (bzw. eine Mischung von mehreren). Die Charakterzüge „motivieren und unterstützen" als *zugrunde liegende* psychische Kräfte das Verhalten des Menschen. (vgl. GA IX:245-249) Nur von den Charakterorientierungen und -zügen her ist manifestes Verhalten, das immer vieldeutig ist, in seinen wahren Motiven zu verstehen und zu erklären. Charakterzüge und -orientierungen sind also nicht identisch mit bekundeten Einstellungen und beobachtbaren Verhaltensweisen. Fromm weist außerdem allzu rationalistische und situative Handlungstheorien zurück. „Die psychische Struktur einer Gesellschaft und das gesellschaftliche Unbewusste wird nur über die Analyse der gesellschaftlich geprägten leidenschaftlichen Strebungen – der Gesellschafts-Charakterzüge und -orientierungen – erkennbar" (Funk 1995:21). Weithin unbewusste, entfremdende Strukturen begründen das scheinbar Normale und Selbstverständliche, eine von den meisten Menschen nicht erkannte „Pathologie der Normalität" (Fromm).

Die *Hauptfunktion* des Gesellschaftscharakters besteht darin, als „Kitt", als psycho-soziales Integrations- und Bindemittel der Gesellschaft zu fungieren. Er dient der Verinnerlichung der Funktionsanforderungen von Wirtschaft und Gesellschaft wie der Reproduktion von Herrschaft. Ihre erfolgreiche Ideologisierung und Rationalisierung stabilisieren in autoritären wie in demokratischen Systemen dominante Strukturen sozialer Ungleichheit wie den Mangel an Freiheit und Rationalität. So wird subjektive Zufriedenheit und ein Gefühl scheinbarer Freiheit erzeugt. Gesellschaftliche Widersprüche bleiben ebenso wie individuelle oder massenhafte Unzufriedenheit latent und weithin unbewusst. Außerdem hat der Gesellschafts-Charakter wichtige Funktionen für das *Individuum*: Er vereinheitlicht sein Handeln, er entlastet von Entscheidungen durch Routinen, er schafft Befriedigung und Identitätserleben. Und er sorgt für Anerkennung und Fortkommen, wenn der einzelne übereinstimmt mit den vorherrschenden psycho-sozialen und kulturellen Mustern der Gesellschaft (vgl. GA III:250/251, 256).

Der Gesellschaftscharakter wird von Fromm in seiner inneren Dynamik analysiert. Fromm versteht ihn nicht als eine statische Summe von Eigenschaften. Der Gesellschaftscharakter ist zwar relativ konstant, jedoch *nicht unveränderlich* im Laufe gesellschaftlichen Wandels. „Solange die objektiven Bedingungen von Gesellschaft und Kultur stabil bleiben, hat auch der Gesellschafts-Charakter in erster Linie eine stabilisierende Funktion. Ändern sich jedoch die äußeren Bedingungen in einer Weise, daß sie nicht mehr zum herkömmlichen Gesellschafts-Charakter passen", dann wird er „zu einem Element der Desintegration ..., er wirkt gleichsam als Dynamit und nicht als gesellschaftlicher Kitt." (GA IV:61) „Unter besonderen Bedingungen" (die Fromm nicht näher beschreibt) wirkt er nicht mehr „als Zement", sondern liefert „den Sprengstoff" für einen „Umbruch" (GA II:364).

Fromms Denken ist also primär nicht individual-, sondern sozialpsychologisch orientiert. Es geht ihm darum, nach den Bedingungen von gelingender Bedürfnisbefriedigung, von psychischem Wachstum und seelischer Gesundheit des Einzelnen in einer Gesellschaft trotz (oder auch) auf Grund ihrer (eventuell veränderten) Strukturen zu fragen. „Ob ein Mensch gesund ist oder nicht, ist in erster Linie keine individuelle Angelegenheit, sondern hängt von der Struktur der Gesellschaft ab" (GA IV: 54/55). Kapitalistische Gesellschaften produzieren strukturell Entfremdung der Menschen von sich selbst, von ihrer Arbeit, von den Mitmenschen, von Gesellschaft und Politik. Das Ziel produktiver Individualität und Gesellschaftlichkeit ist eine aktive, bewusste Eigenständigkeit, die gegebene Strukturen erkennt, durchschaut und zwar zunächst als gegeben akzeptiert – aber zugleich grundlegend, schrittweise, demokratisch und „revolutionär" in der Zielsetzung zu verändern trachtet. Dieses Ziel lässt sich auch in (post-)modernen Gesellschaften bestimmen als *Minderung von Entfremdung bis hin zu ihrer Aufhebung oder allgemeiner als gelingendes Leben.*

1.1. Typologie der Charakterstrukturen

Fromm hat eine beschreibende und deutende Typologie von Charakterstrukturen entwickelt. Er versteht sie als „humanistische Charakterologie", die psychoanalytisch und normativ-kritisch die psychische Qualität und ethische Wertigkeit von Handlungsantrieben betrachtet. Jeder Mensch, so Fromm, verfügt über ein Potential an Produktivität, das er je nach den vorherrschenden gesellschaftlichen Bedingungen und der Art, wie er seine Freiheit wahrnimmt, in unterschiedlichem Maße zu entfalten vermag. Nach Fromm weisen die Charakterstrukturen in der kapitalistischen Gesellschaft eine überwiegend nicht-produktive oder – eher selten und vor allem individuell – eine überwiegend produktive Qualität auf. Fromm hat diese beiden Qualitäten als idealtypische Charakterorientierungen (z.T. in einer eher aktiven oder passiven Variante) konzipiert und beschrieben.

Tabelle III.1.: Charakter-Orientierungen und Grundleidenschaften bei E. Fromm

Orientierung	Umgang mit anderen	Umgang mit sich selbst	Aneignung von Gütern
autoritär:			
- sadistisch	beherrschen	sich beherrschen	sich nehmen
- masochistisch	sich unterwerfen	sich verleugnen	empfangen
hortend	Besitz ergreifen	sich sichern	sammeln
Marketing	sich anpassen	sich vermarkten	tauschen
narzisstisch:			
- leicht narzisstisch	verzwecken	bedeutsam sein	vereinnahmen
- stark narzisstisch	Anfeinden	grandios sein	missbrauchen
nekrophil	zerstören	sich selbst zerstören	verbrauchen
produktiv	lieben, vernünftig sein	lieben, vernünftig sein	tätig sein

(Quelle: Funk 1995: 27)

Idealtypen und Mischtypen

Diese Typologie dient der Identifikation bzw. Unterscheidung verschiedener Anteile und Kombinationen. Als *Idealtypen* kommen sie in einem Menschen oder einer sozialen Gruppe nie „rein" oder allein so wie hier beschrieben vor. In der Realität vermischen sich vielmehr meist mehrere Charakterorientierungen in einer Person oder Gruppe (GA II:43). Was theoretisch und zu analytischen Zwecken typologisierend zunächst strikt unterschieden wird, verbindet und differenziert sich also in der realen Psyche und Lebenspraxis der Menschen. Dabei entstehen vielfältige *Mischtypen* zwischen nicht-produktiven Orientierungen oder zwischen nicht-produktiven und produktiven Tendenzen. Allerdings dominiert, so Fromm (GA II:43), jedoch immer eine Charakterorientierung in einer Person, einer Gruppe (Schicht, Klasse) oder in einer Gesellschaft bzw. Nation (z.B. der autoritäre Charakter, später der Marketing-Charakter im Kapitalismus des 19. und 20. Jahrhunderts). Die einzelnen Orientierungen können überdies unterschiedlich stark im Denken, Fühlen und Handeln von Menschen, in Gruppen und Gesellschaften wirksam sein (GA II:77). Quantitative Verteilungsmuster oder die Grenzwerte für die Maße „die meisten" oder „dominant" werden von Fromm nicht genannt. Diese spezifischen Muster und Mischungen sind nicht vorgegeben, sondern nur empirisch zu ermitteln.

Von entscheidender Bedeutung für die humane Qualität und das Potential für eine positive Veränderung von Charakterstrukturen ist die Art der *Mischung der nicht-produktiven mit den produktiven Anteilen.* Fromm hat außerdem auf die potentiell ambivalente Natur auch der sog. nicht-produktiven Charakterorientierungen hingewiesen, *wenn und insoweit* die produktiven Kräfte in einem Menschen überwiegen. Er hat die Spannweite negativer und positiver Aspekte von Charakterorientierungen in einer Übersicht zusammengestellt (die in ihren positiven Ausprägungen oft übersehen wird; GA II:75/76). Fromm selbst hat diesen Gedanken allerdings nicht weiterverfolgt.

So sind insgesamt vielfältige Mischungen und Ambivalenzen, gruppenspezifische Syndrome, ein Nebeneinander von mehreren Charakterstrukturen sowie widersprüchliche Ungleichzeitigkeiten in historischen Übergängen möglich. Die Differenzierung und Flexibilität der Typologie, der doppelte Blick auf produktive und nicht-produktive Anteile erlauben theoretisch-begrifflich ein hohes Maß an Offenheit, Variabilität und Individualisierung in der qualitativen und quantitativen Erfassung konkreter Phänomene.

1.2. „Vom Haben zum Sein“: Das Konzept der „Produktivität“ (Fromm)

Was ist nun unter Produktivität bzw. einer produktiven Charakterorientierung zu verstehen? Mit Fromm sind jene *Hauptmerkmale der Produktivität,* einer produktiven Lebensgestaltung zu umreißen, die hier konzeptuell besonders wichtig und empirisch gehaltvoll sind. Dabei stütze ich mich z.T. auf die ausführlichen Darstellungen bei Funk 1993; 1995:68-73; 2003:2-27.

Der produktive Charakter ist fähig, „sich zur Welt in Beziehung (zu) setzen, indem er sie so wahrnimmt, wie sie ist, und sie zugleich dank seiner eigenen Kräfte belebt und bereichert“ (GA II:61). Erkennungsmerkmal der produktiven Charakterorientierung ist, dass die *Wachstums- und Eigenkräfte* des Menschen so gefördert und entfaltet werden, dass sich produktives Lieben, Erkennen und Tätigsein entwickeln. Die Eigenkräfte eines Menschen wachsen jedoch nur, indem man sie praktisch und kontinuierlich übt. Man kann mit Funk (2005: 129/130) körperliche, manuell-handwerkliche, geistig-intellektuelle, künstlerische und psychisch-soziale Eigenkräfte unterscheiden. Man kann sie auch in anderer Weise als spezifische Kompetenzen und Ressourcen im Blick auf die Anforderungen der Postmoderne fassen (s. Kap.VII). Schließlich können sie als Realisierung humaner Fähigkeiten in eine umfassendere „Kunst des Lebens“ eingebettet werden (vgl. Funk/Johach/Meyer 2000:17).

„Im Bereich des *Denkens* kommt diese produktive Orientierung in der adäquaten Erfassung der Welt durch die Vernunft zum Ausdruck. Im Bereich des *Handelns* drückt sich die produktive Orientierung in produktiver Arbeit, im Prototyp dessen aus, was unter Kunst und Handwerk zu verstehen ist. Im Bereich des *Fühlens* kommt die produktive Orientierung in der Liebe zum Ausdruck, die das Erlebnis des Einswerdens mit einem anderen Menschen, mit allen Menschen und mit der Natur bedeutet unter der Voraussetzung, daß man sich dabei sein Integritätsgefühl und seine Unabhängigkeit bewahrt" (GA IV:27). Produktives Denken ist gekennzeichnet durch die Fähigkeit zu Vernunft, Objektivität und Wirklichkeitssinn, die Erkenntnis des eigenen Selbst wie des Ganzen eines Zusammenhangs, durch echtes Interesse und durch die Fähigkeit zur Konzentration.

Produktives Lieben ist gekennzeichnet durch Fürsorge und Verantwortungsgefühl, durch Achtung vor dem anderen und wissendes Verstehen, durch Unabhängigkeit bei gleichzeitiger Fähigkeit zu Unmittelbarkeit und Nähe zum anderen; durch die Korrespondenz von Nächstenliebe und Selbstliebe, durch den Wunsch zu teilen und sich mitzuteilen, durch Geduld und Konzentration, durch die Fähigkeit, zu geben und zuzuhören, durch Offenheit für alles Unbekannte (vgl. Funk 1995:69/70; Fromm 1956a, GA IX; GA II:304-306).

Produktives Tätigsein heißt nicht geschäftig sein, sondern „drückt sich im rhythmischen Wechsel von Aktivität und Entspannung aus" und bringt etwas Eigenes hervor: „Dies kann künstlerische Kreativität bedeuten, muss es aber nicht. Auch die einfachsten Handlungen können Vollzugsmöglichkeiten innerer Lebendigkeit und des Bezogenseins auf die Natur sein" (GA II:71).

Produktivität ist nicht einfach die Negation des Nicht-Produktiven. Produktivität ist vielmehr eine „creative attitude" (E. Fromm), eine *schöpferische Grundhaltung* auf der Basis personaler und sozialer Eigenkräfte. Die Aktivierung von Eigenkräften ist dann produktiv, wenn sie für humane und demokratische Ziele und zum Wohl möglichst vieler genutzt werden. Eigenkräfte können natürlich auch destruktiv und kontraproduktiv eingesetzt werden, wenn sie sich gegen die freie Entfaltung und Würde der Person, gegen Frieden, Freiheit und Gerechtigkeit richten.

Die nicht-produktiven Charakterorientierungen sind dagegen durch *Entfremdung* vom anderen, von sich selbst und seinen autonomen Möglichkeiten gekennzeichnet. Nicht-produktiv ist jemand, der seine eigenen „negativen" Seiten oder die anderer nicht wahrnehmen will oder kann. Produktiv ist der, der dies nicht tut, also sie nicht verleugnet, flieht oder sich der Sucht hingibt. Der produktiv Orientierte besinnt sich auf seine eigenen Fähigkeiten und Erlebensmöglichkeiten und vermag die Fülle der Lebensaspekte zu integrieren: die eigene Geschichte, Emotionen, Träume, Talente, Ideale, Beziehungen und Freundschaften; Arbeit, Freizeit und öffentliche Aufgaben; aber auch die Ambivalenzen, Grenzen und Unabänderlichkeiten des Lebens wie Alter, Krankheit und Sterben. Produktivität transzendiert das Nicht-Produktive und überwindet Entfremdung – mindestens in einzelnen Lebensvollzügen oder Elementen. Produktivsein heißt, die Entfremdung von sich selbst und anderen soweit vermindern (letztlich aufheben), wie dies nicht – so Fromm – durch die „sozioökonomische Basis" der Gesellschaft, Ideologien und entgegenstehende Charakterorientierungen verhindert wird.

Der Unterschied zwischen produktiver und nicht-produktiver Orientierung zeigt sich auch in den *psychischen Wirkungen*: Eine produktive Orientierung führt zu Integration und Wachstum des Selbst und zur Entwicklung der Eigenkräfte des Menschen. Die produktive Orientierung ermöglicht das subjektive Gefühl von Freude, Energie, Lebendigkeit, Frische, Offenheit, Vitalität, Mut und Glück. Der produktive

Mensch „will lieber neu schaffen als bewahren. Er vermag zu staunen und erlebt lieber etwas Neues, als daß er in der Bestätigung des Altgewohnten Sicherheit sucht. Das Abenteuer zu leben ist ihm mehr wert als Sicherheit. (...) Er sieht das Ganze und nicht nur seine Teile, er sieht Strukturen und nicht Summierungen" (GA II:186).

Leitbilder für ein produktives Leben

Leitidee für das Denken, Fühlen und Handeln des Menschen ist die Entwicklung personaler und gesellschaftlicher Eigenkräfte im Sinne eines „radikalen Humanismus" (E. Fromm; vgl. sein „Credo" 1962, GA IX:151-157; ähnlich 1965, GA XI: 593-596). In seinem Spätwerk „Haben oder Sein" (1976a, GA II) entwickelt Fromm Vorstellungen für *neue Werte und eine demokratische Gesellschaftsordnung, für eine neue Existenz- und Lebensweise,* die wichtig sind für unser Verständnis, was gelingendes Leben in der (Post-)Moderne heißt bzw. heißen kann. Sie stellen eine Art Konzentrat der Einsichten Fromms dar, was einen „seelisch gesunden", lebendigen, kreativen, unabhängigen und reifen, kurzum produktiven oder „am Sein orientierten" Menschen ausmacht (vgl. u.a. Fromm 1955a, GA IV:325-328,359-364). Fromm strebt einen grundlegenden „seelischen Wandel" der Menschen und eine Humanisierung der Gesellschaft an, die in einer veränderten Charakter- und Gesellschaftsstruktur zu verankern sind.

Fromm hatte schon früher zwei wenig beachtete *Varianten des produktiven Charakters* skizziert: den „revolutionären" oder „unabhängigen Charakter" (GA IX:343-353) und den „demokratischen Charakter" (GA III:321/322). (Fromm bezeichnet sie auch als „sozio-politische Charakterorientierungen".) Beide Charaktertypen sind gekennzeichnet durch eine spezifische Art der Offenheit, der Autonomie und des „Transzendierens enger Grenzen" (Fromm). Auf diese beiden Varianten des produktiven Charakters kann dort zurückgegriffen werden, wo es um die Bewältigung der Herausforderungen der Gegenwart, um die Demokratisierung und Humanisierung der Gesellschaft geht. Fromm hat hier manches vorweggenommen, was als Leitbild für ein gelingendes Leben in der (Post-)Moderne dienen könnte.

Der *revolutionäre Charakter* ist nicht eine Person, die an einer Revolution teilnimmt oder revolutionäre Reden hält. Er ist auch kein Rebell, der nur trotzig gegen die Autorität aufbegehrt (um im Falle des Erfolgs selbst eine zu werden). Und er ist erst recht kein Fanatiker, der „in vollkommener Beziehungslosigkeit" und mit „kalter Leidenschaft" ein Idol anbetet und ihm „übersteigert narzißtisch" folgt (GA IX: 344-346). „Ein Revolutionär im charakterologischen Sinne ist ein Mensch, der sich von den Bindungen an Blut und Boden, an Vater und Mutter, von der Loyalität gegenüber dem Staat, der Klasse, Rasse, Partei oder Religion gelöst hat. Der revolutionäre Charakter ist ein Humanist, sofern er in sich die ganze Menschheit erfährt und ihm nichts Menschliches fremd ist. Er liebt das Leben und achtet es. In ihm sind Skepsis und Glaube. Skeptiker ist er, weil er die Ideologien verdächtigt, unerwünschte Realitäten zu verschleiern. Glaubender ist er, weil er an das glauben kann, was erst potentiell ist, ohne schon ganz geboren zu sein. Er kann ‚nein' sagen und ungehorsam sein, eben weil er ‚ja' sagen kann und jenen Grundsätzen gehorcht, die in Wahrheit seine eigenen sind. (...) Er ist unabhängig; was er ist, verdankt er seinen eigenen Bemühungen, er ist frei und keines Menschen Diener" (GA IX:353). „Der Revolutionär transzendiert die engen Grenzen seiner eigenen Gesellschaft und ist deshalb in der Lage, vom Standpunkt der Vernunft und Humanität aus an seiner eigenen wie auch an jeder anderen Gesellschaft Kritik zu üben" (GA III:322).

Ihm verwandt ist der *„demokratische Charakter"*, „(...) der sowohl seine Rechte wahrt als auch die Rechte und die Humanität der anderen achtet. Er möchte die Freiheit haben, die eigenen Ziele zu verfolgen, und erwartet von den anderen, daß sie das gleiche wollen. Er hat das Gefühl, daß Entscheidungen, welche die Allgemeinheit betreffen, von allen getroffen werden und die Gefühle eines jeden berücksichtigen sollen. Der demokratische Mensch glaubt nicht unbedingt, daß die Mehrheit recht habe, denn eine Mehrheitsentscheidung könnte die Rechte der Minderheit verletzen. Der demokratische Mensch teilt die Menschheit nicht in ungleiche Gruppen von Mächtigen, die idealisiert werden, und Schwachen, die verachtet werden. Vielmehr ist ihm das Gefühl eigen, daß alle Menschen gleiche Rechte haben sollten (...)" (GA III:321/ 322).

Noch näher an den von uns gewählten Analyseebene liegen die *Kriterien für eine psychisch gesunde Persönlichkeit,* wie sie Marie Jahoda (1958) formuliert hat:

- Selbstbezug: Akzeptanz des eigenen Selbst, Herausbildung einer eigenen Identität, Fähigkeit zu Bewusstheit und Selbstreflexion.
- Wachstum: persönliche Entwicklung, Selbstverwirklichung, schöpferische Aktivität.
- Integration: Gleichgewicht der psychischen Kräfte, Flexibilität, Stressresistenz.
- Autonomie: Balance zwischen erforderlicher sozialer Konformität und selbstbestimmtem Handeln; Unabhängigkeit im Denken, Fühlen und Handeln.
- Realitätssinn, soziale Sensibilität, Empathie.
- „environmental mastery": Fähigkeit zur Anpassung und Problemlösung in sich wandelnden sozialen Kontexten; Kompetenzen und „gesundes" Verhalten in sozialen Beziehungen, in Liebe, Arbeit und Spiel.

Allerdings sollte man bedenken, dass alle Definitionen von „gelingendem Leben", Produktivität oder seelischer Gesundheit in vieler Hinsicht historisch, kulturell, sozial und individuell gebunden und damit notwendig häufig umstritten sind – gerade auch, wenn es um deren konkrete Ausgestaltung geht.

1.3. Kritische Diskussion und Stellenwert des Ansatzes von Erich Fromm

Die Leistungen des psychoanalytisch orientierten Ansatzes der Sozialpsychologie von Erich Fromm habe ich an anderer Stelle positiv gewürdigt (vgl. Meyer 2002: 66/67). Sie werden auch in Funks differenzierter Darstellung der postmodernen Ich-Orientierung in eindrucksvoller Weise deutlich (Funk 2005). Die Analyse nicht-produktiver bzw. produktiver Antriebskräfte trägt wesentlich dazu bei, weithin unbewusste Motive und Grundlagen menschlichen Handelns in ihrer psychischen, ideellen und sozialen Qualität zu verstehen. Fromms Konzept der Produktivität ist aber auch vielfach kritisch diskutiert worden, so vor allem von Bierhoff (1993), Heller (1978) und Maccoby (u.a. 1982). Ich habe diese Diskussion im Kontext einer kritischen Darstellung von Fromms Konzept des Gesellschaftscharakters aufgenommen und weitergeführt. Einige Ergebnisse seien kurz festgehalten (Meyer 2002:43-78).

Fromm ging davon aus, dass es eine konstitutive objektive Natur des Menschen gibt und sich der sozial typische Charakter unter dem „Primat der sozio-ökonomischen Basis" formiert. Prägende Kräfte für den Gesellschaftscharakter, vermittelt vor allem durch die Familie, sind nach Fromm im Wesentlichen: (1) ökonomische und soziale Faktoren (Produktionsweise, soziale Schichtung, Lebensweise oder -praxis, „die Kultur" einer Gesellschaft) als bestimmende „Basis"; (2) Ideen, Ideale und politische Ideologien; (3) die „Natur des Menschen", grundlegende menschliche Bedürfnisse. Sein Verständnis der Formierung von Charakterorientierungen ist zwar faktisch komplexer als dies Fromm selbst darstellt (vgl. meine systematische Rekonstruktion Meyer 2002:58-73, Schaubild S. 65). Die Thesen vom Primat der sozio-ökonomischen Basis und der Dominanz familialer Vermittlung greifen jedoch in jedem Falle vielfach zu kurz und sind nicht komplex genug, um Konstituierung, Reproduktion und Wandel von Persönlichkeitsstrukturen und Lebensweisen im Kontext (post-)moderner Gesellschaftsstrukturen zu erfassen.

Fromm meint außerdem, „daß die Art und Weise, wie jemand handelt, fühlt und denkt, weitgehend durch die Besonderheit seines Charakters bestimmt ist und daß sie nicht nur das Resultat rationaler Reaktionen auf bestimmte Situationen ist" (GA IX:86). Viel stärker als Fromm dies tut, sind jedoch jene Faktoren und Entwicklungstrends zu berücksichtigen, die in einer bestimmten Situation wirken, die unser Handeln von Interessen und rationalen Erwägungen her bestimmen, die auf lebenslangen Sozialisations- und Lernprozessen, auf neuen horizontalen Ungleichheiten von Lebenslagen, auf institutionellen Einbindungen und organisatorischen Verflechtungen, nicht zuletzt auf kulturellen Prägungen beruhen. Auch auf dieser Basis, also nicht nur aufgrund neuer Gesellschaftsstrukturen, können sich typische Handlungsmuster, neue Lebensweisen und, zumal unter langfristigen Einflüssen, auch neue Persönlichkeitsstrukturen herausbilden.

Daher ist der mindestens implizite Anspruch der analytischen Sozialpsychologie Fromms zu *relativieren, primär* von Charakterstrukturen her das Denken, Fühlen und Handeln von Menschen in höchst unterschiedlichen Situationen und sozialen Zusammenhängen erklären zu können. Dieser Versuch wird besonders problematisch im Kontext rapiden gesellschaftlichen Wandels, überdies auf verschiedenen Ebenen der Gesellschaft bis hinein in die internationalen Beziehungen. Das bedeutet nicht etwa, den psychoanalytischen Ansatz Fromms völlig aufzugeben – weder in der theoretischen Fundierung unserer empirischen Studie noch als möglicher Verständnishorizont für die Aussagen der Befragten.

Fromm und Funk (2005) präsentieren idealtypische Konstrukte von relativ stabilen und kohärenten Charakterorientierungen, die heuristisch oder diagnostisch sehr fruchtbar sind. Aber sie können auch leicht den Blick verstellen für das, was inkonsistent, widersprüchlich, bunt und brüchig ist in Persönlichkeitsstrukturen und Lebensweisen. Pluralistische, heterogene, offene Gesellschaften bringen nicht einen dominanten Persönlichkeitstyp, sondern in besonderem Maße spezifische Mischtypen hervor. Heute ist vor allem auf den Prozesscharakter, auf Veränderungen und Desintegration in den psycho-sozialen Dispositionen und Strukturen, auf Diffusionsprozesse von Werten, Motiven und kulturellen Mustern zu achten.

Fromm hat den – allerdings in den Sozialwissenschaften schon in den 60er Jahren z.T. revidierten – streng behavioristischen Ansatz der Psychologie zu Recht kritisiert. Inzwischen werden jedoch in der humanistisch orientierten Sozialpsychologie und Soziologie tiefer verankerte Wertorientierungen, Verhaltensmuster und Persönlichkeitsstrukturen ebenfalls qualitativ und z.T. gesellschaftskritisch erforscht. Daraus ergeben sich auch für unsere Studie zahlreiche Anknüpfungspunkte, nicht zuletzt für die Entwicklung eines Persönlichkeitsmodells, in dem postmodernes Leben in seiner humanen Qualität und oft als Balance von Widersprüchen verstanden wird.

Fromms Glaube an die *produktiven Kräfte* im Menschen ist nicht genügend realhistorisch und gesellschaftsanalytisch begründet. Daher wirkt sein entwerfendes Denken oft individualistisch und idealistisch (auch wenn es nicht so gemeint ist). In seiner radikalen Kritik der kapitalistischen Gesellschaft vernachlässigt oder übersieht Fromm die gewichtigen produktiven Potentiale und Entwicklungstendenzen *in der Gesellschaft selbst*. Er untersucht meist nur die entfremdenden, restriktiven Kräfte. Eine *kritische* Theorie der entfremdeten Gesellschaft muss aber auch erklären, woher die produktiven Kräfte individuell wie kollektiv kommen können bzw. in welchem Maße sie schon vorhanden sind.

Wir sollten gesellschaftliche Kontexte und Situationen nicht nur als Beschränkung und Versagung menschlichen Wachstums verstehen, so sehr sie dies für viele in der Realität eines globalisierten Kapitalismus auch sind. In fast jeder Gesellschaft sind – historisch und sozial je unterschiedlich – produktive Gegenkräfte und Entwicklungsalternativen vorhanden. Vor allem politisch relativ freie, pluralistische, entwickelte Industriegesellschaften enthalten zahlreiche, strukturell begründete Bedingungen und Chancen für ein gelingendes Leben, Alternativen für unsere Wahl, was und wer wir sein möchten. *Potentiale für eine produktive Lebensgestaltung* sind entsprechend nicht nur individuell, sondern *gesellschaftlich bedingt* in gegenwärtigen Persönlichkeitsstrukturen und Lebensweisen festzustellen. Gesellschaftliche Potentiale können heute so genutzt werden, dass sich die postmoderne Ich-Orientierung mit produktiven Anteilen spannungsvoll und widersprüchlich verbindet. Bei bestimmten Menschen können die produktiven Momente insgesamt dominieren. Unzufriedene, widerständige Individuen und Gruppen können gesellschaftliche Veränderungen im Sinne der humanistischen Ethik Fromms herbeiführen.

2. Die moderne Produktivitätsorientierung

2.1. Das Konzept

Im Blick auf die Kritik bzw. Abweichung von Fromms (und Funks) theoretisch-analytischen Zugängen und auf das, was wir tatsächlich empirisch erfassen konnten, sprechen wir meist nicht mehr allgemein von Produktivität im strikten Sinne der Terminologie Fromms, sondern spezifischer von einer „modernen Produktivitätsorientierung". Diese Begrifflichkeit ist im Unterschied zu der der Produktivität bei Fromm offener, da sie nicht psychoanalytisch besetzt und ökonomisch misszuverstehen ist (wie im gängigen Wortgebrauch). Gleichwohl hat Fromms Konzept der Produktivität die Formulierung der MPO-Skala wesentlich geleitet und ihre Elemente finden sich daher auch im Modell einer überwiegend produktiven Persönlichkeit, wie sie in Kap. VII entworfen wird.

Die Moderne stellt in Produktion und Dienstleistung, mit dem Streben nach materieller Prosperität hohe Anforderungen an die Leistungsfähigkeit von Individuen und Kollektiven wie an ihre Kapazitäten zur Selbststeuerung und Problemlösung. Die Verwirklichung neuer Freiheiten und einer sich ständig erweiternden Fülle von Optionen setzt effizientes, gewinnbringendes Arbeiten und Produzieren, Leistung, Disziplin, Eigenständigkeit und Organisationstalent voraus. Dabei geht es nicht nur um deren Funktionalität für die Reproduktion der Gesellschaft, sondern um die humane Qualität von Lebensvollzügen („Haben oder Sein"). Deshalb spielen Art und Ausrichtung der Wahrnehmung und Umsetzung dieser Leitwerte in Motiven, Lebenszielen und Lebenspraxen eine zentrale Rolle für die theoretische und empirische Bestimmung dessen, was eine produktive Orientierung der Persönlichkeit ausmacht.

Im Zentrum der modernen Produktivitätsorientierung stehen als dominante Lebensmotive *Leistung und Erfolg als autonome Selbstentfaltung, verbunden mit dem Interesse am Anderen.* Ein Grundantrieb des produktiv orientierten Menschen besteht heute darin, etwas aus eigener Kraft effizient und mit sichtbarem Erfolg und sozialer Anerkennung zu schaffen. Er will seine Fähigkeiten einsetzen, arbeitet und leistet viel (und strebt auch nach materiellem Wohlstand), um die selbstgesteckten Ziele zu erreichen. Es dominiert nicht das Karrieremotiv, sondern ein intrinsisches Interesse und Freude an der Arbeit selbst. Arbeit und Freizeit gehen oft ineinander über. In und jenseits der Arbeit will er seine Ideen realisieren, eigenen Vorstellungen folgen und sich zugleich ständig weiterentwickeln. Dazu gehören innere Unabhängigkeit und autonome Gestaltungsmöglichkeiten. Er kann gut mit sich allein sein, ist aber kein Egoist. Denn mit diesem Streben nach autonomer Selbstentfaltung verbindet sich auch ein Interesse am Anderen und an guter Zusammenarbeit in einem Team. Der modern Produktive kann zuhören und mitfühlen, wenn ihm jemand wichtig ist. Daher schätzt er dort, wo er engagiert ist, Offenheit und Ehrlichkeit und ist fähig und bereit, Konflikte auszutragen. Insgesamt verleiht dies seinem Leben produktive Lebendigkeit. Der modern Produktive will aufgrund seiner schöpferischen Eigenkräfte ein *Selbst-Sein* verwirklichen, in dem das bloße Haben und das entfremdete Erleben seiner selbst und des anderen nicht (mehr) dominieren.

Die folgenden Motive, Werte und Lebensziele bilden im Leben der produktiv orientierten Persönlichkeit eine *spannungsvolle Einheit*: Arbeit *und* Kreativität, Leistung *und* Selbstverwirklichung, Bindung *und* Freiheit, Disziplin *und* Genuss, Streben nach Wohlstand *und* Suche nach Lebenssinn; oder (mit Fromm) ein Leben „zwischen Haben und Sein". Die Sigma-Milieustudien kennzeichnen die modernen Grundmotive durch die Stichworte „Haben, Verbrauchen, Genießen" sowie „Status, Besitz, Lebensfreude", die postmoderne Orientierung dagegen durch den Subjektivismus des „Ich-Seins" oder der „Ich-Orientierung" (vgl. Kap. V.5). Kennzeichnend für die moderne Produktivitätsorientierung, so wie sie hier konzipiert und empirisch ermittelt wurde, ist das Bestreben, diese modernen und postmodernen Grundmotive miteinander zu verbinden in einer neuen Art von Lebenskunst. Fromm jedoch kannte zu seiner Lebenszeit bis Ende der 70er Jahre noch nicht jene Entwicklungstendenzen und Strukturmerkmale der postmodernen Gesellschaft, wie sie in Kap. II vorgestellt wurden. Er kannte sie mindestens nicht in dieser deutlichen Ausprägung und spezifischen Kombination. So konnte er weder die typisch postmodernen Charakterstrukturen noch die spezifischen Dynamiken der Entfremdung und die Chancen ihrer Überwindung, so wie sie sich *heute* ergeben, analytisch erfassen und Alternativen dazu entwerfen. Fromms Analysen und Entwürfe sind also bezogen auf einen bestimmten Entwicklungsstand der *Moderne*. Deren zentrale Strukturmerkmale und Anforderungen an individuelle und kollektive Kompetenzen zur Bewältigung ihrer Herausforderungen bestehen fort, haben sich zugleich aber auch erheblich verändert. Unsere These: Die Moderne dominiert auch noch in der Postmoderne, ist aber zugleich in ihr aufgehoben und in bestimmten Punkten substantiell verändert. Deshalb sprechen wir auch von einer (primär) modernen und nicht einfach von einer postmodernen Produktivitätsorientierung. Die Mehrzahl der Kernelemente der nichtproduktiven Ich-Orientierung, ob nun in ihrer passiven oder aktiven Variante, werden mindestens unausgesprochen abgelehnt. Oder aber einzelne Elemente dieser Ich-Orientierung werden in eine insgesamt produktive Orientierung eingebettet und sind damit qualitativ anders ausgerichtet.

Fromms Verständnis von Produktivität, also der Orientierung des Lebens am Sein statt am Haben, enthält weiterhin gültige Elemente und Maßstäbe, mit denen sich die humane Qualität und die psychische Gesundheit unserer Lebenspraxis erfassen und beurteilen lassen. Doch auch hier gilt: Was konkret produktives oder gelingendes Leben heute heißt, heißen kann, muss im Blick auf die gegenwärtige Gesellschaft und veränderte Persönlichkeitsstrukturen konkretisiert, das heißt hier: für die empirische Erfassung operationalisiert und die praktische Umsetzung neu bedacht werden.

2.2. Die Skala Moderne Produktivitäts-Orientierung (MPO)

Die MPO-Skala besteht aus insgesamt 14 Items. Als *Leitvariablen* für die moderne Produktivitäts-Orientierung, also diejenigen mit den stärksten Ladungen, erwiesen sich die Variablen, die sich auf die Entfaltung der Eigenkräfte sowie eine ausgeprägte Arbeits- und Leistungsorientierung (V 27, 28), Eigenständigkeit (V 25), Konfliktfähigkeit (V 33, 34) sowie „Interesse am Anderen und Mitgefühl“ (V 35, 36) beziehen. Neben zehn Items aus der ursprünglich formulierten Skala gibt es vier Variablen, die einen Sonderstatus einnehmen. Die vor allem auf Leistung und Selbstverwirklichung zielenden Variablen V 11, 18, 20 und 21 sind aus faktorieller Sicht wichtiger Bestandteil sowohl der Skala Aktive Ich-Orientierung (AIO) als auch der Skala Moderne Produktivitäts-Orientierung (MPO) und laden auf beiden Faktoren. Diese so genannten „Link-Variablen“ bilden die sowohl statistisch fundierte als auch theoretisch plausible Überschneidung beider Typen im Bereich der Leistung ab (ausführlicher s. Kap. V.2.).

Wichtig für die Bestimmung einer im Frommschen Sinne überwiegend produktiven Orientierung sind - im Blick auf die statistischen Zusammenhänge zwischen MPO- und AIO-Skala (s. Kap. V.1.) - vor allem die Art und Dichte der Kohärenz im Antwortverhalten der einzelnen Personen. Gibt es starke Zustimmungswerte für Items auf einer der beiden Skalen (wie für die genannten vier auf der AIO-Skala), die die *nicht*-produktive Ich-Orientierung (in zwei Varianten) messen, so erhalten sie im *Kontext des gesamten Antwortverhaltens* eines Probanden dann eine *produktive* Ausrichtung oder Qualität, wenn der Proband zugleich hohe Werte auf der MPO-Skala erzielt, die individuelle Potentiale für Produktivität in der Moderne misst. Werden auf der MPO-Skala keine hohen Werte erzielt, so bestätigt deutliche Zustimmung auf den beiden Skalen der Ich-Orientierung die nicht-produktive Orientierung des Befragten. Entscheidend für die Interpretation dieses Zusammenhangs ist also neben der Stärke der Präferenzen die Kohärenz des Antwortbildes.

Ausgehend von den theoretisch-konzeptuellen Grundlagen der MPO-Skala wurden wichtige *Dimensionen* für die empirische Erfassung der postmodernen Persönlichkeit ermittelt und definiert. Auswahlkriterien waren Validität, Typik und Relevanz für Produktivität sowie die Möglichkeit, sie in annähernd validen Items zu operationalisieren. Diese Dimensionen sind:

- Entfaltung des Eigenen, Selbstverwirklichung, persönliches Wachstum
- Eigenständigkeit, psychische Unabhängigkeit
- Freude an Eigenkräften, Leistungsbereitschaft, intrinsische Arbeitsmotivation
- Offenheit, Konfliktfähigkeit
- Interesse am Anderen, Teamorientierung, Mitgefühl und Verstehen

Die 14 *Variablen* der (faktoriellen) MPO-Skala lassen sich diesen fünf Dimensionen zuordnen. Die *Zuordnung der Variablen zu den Dimensionen* wird hier vor allem auch in Abgrenzung zur in Kapitel IV. vorgestellten postmodernen Ich-Orientierung erläutert.

Dimension 1 „Entfaltung des Eigenen, Selbstverwirklichung, persönliches Wachstum“ wird repräsentiert durch zwei Variablen: V 30 „Ich mag Dinge, die etwas Unverwechselbares und Eigenes zum Ausdruck bringen“ und V 31 „Für mich ist es eine faszinierende Idee, die eigene Persönlichkeit ständig weiter zu entwickeln“. Im Unterschied zur AIO-Skala (vgl. Kap. IV.1.) geht es hier nicht um die wiederholte Neusetzung oder -definition des Ich, sondern um die eventuell durchaus mühevolle „Arbeit an sich selbst", das ständige Streben nach der Entfaltung des Eigenen im Beruf wie in der Wertschätzung bestimmter Dinge (vgl. V 20). Dimension 1 setzt sich damit von der Dimension „offene Identitätskonstruktion" in der AIO-Skala ab. Eine solche existiert in der MPO-Skala nicht, da die Auffassung einer völlig freien oder gar trendabhängigen Konstruktion des Ich nur aus sich selbst heraus mit unserem Verständnis des Produktivseins nicht vereinbar ist.

Tabelle III.2.: Variablen der MPO-Skala

Dimension 1: Entfaltung des Eigenen	
V30	Ich mag Dinge, die etwas Unverwechselbares und Eigenes zum Ausdruck bringen.
V31	Für mich ist es eine faszinierende Idee, die eigene Persönlichkeit ständig weiter zu entwickeln.
Dimension 2: Lebendig sein	
V25	Langeweile empfinde ich nur selten.
V26	Ich kann gut allein sein.
V27	Es gibt mir zusätzliche Energie, wenn ich meine Fähigkeiten einsetzen kann.
Dimension 3: Freude an eigener Leistung	
V20	Um mein Ziel zu erreichen, arbeite ich auch Nachts und am Wochenende.
V21	Ich habe an mich den Anspruch, in meinem Beruf etwas Eigenes zu schaffen.
V28	Etwas zu leisten macht mir einfach Spaß.
Dimension 4: Interesse am Anderen, Mitgefühl, Verstehen	
V11	Ein Team, in dem man sich toll versteht, ist mir bei der Arbeit fast wichtiger als Karriere zu machen.
V35	Ich kann mitfühlen, wenn es einem anderen psychisch schlecht geht.
V36	Auch wenn ich anderer Meinung bin, höre ich anderen zu und kann ihre Argumente nachvollziehen.
Dimension 5: Konfliktfähigkeit	
V18	Was ich nicht wirklich will, tue ich auch nicht.
V33	Mit Konflikten in Partnerschaft und Beruf kann ich gut umgehen.
V34	In meiner Partnerschaft sage ich offen, was mir am anderen gefällt und was nicht.

Dimension 2 „Lebendig sein" ist definiert durch die drei Variablen V 25 „Langeweile empfinde ich nur selten", V 26 „Ich kann gut allein sein" und V 27 „Es gibt mir zusätzliche Energie, wenn ich meine Fähigkeiten einsetzen kann". Damit liegt sie auf den ersten Blick parallel zur Dimension 3 insbesondere der Skala für die postmoderne passive Ich-Orientierung (PIO-Skala), in der das passive Belebtwerden dominiert. Wer den Items der MPO-Skala stark zustimmt, zeichnet sich jedoch durch Entfaltung der Eigenkräfte aus, ist lebendig und eigenständig, ohne sich der Illusion der völligen Unabhängigkeit von anderen hinzugeben.

Dimension 3 „Leistungsorientierung" wird mit drei Variablen erfasst: V 28 „Etwas zu leisten macht mir einfach Spaß"; V 20 „ Um mein Ziel zu erreichen, arbeite ich auch nachts und am Wochenende"; V 21 „Ich habe an mich den Anspruch, in meinem Beruf etwas Eigenes zu schaffen". Diese Dimension bezieht sich auf Arbeit und Beruf und verweist auf eine starke Leistungs- und Einsatzbereitschaft. Die Aussagen bringen den Wunsch zum Ausdruck, diesen Bereich nach eigenen Vorstellungen zu gestalten, Eigenes zum Ausdruck zu bringen, ohne an feste Regeln und Arbeitszeiten gebunden zu sein.

Die Dimension 4 „Interesse am Anderen, Mitgefühl und Verstehen" ist beschrieben durch die Items: V 11 „Ein Team, in dem man sich toll versteht, ist mir bei der Arbeit fast wichtiger als Karriere zu machen", V 35 „Ich kann mitfühlen, wenn es einem anderen psychisch schlecht geht" und V 36 „Auch wenn ich anderer Meinung bin als andere, höre ich zu und kann ihre Argumente verstehen". Diese Eigenschaften fehlen bei der aktiven und passiven Ich-Orientierung, in denen Unverbindlichkeit, Ungebundenheit und Distanz bzw. nur oberflächliche Kontakte mit anderen dominieren.

Dimension 5 „Offenheit, Konfliktfähigkeit" umfasst die Variablen V 18 „Was ich nicht wirklich will, tue ich auch nicht", V 33 „Mit Konflikten in Partnerschaft und Beruf kann ich gut umgehen", V 34 „In einer Partnerbeziehung sage ich offen, was mir am anderen gefällt oder nicht". Der Produktive vermag sich positiv abzugrenzen und zu behaupten, ist aber nicht unverbindlich oder desinteressiert am anderen, sondern engagiert sich mit Offenheit und Ehrlichkeit in Partnerschaft und im Austrag von Konflikten.

Bei den mit der MPO-Skala erfassten Einstellungen, Motiven und Selbstkonzepten handelt es sich um eine ausgeprägt moderne Form von Produktivität. Die Moderne wird eben nicht einfach abgelöst durch die Postmoderne, sondern bleibt die Voraussetzung und der dominante Kontext einer Transformation, die sich in der Gegenwart allerdings nunmehr beschleunigt, intensiviert und moderne Strukturen und Konzepte weiterentwickelt. Dies gilt insbesondere für die Bereiche Arbeit, Leistung, Technik, Mobilität und globale Vernetzung bzw. Abhängigkeiten. Allerdings zeigt sich in der Konzeption der Modernen Produktivitäts-Orientierung eine gewisse Abkopplung postmoderner Dynamiken von der Moderne. Denn weder die völlig freie „Selbsterschaffung" und sozial ungebundene Selbstbestimmung, noch der hohe Stellenwert von Erlebniswelten und alltagsästhetischem Konsum, die für die Postmoderne so kennzeichnend sind, spielen für die Selbstkonzepte der modernen Produktivitäts-Orientierung eine wichtige Rolle. Das spezifisch Postmoderne findet sich also vor allem in den Persönlichkeitstypen der nicht-produktiven Ich-Orientierung (operationalisiert in den beiden Skalen AIO und PIO). Personen mit einer starken Ausprägung auf der MPO-Skala stehen also in einem deutlichen Gegensatz zu den Ich-Orientierten und ihr Selbstkonzept enthält eher Potentiale für ein gelingendes Leben als das der Ich-Orientierten.

3. Methodenprobleme der empirischen Erfassung produktiver Potentiale

Ein zentrales Ziel unseres Forschungsprojekts ist es, die (im Sinne Fromms) nicht-produktive postmoderne Ich-Orientierung wie auch Potentiale für gelingendes Leben (Produktivsein) in der Psyche und Lebensweise des typisch postmodernen Menschen im Kontext sozialer Milieus empirisch zu erfassen. Dazu muss man diese komplexen qualitativen Sachverhalte in messbare Indikatoren übersetzen oder operationalisieren, um in einer Feldstudie möglichst valide Befunde zu erhalten. Grundsätzlich gilt: Quantitativ messende, repräsentative Umfragen auf der Basis von standardisierten Fragebögen erheben Aussagen der Befragten darüber, wie sie bestimmte Einstellungsobjekte (hier vor allem sich selbst) zum Zeitpunkt der Befragung wahrnehmen. Ist die Studie gut gemacht, so geben die Befunde zutreffend wieder, was die Befragten denken und wie sie leben. Selbstaussagen sind jedoch nicht ohne weiteres identisch mit dem, was die Befragten *wirklich* denken und fühlen, wie sie tatsächlich handeln und wie ihre Psyche real verfasst ist. Hier gelingen immer nur Annäherungen.

In einer solchen Umfrage ist es daher schwierig, individuelle Potentiale für ein gelingendes Leben in ihrer humanen Ganzheitlichkeit und emotionalen Erlebensqualität zu erfassen. Dies gelingt eher im Aufweis nicht-produktiver Orientierungen, da die statements meist nicht bekannten und dominanten sozialen Leitbildern entsprechen. Hier handelt es sich viel eher um „neutrale" Aussagen, die in ihren Hintergrunddimensionen und ihrer gesellschaftlichen (Nicht-) Erwünschtheit meist nicht so leicht von den Befragten zu durchschauen (zu „de-codieren") und damit in ihren Antworten eventuell zu manipulieren sind.

Wie wir zum Teil schon vermutet hatten, haben wir, damit einem wichtigen Ergebnis vorgreifend, in jenem Teil unserer Studie, in der es um die produktive Orientierung der Befragten ging, nur näherungsweise Produktivität im Sinne Fromms, hier im eingeschränkten Sinne einer „modernen Produktivitätsorientierung" bzw. weiter: als individuelle *Potentiale für gelingendes Leben* auf der Ebene zentraler Persönlichkeitsmerkmale und Handlungsweisen erfasst. Zugleich haben wir *gesellschaftliche Leitbilder sowie Wertorientierungen, Motive und Selbstkonzepte* ermittelt. Unter Selbstkonzepten werden hier subjektive Vorstellungen davon verstanden, wie man lebt und wer man ist, wie man sich einstuft und wem man sich zuordnet, wer man sein möchte oder müsste (vgl. Mummendey 1987, Mummendey/Eifler/Melcher 1995:53-80). Auf der Basis der von uns erhobenen quantitativen Daten kann man also nicht das Zusammenspiel von Bewusstem und Unbewusstem im Sinne einer kritischen Psychoanalyse bzw. der Sozialpsychologie Fromms methodisch valide ermitteln. Weder individuell noch kollektiv lassen sich zwingend „leidenschaftliche Strebungen“ (Fromm) *empirisch* nachweisen. Auch ist es theoretisch nicht zwingend, im Blick auf die MPO-Skala Rationalisierungen, Abwehrhaltungen oder Ideologisierungen als grundsätzlich dominant zu unterstellen. Man *kann* sie zwar so interpretieren, allerdings in einer sehr ungesicherten Weise. Aussagen im Rahmen unserer Skalen lassen sich als *subjektive Bestimmungsmomente der Lebenspraxis* von Menschen in der Postmoderne verstehen: Was und wie wir über uns und die Welt denken, hat großen Einfluss darauf, wer wir sind und was aus uns wird. Selbstkonzepte können dann einerseits kritisch, andererseits positiv daraufhin interpretiert werden, inwiefern sie eine produktive, gelingende Lebenspraxis im Sinne einer humanistischen Ethik fördern.

Fromm selbst hat nach 1945 vor allem in der mit Michael Maccoby verfassten Studie zum „Gesellschafts-Charakter eines mexikanischen Dorfes“ (1970b, GA III: 231-540) versucht, seine sozialpsychologischen Konzepte über Gesellschafts-Charakterorientierungen empirisch anzuwenden und dem psychoanalytischen Zugang entsprechende, qualitative und quantitative Auswertungsmethoden zu entwickeln. Hier wurden u.a. neue Mischtypen von Charakterstrukturen im Zuge gesellschaftlichen Wandels ermittelt und durch Faktorenanalyse Momente der Produktivität herausgearbeitet (GA III: 350-366; eine neue Form der Gruppenauswertung findet sich auch in der Pilotstudie „Die Charaktermauer“ 1995). In der vorliegenden Studie wurde jedoch vor allem aus Gründen des Aufwandes auf offene Fragen und die (zusätzliche oder primäre) Verwendung von qualitativen Methoden der Datenerhebung und tiefenpsychologische Auswertungsverfahren verzichtet. Dies geschah vor allem auch deshalb, weil wir repräsentative Ergebnisse für Deutschland im Blick auf Art, Umfang und Milieu-Verankerung postmoderner Einstellungen und Persönlichkeitsstrukturen anstrebten. Qualitative Methoden können dies nicht leisten. Intensive Gespräche, diagnostische Verfahren und sensibel teilnehmende Beobachtung könnten sicherlich mit noch mehr Tiefenschärfe Erkenntnisse über wirkliches Produktivsein und Potentiale für gelingendes Leben ergeben. Dafür ist die persönliche Kommunikation face to face kaum ersetzbar, erst recht, wenn man Wirkungen des Produktivseins auf die psychische Verfassung und Ausstrahlung einer Person beobachten will.

Der validen Operationalisierung und empirischen Überprüfung sowohl von Produktivsein im Allgemeinen wie des Modells der integrierenden Persönlichkeit im Besonderen sind auch deshalb Grenzen gesetzt, weil Qualität und Umfang der „Entfremdungsdynamik“ (Funk) in nicht-produktiven Charakterstrukturen sich ebenso wenig wie Produktivität in Psyche und Lebenspraxis präzise und erschöpfend in einem Fragebogen mit „nur“ 36 Items erfassen lassen. Je stärker der Forscher beabsichtigt, tiefer liegende Persönlichkeitsstrukturen und ihre produktive Qualität durch Umfragedaten zu erfassen, desto mehr sind methodenkritisches Bewusstsein, Vorsicht und sensible *Interpretation* gefragt (So haben wir auf Items für das dritte Grundmotiv verzichtet, sowohl wegen des beschränkten Umfangs des Fragebogens, aber auch, weil es z.B. in seiner subjektiven Erlebnisqualität besonders schwer zu erfassen ist).

Will man Art und Umfang der produktiven Orientierung ermitteln, läuft man Gefahr, vor allem sozial erwünschte gesellschaftliche, milieu- oder gruppenspezifische Vorstellungen von dem, wie man sein und leben sollte, zu erfassen. Dieser Gefahr kann man nicht ganz entkommen. Aber wir haben uns nachdrücklich bemüht, sie zu minimieren durch die *Auswahl geeigneter Items* (keine „catch-all items“) und einen umfangreichen Pretest, die strikte Anwendung statistischer Prüfkriterien, relativ hoch angesetzte Schwellenwerte bei der Zuordnung zu bestimmten Typen und eine selbstkritische Beschränkung in der Interpretation der Befunde. Bei der Formulierung der Items der MPO-Skala spielen noch mehr als sonst das eigene Gespür für die Qualität des Produktiven, Lebendigen und Kreativen sowie Erfahrung, Intuition und sprachliche Formulierungskunst eine wichtige Rolle.

IV. Die Postmoderne Gesellschaft und ihr Charakter

Rolf Frankenberger

Wie schon im vorangegangenen Kapitel diskutiert wurde, ist die Ausprägung eines jeweiligen Sozialcharakters abhängig von „(...) den Notwendigkeiten einer bestimmten Gesellschaft (...), die den Charakter des Einzelnen so formen, dass die Menschen das tun wollen, was sie müssen, damit das richtige Funktionieren der Gesellschaft gewährleistet ist. Was sie zu tun wünschen, hängt von den in ihrem Charakter dominierenden Leidenschaften ab, die von den Notwendigkeiten und Erfordernissen eines bestimmten gesellschaftlichen Systems geformt wurden" (Fromm 1979:307). Eine spezifisch postmoderne Form des Sozialcharakters wird daher eng mit den in Kapitel II. dargestellten Veränderungsdynamiken verbunden und ein vergleichsweise junges Phänomen sein. Denn insbesondere diejenigen, die im Zuge der Veränderungen oder ausschließlich unter postmodernen Bedingungen sozialisiert wurden, zeigen diese Art des typischen Sozialcharakters und repräsentieren so im psychoanalytischen Sinne Fromms die für postmoderne Gesellschaften spezifische Form der Entfremdung von sich selbst und den individuellen Eigenkräften. Wie genau sich die Grundzüge der postmodernen Variante des Sozialcharakters ausprägen und wie sie operationalisiert werden, ist dabei ebenso Gegenstand der folgenden Abschnitte wie die Studie „Postmoderne und Persönlichkeit", die der empirischen Untersuchung dieser postmodernen Ich-Orientierung diente.

1. Theoretische Grundlagen

Mit Enttraditionalisierung und Individualisierung, Pluralisierung, Subjektivierung und Ästhetisierung individueller Lebenszusammenhänge, mit der Entgrenzung von Raum und Zeit durch technologische Entwicklungen, der Flexibilisierung und Mobilisierung von Arbeit und Kapital, der Entwicklung und Ausbreitung von postfordistischer Produktion und Dienstleistungsrevolution, mit der zunehmenden Kapitalisierung von Lifestyles, Erlebnis- und Erlebenswelten und der Vermarktung von Emotionen und Identitäten ergeben sich in der postmodernen Gesellschaft spezifische neue Kontingenzen, Möglichkeitsräume und Wirklichkeiten. Auf dieser Logik basieren zunehmend die sozio-ökonomischen Zusammenhänge zwischen Anbietern und Nutzern in postmodernen Konsumgesellschaften, in denen neben den angebotenen Waren und Gütern - seien sie materieller oder immaterieller Natur - eine Verknüpfung von Produkt, Marketing und Kundenbindung stattfindet, in deren Rahmen es zu einer Entkoppelung des Wertes einer Ware oder Dienstleistung von ihrem eigentlichen Zweck oder Nutzen zugunsten eines symbolisch generierten Mehrwerts der Ware sowie der Vermarktung von Erlebnissen und Gefühlen kommt. Über komplexe Marketingstrategien werden dem zu verkaufenden Produkt Eigenschaften eingeschrieben, die es eigentlich gar nicht besitzt und die Gefühle ebenso wie Bedürfnisse, Designvorlieben ebenso wie Qualitätsansprüche zu befriedigen suchen. Kurz, den Produkten wird ein Image verpasst. Sie sind nicht nur Ausdruck eines Lebensgefühls, sie sind scheinbar das Lebensgefühl selbst. Sie besitzen Identität, die sich auf den Käufer bzw. Nutzer überträgt, sobald er ein Produkt erwirbt. So kann jeder seinem Lebensstil und Lebensgefühl über den Konsum von Waren und Gütern ein individuelles Profil verleihen[23]. Angepriesen werden dabei - im Gegensatz zu all den eher verschwiegenen Risiken und Zwängen - immer wieder Eigenverantwortlichkeit, Selbstentfaltungs-, Selbstgestaltungs- und Selbstinszenierungsmöglichkeiten, kurz die Machbarkeit des individuell Gewünschten oder Ersehnten. Und so wird, wie gesellschaftlich gewünscht und ökonomisch erforderlich, die spontane und unabhängige, von Grenzen, Vorgaben und Traditionen befreite Selbstbestimmung und die Lust an der Selbstinszenierung zu einem Grundmovens des postmodernen Menschen [24].

Als besonderes Charakteristikum des postmodernen Menschen kristallisierte sich im Rahmen der Erforschung des Postmodernen Milieus durch das SIGMA-Institut schon Anfang der 1990er Jahre eine extreme Ausrichtung des Lebensstils und der Alltagsästhetik an eigenen Gefühlen und Sehnsüchten heraus, ein postmodernes Identitätsmuster, das Sigma als „radikale Ich-Orientierung" charakterisierte (vgl. Vogelsang 1999:209)[25]. In der theoretischen Ausarbeitung einer auf Fromms Gesellschaftscharakter-Theorie basierenden postmodernen Charakterorientierung insbesondere durch Rainer Funk (2005) wurde dieser Begriff als besonders treffend übernommen. Der komplexen Logik des postmodernen Kapitalismus mit dem einhergehenden Bedeutungsverlust von Eigentum zugunsten von Verteilung, Transfer und Zugang auf der Basis von Angebot an Wirklichkeiten und Lifestyles und der Nachfrage nach Zugang zu diesen Angeboten folgend, unterscheidet er die postmoderne Ich-Orientierung in eine aktiv-anbietende und eine passiv-nutzende Variante. Denn nicht jeder postmodern Ich-Orientierte wird notwendigerweise Wirklichkeit erzeugen und Identitäten konstruieren wollen. Auch das Anteilhaben, das Eintauchen in erzeugte Wirklichkeiten und konstruierte Identitäten ist Ausdruck der gleichen leidenschaftlichen Strebung. So verwirklichen beide Typen den Leitsatz von Astrid Lindgrens Pipi Langstrumpf „Ich mache mir die Welt, wie sie mir gefällt" auf ganz

23 Gleichzeitig wird damit die Sehnsucht nach immer neuen, besseren und anderen Angeboten dieser Art geweckt, welche wiederum eine neue Nachfrage erzeugt. Die Anbieter schaffen sich die Märkte durch geschickte Manipulation der Sehnsüchte der Konsumenten selbst.

24 Vornehmlich finden sich postmodern Ich-Orientierte folglich auch in Berufsgruppen, die eine Vorreiterrolle im postmodernen Wandel einnehmen. Dies sind vor allem diejenigen, die in Markt und Wissenschaften direkt in Entwicklung und Einsatz digitaler Technologien und Medien involviert sind – von der IT-Branche bis hin zu Kultur- und Kunstschaffenden.

25 Silke Vogelsang arbeitet in ihrem Werk „Der Einfluss der Kultur auf die Produktgestaltung" von 1999 mit bis dato unveröffentlichtem Material des SIGMA-Instituts, Mannheim aus dem Jahr 1997 und zitiert auf S. 209 daraus: „Die jetzt verwendeten zehn sozialen Milieus lassen sich wie folgt beschreiben: (...) postmodernes Milieu: Starke Ich-Orientierung, nur eigene Gefühle und Sehnsüchte maßgebend. Widersprüchlicher und experimenteller Lebensstil".

unterschiedliche Weise: Die Aktive Ich-Orientierung ist dabei durch das Ausleben der Wirklichkeitserzeugung, die Konstruktion und Inszenierung der eigenen Identität und des Selbsterlebens, die Passive Ich-Orientierung durch das „teilhabende Erleben" an erzeugter Wirklichkeit und die Nutzung der Angebote und Inszenierungen an Identitätserleben gekennzeichnet: „Der aktiv Postmoderne ist ein selbstbestimmter Anbieter, der passiv Postmoderne ein selbstbestimmter Nutzer von erzeugter Wirklichkeit" (Funk 2005:61). Beide sind die sich ergänzenden Seiten einer Medaille in der postmodernen Gesellschaft[26] und nur durch ihr Zusammenspiel funktioniert die oben angeführte Logik von Angebot und Nutzung der postmodernen Wirtschaft.

Zur Verdeutlichung der je unterschiedlichen Ausprägung des Gemeinsamen werden nachfolgend die beiden Varianten der Postmodernen Ich-Orientierung in Hinblick auf zentrale Charakterzüge vorgestellt. Diese Darstellung beruht auf den Befunden der Erforschung der Sozialen Milieus durch SIGMA (Ueltzhöffer 1999), den gemeinsam in der Forschergruppe generierten Erkenntnissen sowie der konzeptionell-interpretativen Ausarbeitung der idealtypischen Charakterzüge der beiden Varianten durch Rainer Funk (2005)[27]. Im Anschluss daran werden die von der Forschergruppe entwickelten Dimensionen und Skalen, die die Grundlage für die empirische Untersuchung bilden, vorgestellt.

2. Ausgewählte Charakterzüge der Aktiven Ich-Orientierung

Der *Wirklichkeitsbezug* von Menschen mit einer Aktiven Ich-Orientierung ist dadurch gekennzeichnet, dass sie Realität als eine Art Baukasten begreifen, der es ihnen ermöglicht, genau diese Wirklichkeit immer wieder neu zu erschaffen und in eine „inszenierte Erlebniswelt" zu transformieren. Dies impliziert auch, dass unpassende Elemente dieser Wirklichkeit umgedeutet oder durch medial erzeugte, virtuelle Wirklichkeiten ersetzt werden. Dabei werden Grenzen aller Art, seien sie räumlicher oder zeitlicher, biologischer oder psychischer Natur, transzendiert. Denn Grenzen sind in diesem Verständnis dazu da, überwunden zu werden – bis hin zu einer totalen Entgrenzung. Durch diese konstruktivistische Flexibilität in der Ausgestaltung gewinnen Wirklichkeitsentwürfe Projektcharakter, so auch die Gestaltung *zwischenmenschlicher Beziehungen*. Sie nehmen in der Regel die Form eines auf gemeinsamen Lebensentwürfen basierenden, zeitlich begrenzten Projekts an. Basierend auf einer ausgeprägten Offenheit und Kontaktfreudigkeit sind diese Beziehun-

26 Dieses Zusammenspiel ist von der Idee her dasselbe wie das bei der Unterscheidung von sadistischem und masochistischem Typus des Autoritären Charakters bei Fromm. Dem Autorität und Macht ausüben wollenden sadistischen Typus steht ein sich unterwerfen und gehorchen wollender masochistischer Typus gegenüber. Nur so können hierarchische Systeme und Institutionen funktionieren.

27 Für eine umfassende Darstellung der Charakterzüge der Postmodernen Ich-Orientierung im streng psychoanalytischen Sinne nach Erich Fromm sei verwiesen auf Funk 2005: 65-100 sowie 237-251.

gen relativ unverbindlich. Da Aktiv Ich-Orientierte enorme Schwierigkeiten mit Konflikten, partnerschaftlichen Problemen und Kritik haben, sehen sie in dieser projektartigen Form des Kontakts zu anderen Menschen die ideale Möglichkeit, sich die Option eines Ausstiegs jederzeit offen zu halten.

Ähnlich wie beim Wirklichkeitsbezug ist auch das *Identitätserleben* dieses Typus von einer möglichst entgrenzten Selbstschöpfung und Inszenierung geprägt. Identität wird als offener Prozess, als Werden betrachtet, das keinen vorgegebenen Mustern folgt und so gelegentlich als gleichsam aus dem Nichts kommend wahrgenommen wird. Denn Aktiv Ich-Orientierte leben und erleben sich nach dem Grundsatz „Ich bin ich - immer neu und immer anders". Dies impliziert eine Ich-Setzung unabhängig von individuellen Eigenarten psychischer, geistiger oder körperlicher Natur. Deren Authentizität definiert sich über die Glaubwürdigkeit der Inszenierung und nicht über die Eigentümlichkeit der Person. Letztlich erzeugt die stetige Neuerfindung des eigenen Ich ein lose verbundenes Nebeneinander von Teil-Identitäten, in dem eigentlich Unvereinbares nebeneinander stehen kann, solange es der Erzeugung und Erhaltung eines positiven Selbstbildes dient. So sind Aktiv Ich-Orientierte auch an ihrem extrovertierten Ausleben von Widersprüchlichem, an ihrer Offenheit für Neues, hohe Risikobereitschaft und ein gehöriges Maß an distanzierter Selbstironie zu erkennen.

In Bezug auf *Arbeit*, *Freizeit* und *Konsum* ist Machbarkeit das Schlagwort der Aktiv Ich-Orientierten. Im Leben und Arbeiten gibt es nach dem Selbstverständnis der Aktiv Ich-Orientierten nichts, was nicht zu verwirklichen oder zu erzeugen wäre. Insbesondere geht es dabei um eine ich-zentrierte und projektartige Vorstellung von der „Machbarkeit des Lebens und die Produktion von Märkten und Wirklichkeiten in Form von Lebensstilen, Lebens- und Erlebniswelten" (Funk 2005:68). So wird der Beruf zum Ort der Neuschöpfung von Leben, die Freizeit zum auszugestaltenden Erlebnis und Konsum zum Werkzeug der Selbstinszenierung. Denn konsumiert wird, was gefällt und zum eigenen Identitätsentwurf passt. Dabei zeichnet sich der Aktiv Ich-Orientierte in Beruf und Freizeit durch Motivation, Fleiß und hartes Arbeiten an den eigenen Zielen ebenso aus wie durch die Bereitschaft, Risiken einzugehen und „Neuland" zu betreten.

Auch das Verständnis von *Bildung*, *Kultur* und *sozialer Verantwortung* ist durch und durch geprägt vom Wunsch nach Selbstbestimmung und -inszenierung. So ist Bildung nicht mehr das Aneignen von grundlegendem Wissen, sondern die Verwirklichung des lebenslangen Lernens und des Strebens nach der Perfektion des Erzeugens von Wirklichkeit. Grundlegender geht es den Aktiv Ich-Orientierten wohl darum, sich die Möglichkeiten des Zugangs zu Wissen und Informationen anzueignen, die sie als wesentlich betrachten. Angehäuftes Wissen erscheint oftmals eher als Ballast, der die freie Selbstinszenierung blockieren könnte. Da Aktiv Ich-Orientierte am besten assoziativ und aktiv-gestaltend – und möglichst ohne Rückbezug auf Vorgedachtes - lernen und gestalten, haben sie eine extreme Vorliebe für Ungewöhnliches und Neues. Hieraus erklärt sich auch ihre kulturelle Offenheit, die sich besonders auf Fremdartiges und Exotisches richtet. Denn hier eröffnen sich neue Dimensionen der Selbstsetzung, welche neue Impulse geben. Die so gewonnenen

Eindrücke werden ganz utilitaristisch rekombiniert und in die eigenen Inszenierungen integriert. In diesem Sinne ist auch soziales oder politisches Engagement nur dann gut, wenn es einem selbst „etwas bringt", seien es neue Erfahrungen oder nützliche Ergebnisse. Auch kann hier etwas bewirkt oder gestaltet werden, so dass die Selbstverwirklichung, das Sich-Ausleben der Aktiv Ich-Orientierten zum entscheidenden Motiv wird.

Von zentraler Bedeutung für die Ich-Setzung durch Selbstinszenierung ist für die Aktiv Ich-Orientierten ihr *Lebensstil.* Dieser orientiert sich vornehmlich an der Inszenierung der Unverwechselbarkeit des Ich und dem Absoluten des eigenen Geschmacks, der nur als schön gelten lässt, was individuell gewählt ist und die eigene Lebensart zum Ausdruck bringt. Konsum wird so zum Stilmittel und in diesem Kontext kommt es zu einer umfassenden Ästhetisierung von Unvereinbarem in Lebensstil und Alltag, die ausschließlich der Zurschaustellung der eigenen selbstbestimmten Persönlichkeit dient. „Anything goes" wird zum Leitspruch und die Komposition unterschiedlicher Stile ohne Einheitlichkeit oder Harmonisierung (Bauhaus und Kuckucksuhr, Armani und Aldi) bis hin zu bizarren Stilmixturen prägt das Erscheinungsbild und Lebensumfeld Aktiv Ich-Orientierter. Denn sie suchen die Identität von objektiver Außenwelt und subjektivem Sein alltagsästhetisch umzusetzen. Alles soll das Ich unverwechselbar zum Vorschein bringen. Darüber hinaus hervorzuheben ist die stark ausgeprägte Erlebnis- und Eventorientierung des postmodernen Lebensstils, denn sowohl öffentliche als auch private Veranstaltungen werden zum Ereignis, zum Happening mit einem Angebot auserlesener Eindrücke und Genüsse stilisiert.

Die offene Identitätskonstruktion der Aktiv Ich-Orientierten bezieht auch und insbesondere *gesellschaftliche und individuelle Wertorientierungen* mit ein. In ihren Augen ist das, was sich realisieren lässt, auch erlaubt. Die einzige Einschränkung ist die, dass man selbst nicht eingeschränkt werden will. Daher dekodieren und demaskieren Aktiv Ich-Orientierte vorgefundene und vorgegebene Wertorientierungen und deuten diese um. Aktualisiert und realisiert werden ausschließlich die selbstbestimmten Werte, was einer radikalisierten Auffassung des Lyotardschen Widerstreitmodells im Patchwork der Minderheiten gleich kommt und gelegentlich wie eine Entgrenzung von jeglicher Verbindlichkeit anmutet. Denn erst wenn keine allgemeinen Werte existieren, ist eine umfassende Selbstbestimmung möglich. Zudem sind selbst gesetzte Werte auch jederzeit änderbar nach dem Motto „Was geht mich mein Geschwätz von gestern an". Wertvoll erscheint den Aktiv Ich-Orientierten ausschließlich der Wert der Selbstbestimmung, was sich in einer ausgeprägten Toleranz gegenüber anderen Wertorientierungen und einer rigiden Intoleranz gegenüber Einschränkungen und Wertebeschneidungen äußert. Dass es dabei zu einer Koexistenz der unterschiedlichsten Wertorientierungen bei ein und derselben Person kommt, ist für Aktiv Ich-Orientierte normal, wenn nicht notwendig. Auch das Verhältnis zu Religion und Spiritualität wird diesen Mechanismen der Selbstbestimmung unterworfen: Spiritualität wird aus den selbst gewählten Komponenten, sei es nun aus Esoterik, Buddhismus oder Christentum, je neu kombiniert und transzendiert.

Ganz im Sinne eines konstruktivistischen Welt- und Selbstverständnisses offenbaren Aktiv Ich-Orientierte gänzlich andere *Denk- und Wahrnehmungsmuster*, die eher bildlich, assoziativ und kreativ sind. Gelegentlich jenseits von überkommener Logik und Kausalität werden Erkenntnisse gesammelt, assoziiert und rekombiniert. Insbesondere die Wahrnehmung ist dabei von schnellen Abfolgen bildlicher Eindrücke geprägt, wie man sie aus „Infotainment" und „Dokufiktion", aber auch aus Kinofilmen und Werbespots kennt. Das in diesem Zuge entgrenzte Raum- und Zeiterleben mit seinem Fokus auf das Gegenwärtige erzeugt ambivalente Einstellungen gegenüber Vergangenheit und Zukunft. Während Vergangenes sich letztlich nur zur nostalgischen Neuinszenierung eignet, kann die Zukunft zu einer Projektionsfläche eigener Vorstellungen werden. In der Steigerungslogik der Vervielfältigung des Machbaren wird sie die Folie für die Inszenierung von Gegenwart und Zukunft.

3. Ausgewählte Charakterzüge der Passiven Ich-Orientierung

Wollen Aktiv Ich-Orientierte die Wirklichkeit inszenieren und erschaffen, so wollen Passiv Ich-Orientierte *Wirklichkeit* neu und anders erleben. Ihre Persönlichkeit ist geprägt durch „(...) die Lust auf entgrenzte, neue, andere Wirklichkeiten, die fantastischer, wirklicher (hyperrealer), eindrucksvoller, exotischer, stimulierender, unterhaltsamer sind (...)" (Funk 2005:77). Diese Lust geht einher mit tief sitzenden Frustrationen über die Grenzen und Enttäuschungen der realen Umwelt. Durch das Eintauchen in neue, von Industrie und Marketing mit modernen Technologien und Medien inszenierte und angebotene Wirklichkeiten suchen Passiv Ich-Orientierte, negative Gefühle zu verdrängen. Dabei hängt die Wahl der je neuen Wirklichkeit von der momentanen selbstbestimmten Entscheidung ab. „Mittendrin statt nur dabei" (DSF) und trendy zu sein, sind wesentliche Entscheidungskriterien für die Wahl der Wirklichkeit, zu der man sich mit einem z.T. enormen finanziellen Aufwand Zugang verschaffen will. Dabei ist das *Bezogensein auf andere Menschen* davon geprägt, mit diesen Kontakt haben und halten zu wollen, ohne jedoch damit verbindliche Zusagen oder Verantwortung zu assoziieren. Denn wem sie sich zugehörig fühlen wollen und wo sie Kontakt haben wollen, möchten Passiv Ich-Orientierte selbst bestimmen. Diese Art von Wir-Gefühl zeigt sich demzufolge auch in Partnerschaften, die als am gegenseitigen oder einseitigen Nutzen und dem geteilten Erlebnis in realen und virtuellen Welten und Lebensstilen orientiert erlebt werden. Kritik, Konflikte und Probleme können Passiv Ich-Orientierte nicht ertragen, verleugnen sie oder gehen ihnen aus dem Weg. Sie können nicht integriert werden, so dass es in diesem Falle zur Beendigung des gemeinsamen Projekts und zum Abbruch des Kontakts kommt.

Insbesondere im *Identitätserleben* kommt zum Ausdruck, dass Aktive und Passive Ich-Orientierung zwei Seiten einer Medaille sind. Denn Passiv Ich-Orientierte nutzen die Angebote an „Ich-Erzeugungen", haben teil an Lebensstilen und Erlebniswelten, die Aktiv Ich-Orientierte so virtuos inszenieren. Ziel dieser Nutzung ist es, bei sich zu sein oder besser „man selbst" zu sein. Der Passiv Ich-Orientierte definiert sich als emanzipierter Konsument von Erlebnisangeboten, die ihm vermitteln, lebendig und ganz er selbst zu sein. Zentral für diese gefühlte Authentizität sind dabei nicht die Produkte, sondern die damit assoziierten Markenidentitäten und Lifestyles, Emotionen und Events. Diese Art der Identitätskonstruktion vorwiegend über Konsum bestimmt auch den Umgang mit Affekten und Gefühlen: Beide eignet man sich von außen an, indem man in den Medien angebotene inszenierte Gefühle konsumiert. Dieses Eintauchen in Erlebnisangebote dient dann auch der Abwehr oder Verdrängung von negativen Selbstwahrnehmungen.

Arbeit ist für Passiv Ich-Orientierte in erster Linie eine Möglichkeit, verbunden zu sein, was sich in einer Vorliebe für ein gutes Betriebsklima und eine „corporate identity" äußert. Stimmt das „Betriebsklima" nicht, so wird Arbeit schnell zu einem lästigen, aber notwendigen Übel und es entstehen Konflikte mit Privatleben und Freizeit. Sowohl *Freizeit* als auch *Konsumverhalten* sind bei Passiv Ich-Orientierten bestimmt durch eine exzessive Nutzung von angebotenen Erlebniswelten und gewinnt oftmals einen quasi-religiösen Charakter. Denn zu konsumieren bedeutet Zugang zu selbstgewählten Erlebniswelten und zu sich selbst. So verwundert es nicht, dass in erster Linie Erlebnismöglichkeiten aller Art, Markenartikel und Symbolisierungen der gewünschten und als passend definierten Lebensstile konsumiert werden.

Auch in Bezug auf *Bildung*, *Kultur* und *soziale Verantwortung* zeigt sich bei der Passiven Ich-Orientierung die Nutzen-Komponente. Bildung wird verstanden als Nutzen von und Zugang zu Lernangeboten und Wissen, welche am besten vermittels exzessivem Einsatz von Medien und Visualisierungen dargeboten werden. Denn auch das Lernen muss Erlebnisqualität haben. Nur so ist auch zu verstehen, warum Passiv Ich-Orientierte ihren Erziehungsauftrag – so sie denn Kinder haben – in erster Linie als Darbieten von Erlebnis- und Unterhaltungsangeboten zur Eliminierung von Langeweile verstehen. Ähnliches gilt auch für die kulturelle Offenheit der Passiv Ich-Orientierten. Entscheidend für die „Ausweitung und Steigerung der eigenen Erlebnisfähigkeit" ist der „Erlebniswert" anderer Kulturen für einen selbst, der sich steigert mit der zunehmenden Ungewöhnlichkeit der Inszenierung kultureller Angebote. In Bezug auf *soziale Verantwortung* tritt zum Nutzen die Bedeutung des Wir-Gefühls für die Passiv Ich-Orientierten hinzu. Denn das Verbundensein genießt einen hohen Stellenwert und kann die Grundlage für eine postmoderne Form von Solidarität und Verantwortung liefern: Wer verbunden sein will, engagiert sich auch für eine Gemeinschaft. Allerdings, so ist einzuschränken, hängen Engagement und Sozialität der Passiv Ich-Orientierten unmittelbar mit deren Erlebniswert zusammen. Nur wenn es Spaß macht und der Selbstentfaltung dient, teilzuhaben und mitzuwirken, bringen sie sich ein, vornehmlich in zeitlich begrenzte und interessenzentrierte „Projektgruppen".

Allerdings sind es in erster Linie *Lebensstil* und *Alltagsästhetik* als manifeste Umsetzung ihrer Grundstrebungen, durch die Passiv Ich-Orientierte zu erkennen sind. Im Konsum von Markenartikeln, der Zurschaustellung von Logos und Labels drücken sie ihr Zugehörigkeitsgefühl zu Lebensstilen aus. All das, was trendy ist, für Kreativität und Selbstbestimmung steht und zur Ausgestaltung des eigenen Lebensstils brauchbar ist, wird genutzt, um sich selbst in Szene zu setzen und zu signalisieren, für was man steht und zu wem man zugehört. Zu diesem Lebensstil gehört als zentrales Element das Event, das Happening. Dieses sollte, um den Erlebnishunger der Passiven Ich-Orientierung zu stillen, nicht nur dem jeweiligen Geschmack entsprechen, sondern auch Grenzen auflösen, Verbundenheit schaffen und das vollständiges Abtauchen in das Ereignis ermöglichen.

Ähnlich wie der Aktiv Ich-Orientierte hat auch der Passive Typus keinerlei Probleme damit, widersprüchliche Werte zu vertreten und auszuleben. Denn die *individuellen Wertvorstellungen* folgen nur dem Kriterium der Gruppe: Sie müssen lediglich das repräsentieren, was sich die Gruppe, zu der man gehören will, als Stil gewählt hat. Dies hat den Effekt, dass *gesellschaftliche Wertorientierungen* neutralisiert und durch die Wertvorstellungen der jeweils gewählten Gruppe ersetzt werden. Dass dies einer gesellschaftlichen Fragmentierung zuträglich ist, muss man nicht extra betonen, vor allem dann nicht, wenn man die Einstellungen gegenüber den Werten anderer betrachtet. Denn eigene Wertvorstellungen werden kaum hinterfragt und die der anderen nur sehr selektiv toleriert. Es werden diejenigen Werte bevorzugt und akzeptiert, die zum eigenen Lebensstil passen. Abweichende oder gar widersprechende Wertvorstellungen hingegen werden entwertet und abgelehnt, insbesondere dann, wenn die eigene Lebensart als angegriffen empfunden wird. Auch der Vollzug von Religion und Spiritualität folgt dem passiv ich-orientierten Muster: Verschiedene Elemente werden nach den Kriterien Verbundensein, Erlebnisqualität sowie Integrierbarkeit als spirituelles Puzzle in den eigenen Lebensstil integriert.

Denk- und Wahrnehmungsmuster der Passiv Ich-Orientierten sind denen der Aktiv Ich-Orientierten bis auf einen zentralen Punkt sehr ähnlich. Sie unterschieden sich jedoch dadurch, dass sie nicht kategorisch gegen die Festlegung von Sinn und Bedeutung sind. Dies rührt daher, dass sie bestrebt sind, an solchen vorgeformten Sinnwelten Anteil haben zu wollen, indem sie bestimmte Konsumangebote wahrnehmen, die mit denjenigen Attributen und Sinngehalten assoziiert sind, die als erstrebenswert angesehen werden, auch wenn diese noch so widersprüchlich sein mögen. Die meist oberflächliche und unselektive Wahrnehmung des von Aktiv Ich-Orientierten Angebotenen hat für die Passiv Ich-Orientierten die Funktion, „(...) den Empfänger durch Reize mit dem Leben zu verbinden und am Leben zu erhalten" (Funk 2005:89).

4. Operationalisierung – Die Skalen Aktive Ich-Orientierung (AIO) und Passive Ich-Orientierung (PIO)

Ein zentrales Problem empirischer Sozialwissenschaft ist es, theoretisch formulierte Konstrukte wie zum Beispiel Persönlichkeitsstrukturen oder Persönlichkeitseigenschaften quantitativ zu erfassen, da ihre Merkmalsausprägungen nicht direkt beobachtbar sind. Daher müssen diese Konstrukte über direkt beobachtbare (manifeste) Eigenschaften, Verhaltensweisen oder gar über Einstellungen und Ansichten zu bestimmten Fragen oder Feststellungen (Items) erfasst werden. Solche schlussfolgernden Indikatoren (Kromrey 1998:169) werden dann für Rückschlüsse auf die eigentlich gefragten „Hintergrundvariablen" herangezogen und können letztlich nur als größtmögliche Annäherung an die Merkmalsausprägung betrachtet werden. Das ist von Bedeutung für die Validität der Indikatoren, welche insbesondere bei schlussfolgernden Variablen nur schwierig abzuschätzen ist. Damit bildet in der Regel die Operationalisierung theoretischer Konstrukte einen der Punkte einer empirischen Untersuchung, der gegebenenfalls zunächst die meiste Kritik hervorruft. Für die vorliegende Studie gilt dies insbesondere, da zum einen Persönlichkeitseigenschaften sehr schwer zu operationalisieren sind und zum anderen die psychoanalytische Theorie – basiere sie nun ausschließlich auf Freud oder, wie in diesem Fall, auf Fromm - in den Sozialwissenschaften ein durchaus umstrittenes Konzept ist. Das Problem der Validität sollte jedoch immer bewusst sein, zumal es durchaus die Möglichkeit der externen Validierung des Messinstruments und des Konstruktes über den Abgleich mit der SIGMA-Milieu -Verteilung (vgl. dazu Kap. II) gibt.

Die Operationalisierung der oben geschilderten Charakterzüge der Aktiven und der Passiven Ich-Orientierung sowie der modernen Produktivitäts-Orientierung (vgl. Kap. IV) in insgesamt 62 Variablen in Form von Selbstaussagen auf der Ebene von Wertorientierungen, Motiven und Selbstkonzepten wurde in einem umfangreichen Pre-Test[28] getestet. Ziel war es, für jeden Persönlichkeitstypus eine kleine und doch möglichst präzise Skala zu konstruieren. Die Auswahl der Variablen erfolgte auf der Basis einer Faktorenanalyse der im Pre-Test erhobenen Daten. Dabei wurden jeweils nur die erklärungsstärksten Variablen für die endgültige Operationalisierung der drei zu erfassenden Charaktertypen herangezogen. Die 36 ausgewählten Variablen wurden im Rahmen der Auswertung der Daten einer erneuten faktorenanalytischen Prüfung unterzogen, deren Ergebnis die endgültigen, im Folgenden dargestellten Skalen sind. Die Skalen erfassen jeweils zentrale und typische *Dimensionen der Persönlichkeitsstrukturen auf der Basis von Wertorientierungen, Motivationen und Selbstkonzepten.* Da die subjektiv geäußerten Wertorientierungen, Motive und Selbstkonzepte sich in der Regel auf mehr als einen der weiter oben dargestellten Charakterzüge beziehen, wurden sie für die empirische Untersuchung in jeweils mehrere Dimensionen eingeteilt, welche die in Frage stehenden Manifestationen der Charakterzüge repräsentieren und treffend zu beschreiben suchen. Sie sind dabei jeweils nicht als eindimensional zu verstehen, sondern ergeben zusammen ein komplexes Abbild der in Frage stehenden Persönlichkeitsstrukturen.

28 Die Datenerhebung des Pre-Tests wurde durchgeführt von der Forschungsgruppe Wahlen Online (FGW-Online). Im Zeitraum von 13.10. - 03.11.2004 wurden aus den im Pool von FGW-Online registrierten Personen 4500 zu Befragende zufällig ausgewählt. Insgesamt hatten 1688 Befragte den Fragebogen ausgefüllt.

4.1. Die AIO-Skala

Die in Tabelle IV.1. abgebildeten 15 Variablen der AIO-Skala sind sechs Dimensionen zugeordnet, welche zentrale Aspekte oder Charakterzüge der Aktiven Ich-Orientierung erfassen.

Tabelle IV.1.: Variablen der AIO-Skala

Dimension 1: Offene Identitätskonstruktion	
V13	In meiner Lebensphilosophie kombiniere ich ganz unterschiedliche Ideen und Prinzipien.
V14	Fremde Kulturen sind eine Art Fundgrube für Dinge, die mich inspirieren.
V29	Für mich ist es eine faszinierende Idee, die eigene Persönlichkeit ständig neu zu definieren.
V31	Für mich ist es eine faszinierende Idee, die eigene Persönlichkeit ständig weiter zu entwickeln.
Dimension 2: Ich-Setzung durch Selbstinszenierung	
V15	Ich bin ich - immer neu und immer anders.
V16	Es macht mir Spaß, ab und zu originelle Events zu inszenieren.
V29	Für mich ist es eine faszinierende Idee, die eigene Persönlichkeit ständig neu zu definieren.
V30	Ich mag Dinge, die etwas Unverwechselbares und Eigenes zum Ausdruck bringen
Dimension 3: Leistungsorientierung / Selbstverwirklichung im Beruf	
V20	Um mein Ziel zu erreichen arbeite ich auch nachts und am Wochenende.
V21	Ich habe an mich den Anspruch, in meinem Beruf etwas Eigenes zu schaffen.
Dimension 4: (Un-)Verbundensein / Ungebundenheit / Unverbindlichkeit	
V22	Aus einer Partnerschaft möchte ich zu jeder Zeit auch aussteigen können.
V23	In einer Partnerschaft sollte jeder nach seinen eigenen Regeln leben.
Dimension 5: Konsumstil / Selbstgestalteter Konsum	
V17	Beim Einkaufen liebe ich es, meine Kreativität spielen zu lassen.
V04	Beim Shoppen lebe ich richtig auf.
Dimension 6: Erlebnisorientierung	
V05	Ich will immer etwas erleben.
V06	Wo mir etwas geboten wird, fühle ich mich wohl.

Dimension 1 „Offene Identitätskonstruktion“ repräsentiert zentrale Züge des Identitätserlebens, des Bezugs zu Wirklichkeit und Kultur sowie der gesellschaftlichen und individuellen Wertorientierungen aktiv Ich-Orientierter. Diese sind gekennzeichnet durch die spielerische, nach allen Seiten offene, patchworkartige postmoderne Konstruktion der eigenen Identität, bei der man sich überall dort bedient, wo es gefällt. Dimension 1 wird abgebildet durch die Variablen V13 „ In meiner Lebensphilosophie kombiniere ich ganz unterschiedliche Ideen und Prinzipien“, V14 „ Fremde Kulturen sind für mich eine Art Fundgrube für Dinge, die mich inspirieren“, V29 „Für mich ist es eine faszinierende Idee, die eigene Persönlichkeit ständig neu zu definieren“ und V31 „Für mich ist es eine faszinierende Idee, die eigene Person ständig weiter zu entwickeln“.

Dimension 2 „Ich-Setzung durch Selbstinszenierung“ sucht die selbstbestimmte, nach außen gewandte Darstellung und In-Szene-Setzung des eigenen Ich zu erfassen. Der Erfassung dieser Aspekte in Identitätserleben, Lebensstil und Alltagsästhetik dienen die Variablen V15 „Ich bin Ich – immer neu und immer anders“, V16 „Es macht mir Spaß, ab und zu originelle Events zu inszenieren“, V30 „Ich mag Dinge, die etwas Unverwechselbares und Eigenes zum Ausdruck bringen“. Zudem bringt Variable V29 „Für mich ist es eine faszinierende Idee, die eigene Persönlichkeit ständig neu zu definieren“ die enge Verbindung zwischen den Dimensionen 1 und 2 zum Ausdruck.

Dimension 3 „Leistungsorientierung / Selbstverwirklichung im Beruf“ wird über die Variablen V20 „Um mein Ziel zu erreichen arbeite ich auch nachts und am Wochenende“ und V21 „Ich habe an mich den Anspruch, in meinem Beruf etwas Eigenes zu schaffen“ erfasst. Entscheidend an dieser Dimension ist die hohe Leistungsbereitschaft, die untrennbar mit der Verwirklichung des Selbst verbunden ist.

Dimension 4 „Ungebundenheit / Unverbindlichkeit“ bezieht sich auf diejenigen Aspekte des Bezugs zu anderen und zur Wirklichkeit, die mit der Art und Weise des Vollzugs von Beziehungen zu tun haben. Diese sind projektartig als Verbindungen auf Zeit angelegt, die bei „Nicht-mehr-Gefallen beendet werden und in denen die Selbstbestimmung dominiert. Die Variablen V2 „Aus einer Partnerschaft möchte ich zu jeder Zeit auch aussteigen können“ und V23 „In einer Partnerschaft sollte jeder nach seinen eigenen Regeln leben“ repräsentieren diese Dimension.

Dimension 5 „Konsumstil / Selbstgestalteter Konsum“ sucht die Art des Konsumverhaltens sowie Bedeutung von Konsum im Identitätserleben der Aktiv Ich-Orientierten zu erfassen. Auch hier geht es um das Erleben und Inszenieren des Ich, dem das Konsumverhalten Ausdruck verleiht. Insofern weist Dimension 7 eine enge Verbindung zu den Dimensionen 1 und 2 auf, deren Grundlagen sich im Vollzug des Konsums manifestieren. Dimension 7 wird mit den Variablen V17 „Beim Einkaufen liebe ich es, meine Kreativität spielen zu lassen“ und V04 „Beim Shoppen lebe ich richtig auf“ erfasst. Diese Dimension teilen sich Aktive und Passive Ich-Orientierung, weshalb zur Bestimmung der Ich-Orientierung die Ausprägung bezüglich der anderen Dimensionen entscheidend ist.

Dimension 6 „Erlebnisorientierung“ bezieht sich auf den das Identitätserleben prägenden „Eventhunger“ der Aktiv Ich-Orientierten. Diese Erlebnisorientierung findet ihre Operationalisierung in den Variablen V05 „Ich will immer etwas erleben“ und V06 „Wo mir etwas geboten wird, fühle ich mich wohl“. Da auch die Passive Ich-Orientierung diese Dimension aufweist, zeigt sich die aktive Orientierung erst im Zusammenspiel mit den anderen Dimensionen der AIO-Skala.

4.2. Die PIO-Skala

Die PIO-Skala setzt sich aus den in Tabelle IV.2. abgebildeten 13 Variablen zusammen, die sich über fünf Dimensionen verteilen und damit die wesentlichen Besonderheiten der Passiven Ich-Orientierung erfassen. Die Dimensionen sind weitgehend als analog zu den Dimensionen der AIO-Skala zu verstehen und spiegeln so auch den Unterschied zwischen anbietender Aktiver Ich-Orientierung und nutzender Passiver Ich-Orientierung wider.

Dimension 1 „Trendgeleitete Identitätskonstruktion“ spiegelt sich in den Variablen V07 „Wenn es um den Sinn des Lebens geht, orientiere ich mich an Leuten und Ideen, die mich überzeugen“, V08 „In meiner Einstellung zum Leben folge ich gerne den Erfahrungen anderer“, V24 „Von einer Marke, die mir gefallen soll, erwarte ich, dass sie meinem persönlichen Lebensstil entspricht“ und V29 „Für mich ist es eine faszinierende Idee, die eigene Persönlichkeit ständig neu zu definieren“ wider. Sie zielt auf die Kernelemente des Identitätserlebens, des Wirklichkeitsbezugs sowie der gesellschaftlichen und individuellen Wertorientierungen der Passiven Ich-Orientierung, die in einem ebenso patchworkartigen wie trendgeleiteten Konstruieren der eigenen Identität Ausdruck finden.

Dimension 2 „Ich-Setzung / Dazugehören durch Konsum“ zeigt noch viel stärker das Bestreben Passiv Ich-Orientierter, ihr Identitätserleben, ihren Lebensstil und ihre Alltagsästhetik über das Konsumverhalten zu gestalten. Die doppelte utilitaristische Bedeutung des Konsums ist die, dass er zum einen der Ich-Setzung im Sinne von „Was ich kaufe, das bringt zum Ausdruck, was ich sein will“ dient und zum anderen ein Dazugehörenwollen über die Symbolik des Konsumierten - in erster Linie der Marken und den damit verbundenen Images- zum Ausdruck bringt. Konsum wird so zu einer zentralen Kategorie der Gestaltung des eigenen Ich und des eigenen sozialen Zugehörigkeitsgefühls. Dimension 2 wird abgebildet durch die Variablen V01 „Von einer Marke, die mir gefallen soll, erwarte ich, dass sie etwas ganz Eigenes zum Ausdruck bringt“, V02 „Von einer Marke, die mir gefallen soll, erwarte ich, dass sie zu mir und meinen Freunden passt“, V03 „Von einer Marke, die mir gefallen soll, erwarte ich, dass sie voll im Trend liegt“ und V24 „Von einer Marke, die mir gefallen soll, erwarte ich, dass sie meinem persönlichen Lebensstil entspricht“. Auch hier gilt analog zur AIO-Skala die enge Verbindung dieser Dimension mit Dimension 1.

Dimension 3 „Lebendigkeit / Belebt werden“ konnte für die Passive Ich-Orientierung – im Gegensatz zur Aktiven Ich-Orientierung – erfasst werden über die Variablen V09 „Erlebnisparks wie Disneyland finde ich einfach langweilig“ (negativ im Skalenzusammenhang) und V10 „Manche Filme oder Fernsehshows wecken in mir so starke Gefühle, wie ich sie sonst kaum erlebe". Sie erfasst den für das Identitätserleben Passiv Ich-Orientierter typischen Drang, durch starke, gemachte Gefühle einen Kontakt zum eigenen Selbst herzustellen.

Tabelle V.3.: Variablen der PIO-Skala

Dimension 1: Trendgeleitete Identitätskonstruktion	
V07	Wenn es um den Sinn des Lebens geht, orientiere ich mich an Leuten und Ideen, die mich überzeugen.
V08	In meiner Einstellung zum Leben folge ich gerne den Erfahrungen anderer.
V24	Von einer Marke, die mir gefallen soll, erwarte ich, dass sie meinem persönlichen Lebensstil entspricht.
V29	Für mich ist es eine faszinierende Idee, die eigene Persönlichkeit ständig neu zu definieren.
Dimension 2: Ich-Setzung / Dazugehören durch Konsum	
V01	Von einer Marke, die mir gefallen soll, erwarte ich, dass sie etwas ganz Eigenes zum Ausdruck bringt.
V02	Von einer Marke, die mir gefallen soll, erwarte ich, dass sie zu mir und meinen Freunden passt.
V03	Von einer Marke, die mir gefallen soll, erwarte ich, dass sie voll im Trend liegt.
V24	Von einer Marke, die mir gefallen soll, erwarte ich, dass sie sie meinem persönlichen Lebensstil entspricht.
Dimension 3: Lebendigkeit / Belebt werden	
V09	Erlebnisparks wie Disneyland finde ich einfach langweilig. (negativ)
V10	Manche Filme / Fernsehshows wecken in mir so starke Gefühle, wie ich sie sonst kaum erlebe.
Dimension 4: Selbstgestalteter Konsum	
V17	Beim Einkaufen liebe ich es, meine Kreativität spielen zu lassen.
V04	Beim Shoppen lebe ich richtig auf.
Dimension 5: Erlebnisorientierung	
V05	Ich will immer etwas erleben.

Dimension 5 „Konsumstil / Selbstgestalteter Konsum" mit den Variablen V17 „Beim Einkaufen liebe ich es, meine Kreativität spielen zu lassen" und V04 „Beim Shoppen lebe ich richtig auf" und *Dimension 6 „Erlebnisorientierung"* mit den Variablen V05 „Ich will immer etwas erleben" und V06 „Wo mir etwas geboten wird, fühle ich mich wohl" können als gemeinsame Dimensionen von Aktiver und Passiver Ich-Orientierung nur in Verbindung mit den anderen Dimensionen, insbesondere den Dimensionen 1 und 2, eindeutig interpretiert werden.

Darüber hinaus kann auch für die Passive Ich-Orientierung eine *Dimension 6 „Konfliktfähigkeit"* über die Ablehnung der Variablen V33 „Mit Konflikten in Partnerschaft und Beruf kann ich gut umgehen" und V34 „In einer Partnerbeziehung sage ich offen, was mir am anderen gefällt oder nicht" bestimmt werden.

V. Die empirische Studie „Postmoderne und Persönlichkeit“

Die empirische Untersuchung „Postmoderne und Persönlichkeit“ sucht die sozio-psychologischen Auswirkungen des in Kapitel II analysierten gesellschaftlichen Wandels hin zu postmodernen Gesellschaftsstrukturen im 21. Jahrhundert zu erfassen. Die erkenntnisleitenden Fragen der Forschungsgruppe lassen sich so formulieren: Inwieweit finden sich individuell und kollektiv spezifisch postmoderne Persönlichkeitsstrukturen, wie sie in Erweiterung der Gesellschaftscharaktertheorie Erich Fromms dargestellt wurden? Welchen Zusammenhang gibt es zwischen postmodernen Persönlichkeitsstrukturen und den Sozialen Milieus?

Zur Beantwortung dieser Fragen wurden die drei zur Debatte stehenden Persönlichkeitstypen so operationalisiert, dass für jeden dieser Typen eine Skala entwickelt wurde. Die Variablen dieser Skalen wurden im Rahmen einer Online-Befragung im Januar 2005 einem Pre-Test unterzogen und zudem faktorenanalytisch geprüft. Daraus resultieren die AIO-Skala für die Aktive Ich-Orientierung, die PIO-Skala für die Passive Ich-Orientierung und die MPO-Skala für die Moderne Produktivitäts-Orientierung. Darüber hinaus wurde die Stichprobe mit Hilfe des SIGMA-Milieu-Indikators milieusegmentiert, um Aufschlüsse über die milieuspezifische Verteilung der Stichprobe und der Persönlichkeitstypen zu erhalten.

Da das Interesse der Forschungsgruppe ausschließlich den Typen der postmodern Ich-Orientierten sowie der modernen Produktivitäts-Orientierung gilt, werden – den empirischen Befunden vorgreifend – nur ca. 30% der Befragten hinsichtlich ihrer Persönlichkeitsstrukturen ausdifferenziert. Daher sind auch nur über diesen Teil der Stichprobe detaillierte Aussagen möglich, die Ausprägung der Persönlichkeitsstrukturen der restlichen 70% bleibt unbestimmt. Für die gesamte Stichprobe sind jedoch Aussagen über sozio-demographische Merkmale, Milieuzugehörigkeit sowie Konsumziele möglich.

Die Variablen der drei Skalen AIO, PIO und MPO wurden in einer Untersuchung des SIGMA-Instituts zur Erfassung der Entwicklung von Milieustrukturen und Wertorientierungen in Deutschland (D-Sensor 2005) zusammen mit einer Reihe weiterer Variablen, u.a. zur Sozio-Demographie, im Juni 2005 geschaltet. Die Feldarbeit führte IPSOS Deutschland durch. Es wurden bundesweit 1100 Personen nach der so genannten Random-Route-Methode in face-to-face-Interviews befragt[29]. Die Stichprobe ist aufgrund ihrer Zusammensetzung sowie einer leichten Gewichtung

29 Die Random-Route-Methode ist ein besonderes Verfahren der Zufallsauswahl, bei der nach einem Zufallsverfahren die Ausgangshaushalte an verschiedenen Wohnstandorten bestimmt werden, an denen die Interviewer ihren Weg beginnen. Bestimmten Abzähl- und Laufregeln (z.B. links gehen, rechts abbiegen, rechts gehen, links abbiegen) folgend, werden so Haushalte ausgewählt, in denen ein zufällig bestimmtes Haushaltsmitglied befragt wird.

der Variablen Alter, Geschlecht, Wohnort und Haushaltsgröße repräsentativ für die deutsche Wohnbevölkerung ab 18 Jahren. Die Größe der Stichprobe erlaubt im Zusammenspiel mit ihrer Zusammensetzung Rückschlüsse und Aussagen bezüglich dieser Grundgesamtheit. Die Daten wurden dankenswerterweise von SIGMA aufbereitet und als SPSS-Datenfile zur Auswertung zur Verfügung gestellt. Die Datenauswertung wurde unter Verwendung des Statistikprogramms SPSS im Zeitraum von Juni bis Oktober 2005 durchgeführt.

1. Erkenntnisinteresse und Hypothesen

Die eingangs aufgeworfenen Fragen spiegeln nur sehr verkürzt den Gegenstand der Studie wider. Denn das Erkenntnisinteresse der Autoren orientiert sich an insgesamt drei grundlegenden Fragestellungen, welche den Ausgangspunkt für die weiteren theoretischen und methodischen Überlegungen sowie die Hypothesenformulierung bilden. Die allgemeine Frage nach dem Zusammenhang zwischen gesellschaftlichen Strukturen und Wirtschaftsweisen einerseits und der Psyche der in dieser Gesellschaft lebenden Individuen andererseits differenziert sich dabei in folgende drei Fragekomplexe aus:

Welche spezifischen Veränderungen von individuellen und kollektiven Persönlichkeitsstrukturen ergeben sich aus den in Kapitel II geschilderten gesellschaftlichen Wandlungsprozessen? Auf der Grundlage der Gesellschaftscharakter-Theorie Erich Fromms wird ein dynamischer und wechselseitiger Zusammenhang zwischen Persönlichkeit und Gesellschaft angenommen, der zur Ausbildung spezifisch postmoderner Charakterstrukturen führt. Die postmodernen Ich-Orientierungen werden als Objekte und Subjekte der postmodernen Gesellschaft verstanden, welche durch gesellschaftliche Bedingungen geformt werden, welche diese Gesellschaft aber gleichzeitig auch selbst gestalten und verändern.

Gibt es einen Zusammenhang zwischen Sozialen Milieus und individueller Persönlichkeit? Nach dem Ansatz von Ueltzhöffer/ Flaig (1980) unterliegen Soziale Milieus als empirisch erfasste, „vergleichsweise stabile, wenn auch veränderbare sozialästhetische Strukturen" (Ueltzhöffer 1999:631) dem gesellschaftlichen Wandel und stellen in diesem Sinne ein neues Stratifikations- und Klassifikationsmodell postmoderner Gesellschaften dar. Da dies nach Erich Fromm für Charakterorientierungen ebenso zutrifft, ist die Frage nach übereinstimmenden Tendenzen und Entwicklungen bei beiden nahe liegend.

Eine weitere Frage ist die, ob sich unter postmodernen gesellschaftlichen Bedingungen ein spezifisch postmodern-produktiver Persönlichkeitstypus entwickeln kann, der sowohl Elemente postmoderner Charakterstrukturen als auch der produktiven Orientierung aufweist? Da in der Frommschen Logik Produktivität und der je sozial typische Charakter sich diametral entgegenstehen, wurde im Rahmen dieser Studie mit dem Modell der modernen Produktivitäts-Orientierung ein dezidiert nicht-postmoderner Entwurf von Produktivität erfasst. Unter anderem aus der Kontrastierung dieser Charaktertypen heraus wird in Kapitel VII das Modell der integrierenden Persönlichkeit vorgestellt, das einen sowohl postmoderne als auch produktive Aspekte vereinenden Phänotyp darstellt, der das gelingende Leben in der Postmoderne repräsentiert. Aus diesen erkenntnisleitenden Fragen leitete das Forscherteam eine Reihe von Hypothesen unterschiedlicher Ordnung für jeden der drei Persönlichkeitstypen ab, deren Überprüfung das Ziel der Studie „Postmoderne und Persönlichkeit ist. Zunächst werden die grundlegenden Hypothesen dargestellt, danach die für die einzelnen Typen spezifischen Hypothesen.

- Die postmoderne Gesellschaft, die sich unter anderem durch einen hohen Grad an Digitalisierung, Technologisierung und Vernetzung, eine postfordistische Wirtschaftsweise und den Handel mit Sinn- und Lebenswelten auszeichnet, erzeugt eine spezifisch postmoderne Charakterorientierung. Diese ist gemäß der Logik von Angebot und Konsum in eine aktive und eine passive Variante zu unterscheiden. Diese beiden Varianten der postmodernen Ich-Orientierung sind empirisch messbar auf der Ebene von Wertorientierungen, Motiven und Selbstkonzepten.
- Auch in der postmodernen Gesellschaft ist Produktivität im Sinne Fromms möglich. Daher sind produktive Selbstentwürfe – zumindest annäherungsweise – auf der Ebene von Wertorientierungen, Motiven und Selbstkonzepten empirisch messbar.
- Gemäß der Logik der Frommschen Gesellschaftscharakter-Theorie sind moderne Produktivitäts-Orientierung und postmoderne Ich-Orientierung voneinander unabhängig. Dies sollte sich auch empirisch in einer statistischen Unabhängigkeit zeigen. Aktive und Passive Ich-Orientierung können hingegen als „zwei Seiten einer Medaille“ durchaus miteinander korreliert sein.
- Die drei formulierten Typen sind Idealtypen. Daher sollten auch Mischtypen existieren, bei denen sowohl moderne Produktivität als auch Ich-Orientierung zu einem bestimmten Maß ausgeprägt sind. In der Regel jedoch ist eine Orientierung dominant ausgeprägt.

1.1. Aktive Ich-Orientierung

Aktiv Ich-Orientierte stellen aufgrund ihrer Adaptionsleistungen an postmoderne Lebensbedingungen und deren Anforderungen sowohl Ergebnis als auch Avantgarde der wirtschaftlich-gesellschaftlichen und technologischen Entwicklung seit den frühen 1990er Jahren dar. Sie sind Trendsetter und Anbieter in der gesellschaftlichen und wirtschaftlichen Dynamik der Postmoderne.

- Aktive Ich-Orientierungen finden sich insbesondere bei den jüngeren Alterskohorten. Es sind insbesondere die seit der massiven Verbreitung digitaler Technologien in den 1990ern sozialisierten Kohorten sowie die an der Entwicklung dieser Technologien maßgeblich beteiligten. Dies entspricht den Altersgruppen der unter 30-Jährigen sowie der 30-39-Jährigen und etwas schwächer der 40-49-Jährigen.

- Den an postmoderne Arbeits- und Lebensbedingungen angepassten Anbietertypus verkörpernd, sind Aktiv Ich-Orientierte eher höher gebildet und haben Berufe in innovativen Wirtschaftsbereichen. Sie verdienen – als Effekt von Bildung und Beruf – vergleichsweise überdurchschnittlich gut.
- Aufgrund ihrer individuell ausgerichteten Lebensentwürfe leben Aktiv Ich-Orientierte überdurchschnittlich häufig alleine, oder – wenn nicht – in unkonventionellen Formen des Zusammenlebens.
- Die postmoderne Gesellschaft hat ihre Keimzelle in den urbanen Zentren. Besonders häufig findet sich die Aktive Ich-Orientierung daher in den Metropolen und urbanen Zentren, in denen sowohl kulturelles als auch wirtschaftliches Angebot konzentriert sind.
- Die überwiegende Mehrheit der Aktiv Ich-Orientierten hat an digitalen Technologien und Kommunikationsmedien teil. Dies spiegelt sich im überdurchschnittlich hohen Grad der beruflichen und privaten Internetzugänge wider.
- Eine Aktive Ich-Orientierung sollten insbesondere diejenigen Personen zeigen, die den progressiven postmodernen, zu Teilen auch modernen Milieus angehören. Dies sind bei SIGMA insbesondere das Postmoderne Milieu, aber auch das Hedonistische, das Moderne Arbeitnehmer- und das Aufstiegsorientierte Milieu.

1.2. Passive Ich-Orientierung

Passiv Ich-Orientierte bilden das Gegenstück zu den Aktiven. Sie sind gewissermaßen die perfekt an die Erlebnisgesellschaft und deren Angebote adaptierten Verbraucher oder Nutzer. Sie haben sich an die veränderten Lebens- und Konsumwelten angepasst, ohne an deren primärer Gestaltung teilzuhaben. Auch sie beeinflussen die wirtschaftlich-gesellschaftliche Entwicklung sekundär über ihre Nutzungsmuster.

- Passiv Ich-Orientierte finden sich in erster Linie bei den jüngsten und jungen Alterskohorten der unter 30-Jährigen sowie etwas schwächer bei den 30-39-Jährigen. In den älteren Kohorten sind sie kaum zu finden. Sie sind die (Haupt-) Nutzer der digitalen Lebens-, Sinn- und Konsumangebote der postmodernen Gesellschaft.
- Im Gegensatz zu den Aktiv Ich-Orientierten ist der Passive Typus weniger bildungs- und berufsgebunden. Er findet sich jedoch aufgrund seiner Nutzerorientierung weitaus am häufigsten bei den stark konsum- und trendorientierten Gruppen der weniger Gebildeten mit mittleren Einkommen.
- Passiv Ich-Orientierte leben überdurchschnittlich oft in unkonventionellen Formen des Zusammenlebens und bringen darüber ihren Wunsch nach Verbundenheit zum Ausdruck. Ebenso leben überdurchschnittlich viele aufgrund ihres Alters noch zuhause. Eine räumliche Begrenzung auf die urbanen Zentren ist wahrscheinlich, aber nicht notwendig.

- Auch die passiv Ich-Orientierten sind überdurchschnittlich häufig ans Internet angeschlossen und nutzen dies in erster Linie privat zur Teilhabe an den Angeboten der digitalen Welt.
- Es sind insbesondere die konsumorientierten Trend-Follower in den modernen Milieus, in denen sich Passiv Ich-Orientierte finden. Im SIGMA-Modell sind dies das Konsummaterialistische, das Aufstiegsorientierte und das Hedonistische Milieu.

1.3. Moderne Produktivitäts-Orientierung

Die Existenz von Produktivität ist im Gegensatz zu den nicht-produktiven Charakterorientierungen weitestgehend unabhängig von den sozio-ökonomischen Rahmenbedingungen in einer Gesellschaft, nimmt dennoch in unterschiedlichen sozialen und historischen Kontexten spezifische Züge an:

- Im Unterschied zu den beiden postmodernen Ich-Orientierungen sollte sich die moderne Produktivitäts-Orientierung daher insbesondere in den modernen Milieus, aber dort in allen Alters-, Bildungs- und Berufsgruppen finden lassen.

2. Faktorenanalytische Untersuchung

Die Auswertung der Daten wurde auf der Basis einer Hauptkomponentenanalsye mit Varimax-Rotation durchgeführt. Dieses faktorenanalytische Verfahren basiert auf der theoretischen Annahme, mehrere Variablen seien auf einen Hintergrundfaktor zurückzuführen, der die Variablenausprägung bestimmt. Das entspricht genau der Annahme, dass das Antwortverhalten der Versuchspersonen von einer relativ stabilen Persönlichkeitsstruktur her zu erklären ist.

2.1. Qualität des Messinstruments

Die faktorenanalytische Auswertung der Daten ermöglicht mehrere Aussagen. Erstens kann mit diesem Verfahren die Qualität des Messinstruments, insbesondere der (Konstrukt-) Validität, aber auch in Hinblick auf den Pre-Test der Reliabilität, eingeschätzt werden. Reproduziert die Faktorenanalyse die Skalenstruktur, so kann dies als Bestätigung der Existenz der theoretisch formulierten Hintergrundfaktoren, d.h. der postmodernen Persönlichkeitsstrukturen, interpretiert werden. Zweitens werden im Rahmen der Faktorenanalyse so genannte Faktorwerte berechnet, welche die Befragten hinsichtlich des jeweiligen Faktors und der relativen Position bezüglich der anderen Befragten eindeutig charakterisieren. Damit ist zum einen die Vergleichbarkeit der Befragten untereinander einfacher und zum anderen auch die Ermittlung eventuell existenter Mischtypen, indem man die Kombination der Werte über die ermittelten Faktoren analysiert. Insgesamt ergaben die im Rahmen einer faktorenanalytischen Untersuchung üblichen statistischen Verfahren zu Stichprobeneignung des Variablensets sowie zu Datenstruktur und Faktorladungsmatrix gute bis sehr gute Ergebnisse[30].

Die nachfolgende Hauptkomponentenanalyse wurde in erster Linie konfirmatorisch eingesetzt. Mit der Beschränkung auf drei zu extrahierende Faktoren sollte die Annahme überprüft werden, die drei Skalen bildeten drei voneinander weitgehend unabhängige Persönlichkeitsstrukturen ab[31]. Dieser Beschränkung auf drei Faktoren ist methodisch gesehen auch der mit 33,955% der Gesamtvarianz eher mäßige Anteil der Varianzaufklärung geschuldet. Betrachtet man die rotierte Lösung, so verteilen sich die Anteile mit 12,059 % (1), 11,859 % (2) und 10,038 % (3) sehr viel gleichmäßiger, was dahingehend interpretiert werden kann, dass die extrahierten Komponenten in etwa gleichwertig sind. Dies wiederum spricht für die zu überprüfende Annahme. Eine weitere Erklärung der vergleichsweise niedrigen Varianzaufklärung ist in der Tatsache zu sehen, dass nicht der Anspruch einer vollständigen Varianzerklärung erhoben wird, da eine ganze Reihe von Persönlichkeitsstrukturen nicht abgefragt wurde. Tabelle V.1. zeigt die rotierte Komponentenmatrix der Hauptfaktorenanalyse. Die Rotation führte zu einem inhaltlich klar interpretierbaren Ergebnis[32]. Insgesamt betrachtet ist das Ergebnis der Hauptkomponentenanalyse als sehr zufrieden stellend zu bezeichnen. Die berechneten drei Hauptkomponenten können aufgrund der Logik der Hauptkomponentenanalyse und der orthogonalen Varimax-Rotation als unabhängig voneinander gelten. Zudem entspricht die Datenstruktur der Faktorladungsmatrix weitgehend der Forderung der Einfachstruktur und die Faktorladungen sind weitestgehend eindeutig zuzuordnen. Die Ergebnisse untermauern statistisch gesehen die Existenz der drei Persönlichkeitsstrukturen Aktive Ich-Orientierung, Passive Ich-Orientierung und Moderne Produktivitätsorientierung: Die Variablen je einer Skala bilden in ihrer *gemeinsamen* Ausprägung eine Persönlichkeitsstruktur ab. Gleichzeitig zeigt sich, dass es statistisch gesehen in einigen Variablen Verbindungen zwischen je zwei Persönlichkeitsstrukturen gibt. Bei der weiteren Auswertung und der Interpretation sind diese bifaktoriellen Ladungen einiger weniger Variablen gesondert und besonders zu berücksichtigen.

30 In der Korrelationsmatrix ist eine deutliche Clusterbildung mit drei Hauptclustern zu erkennen. Sowohl die Korrelationen und Signifikanzen als auch die Ergebnisse von Bartlett-Test (Chi-Quadrat= 11751,395; df= 630; Signifikanz nach Bartlett= 0,000) und Kaiser-Meyer-Olkin-Kriterium (0,864) sowie die MSA-Maße der einzelnen Variablen (für 10 Variablen >0,9, für weitere 12 Variablen >0,8 und weitere 8 Variablen >0,7) unterstreichen die Eignung des Variablensets für eine Faktorenanalyse.

31 Das Ergebnis der in der Regel als konfirmatorische Faktorenanalyse eingesetzten Maximum-Likelihood-Methode unterscheidet sich graduell vom Ergebnis der Hauptkomponentenanalyse, bestätig aber weitgehend die Faktorladungsmatrix und die Datenstruktur der Hauptkomponentenanalyse.

32 Faktorladungen < 0,3 werden nicht berücksichtigt. Die fett gedruckten Variablen stellen die Leitvariablen der jeweiligen Komponente dar.

Tabelle V.1.: Rotierte Komponentenmatrix mit Beschränkung auf 3 Faktoren[33]

		Komponente		
		1	2	3
V16	**Es macht mir Spaß, ab und zu originelle Events zu inszenieren**	0,702		
V05	**Ich will immer etwas erleben.**	0,617		0,415
V15	**Ich bin ich – immer neu und immer anders.**	0,602		
V14	**Fremde Kulturen sind für mich eine Art Fundgrube für Dinge, die mich inspirieren.**	0,599		
V17	**Beim Einkaufen liebe ich es, meine Kreativität spielen zu lassen**	0,550		0,366
V13	**In meiner Lebensphilosophie kombiniere ich ganz unterschiedliche Prinzipien und Ideen**	0,517		
V29	**Für mich ist es eine faszinierende Idee, die eigene Persönlichkeit ständig neu zu definieren.**	0,513		0,321
V22	**Aus einer Partnerschaft möchte ich jeder Zeit auch aussteigen können.**	0,509		
V31	Für mich ist es eine faszinierende Idee, die eigene Persönlichkeit ständig weiterzuentwickeln.	0,488	0,476	
V23	In einer Partnerschaft sollte jeder nach seinen eigenen Regeln leben.	0,483		
V21	Ich habe an mich den Anspruch, in meinem Beruf etwas Eigenes zu schaffen.	0,474	0,393	
V20	Um mein Ziel zu erreichen arbeite ich auch Nachts und am Wochenende.	0,402	0,302	
V28	**Etwas zu leisten, macht mir einfach Spaß.**		0,722	
V27	**Es gibt mir zusätzliche Energie, wenn ich meine Fähigkeiten einsetzen kann.**		0,698	
V36	**Auch wenn ich anderer Meinung bin, höre ich anderen zu und kann ihre Argumente nachvollziehen.**		0,608	
V35	**Ich kann mitfühlen, wenn es einem anderen psychisch schlecht geht.**		0,595	
V25	**Langeweile empfinde ich nur selten.**		0,586	
V33	**Mit Konflikten in Partnerschaft und Beruf kann ich gut umgehen.**		0,566	
V34	**In meiner Partnerbeziehung sage ich offen, was mir am anderen gefällt und was nicht.**		0,555	
V11	Ein Team, in dem man sich toll versteht ist mir bei der Arbeit fast wichtiger, als Karriere machen.		0,419	
V30	Ich mag Dinge, die etwas Eigenes und Unverwechselbares zum Ausdruck bringen.	0,391	0,412	
V26	Ich kann gut allein sein.		0,386	
V18	Was ich nicht wirklich will, tue ich auch nicht.		0,375	
V02	**Von einer Marke die mir gefallen soll erwarte ich dass sie zu mir und meinen Freunden passt.**			0,683
V03	**Von einer Marke, die mir gefallen soll, erwarte ich dass sie voll im Trend liegt.**			0,671
V01	**Von einer Marke, die mir gefallen soll, erwarte ich dass sie etw. Eigenes z. Ausdruck bringt.**			0,665
V24	**Von einer Marke, die mir gefallen soll, erwarte ich, dass sie meinem pers. Lebensstil entspricht.**			0,550
V06	**Wo mir etwas geboten wird, fühle ich mich wohl.**	0,418		0,535
V04	Beim Shoppen lebe ich richtig auf.	0,425		0,434
V07	Wenn es um den Sinn des Lebens geht, orientiere ich mich an Leuten und Ideen, die mich überzeugen.			0,416
V09	Erlebnisparks wie Disneyland finde ich einfach langweilig.			-0,374
V10	Manche Filme oder Fernsehshows wecken in mir starke Gefühle, wie ich sie sonst kaum erlebe.			0,370
V08	In meiner Einstellung zum Leben folge ich gerne den Erfahrungen anderer.			0,369

33 Extraktionsmethode: Hauptkomponentenanalyse. Rotationsmethode: Varimax mit Kaiser-Normalisierung. Die Rotation ist in 5 Iterationen konvergiert.

2.2. Mehrfachladungen von Variablen

Ein Befund der Hauptkomponentenanalyse ist, dass es einige wenige Variablen gibt, die Ladungen auf zwei Komponenten aufweisen, jedoch keine Variable, die auf allen drei Komponenten lädt. Dabei ist es die Aktive Ich-Orientierung (Komponente 1), die sowohl zur Passiven Ich-Orientierung (Komponente 3) als auch zur Modernen Produktivitäts-Orientierung (Komponente 2) solche Anschlussstellen aufweist. Zwischen Passiver Ich-Orientierung und Moderner Produktivitäts-Orientierung gibt es diese nicht. Insgesamt erscheinen die Mehrfachladungen als durchweg plausibel. Die Besonderheiten und Motivationen der einzelnen Typen bezüglich der bifaktoriell ladenden Variablen erweisen sich aber insgesamt erst durch deren Kombination mit den weiteren Variablen der einzelnen Skalen, den so genannten „Syndromen", die ja sehr eindeutig in ihrer Trennschärfe bestätigt wurden.

Die Verknüpfungen zwischen Aktiver und Passiver Ich-Orientierung beziehen sich auf die Dimensionen *Erlebnisorientierung*, *Konsumstil* sowie auf die zur Dimension *Identitätskonstruktion* gehörende Variable V29 und untermauern die Annahme einer gemeinsamen Ausrichtung an postmodernen Prinzipien von Identität, Erlebnis und Konsum. Aus faktorenanalytischer Sicht sind für beide postmoderne Ich-Orientierungen eine gewisse Event- oder Erlebnisorientierung ebenso wie Konsum und Einkauf als zentrales Element der Lebensführung und -gestaltung von Bedeutung. Vor allem hinsichtlich des Konsumstils sind jedoch unterschiedliche Motivationen zu vermuten, was sich anhand der Ladung der Variablen mit Markenbezug untermauern lässt, die ausschließlich bei der Passiven Ich-Orientierung laden und damit die spezifische Gruppen- und Trendorientierung des Passiven Konsums unterstreichen, die bei den Aktiven nicht zu finden ist. Ein kreatives Element scheint bei beiden Orientierungen, wenn auch beim Aktiven ungleich stärker, auffindbar. Dass die Variable V29 „ Für mich ist es eine faszinierende Idee, die eigene Persönlichkeit ständig neu zu definieren" die dritte Schnittstelle zwischen den beiden postmodernen Ich-Orientierungen bildet, überrascht wenig, da Identitätskonstruktion ein zentrales Merkmal beider Orientierungen darstellt, auch wenn diese offensichtlich unterschiedlich gestaltet wird.

Die Anschlussstellen zwischen Aktiver Ich-Orientierung und moderner Produktivitäts-Orientierung beziehen sich auf der Basis der Hauptkomponentenanalyse auf die Dimension *Leistungsorientierung* sowie die Variablen V30 und V31. Es ist daher davon auszugehen, dass Leistungsbereitschaft und Eigenständigkeit im beruflichen Leben eine wesentliche gemeinsame Vorstellung beider Typen ist[34]. Gemeinsam ist beiden Typen darüber hinaus das Interesse an Unverwechselbarem und an der Weiterentwicklung der eigenen Persönlichkeit, wie die Ladungen der Variablen V30 „Ich mag Dinge, die etwas Unverwechselbares und Eigenes zum Ausdruck

34 Ob die Leistungsorientierung sich bei den beiden Typen aus unterschiedlichen Quellen oder Motiven heraus entwickelt, kann lediglich dann aus theoretisch-interpretativer Sicht entschieden werden, wenn sich bei den anderen Variablen ein kohärentes Antwortbild zeigt.

bringen" und V31 „Für mich ist es eine faszinierende Idee, die eigene Persönlichkeit ständig weiterzuentwickeln" auf beiden Komponenten zeigt. Allerdings ist es hier die postmoderne Offenheit und Konstruierbarkeit des Ich, die ganz klar zwischen den beiden Orientierungen trennt, wie die Ladungen der Variablen V29 und V31 deutlich belegen.

Anhand dieser Ergebnisse kann Hypothese 1 als statistisch weitgehend bestätigt betrachtet werden. Die Postmoderne Ich-Orientierung ist in zwei deutlich voneinander unterschiedenen Varianten empirisch messbar. Auch Hypothese 2 scheint sich zunächst zu bestätigen. Moderne Produktivitätsentwürfe können anhand der konstruierten MPO-Skala gemessen werden. Für Hypothese 3 hingegen ergibt sich aufgrund der Faktorenanalyse ein differenzierteres Bild: Wie erwartet gibt es auf statistisch-mathematischer Ebene Zusammenhänge zwischen aktiver und passiver Ich-Orientierung, die sich in den bifaktoriellen Ladungen einiger Variablen zeigen. Der auf der gleichen Ebene festgestellte Zusammenhang zwischen Aktiver Ich-Orientierung und moderner Produktivitäts-Orientierung hingegen war auf der Basis der Frommschen Theorie nicht erwartet worden. Wie dieser zu interpretieren ist, muss zunächst offen bleiben, allerdings steht zu vermuten, dass dieser Befund auch Auswirkungen auf die Beantwortung von Hypothese 2 hat.

3. T-Test und ANOVA - Mittelwertvergleiche

Die Stichprobenmittelwerte der Variablen der AIO- und der PIO-Skala sind insgesamt deutlich niedriger als die der MPO-Skala und liegen weitestgehend unter dem arithmetischen Mittel 2,5 der Skalierung der Antworten, was als tendenzielle Ablehnung der Variablen dieser beiden Skalen in der Stichprobe interpretiert werden kann, wobei dies für die Variablen der AIO-Skala deutlich stärker gilt[35]. Die Variablen der MPO-Skala weisen im Gegensatz dazu Mittelwerte zwischen 2,28 (V20) und 3,20 (V18) auf, wobei lediglich die Variable V20 einen Mittelwert < 2,5 besitzt[36]. Die Ergebnisse der durchgeführten *T-Tests* bestätigen die theoretischen Annahmen bezüglich des Antwortverhaltens der drei Persönlichkeitstypen und unterstreichen damit deren Konsistenz. Für die Variablen der drei Skalen finden sich weitestgehend signifikante und theoretisch erwartete Abweichungen vom jeweiligen Stichprobenmittelwert.

Die *Aktive Ich-Orientierung* erscheint aufgrund der Befunde der T-Tests als konsistentes Konstrukt, das neben eindeutig postmodernen Selbstsetzungs- und Erleb-

35 Die Variablen der AIO-Skala weisen Mittelwerte zwischen 2,03 (V22) und 2,86 (V30) auf, wobei 10 Variablen Mittelwerte < 2,5 und 5 Variablen Mittelwerte > 2,5 besitzen. Die Variablen der PIO-Skala haben Mittelwerte zwischen 2,02 (V10) und 2,94 (V24), wobei 7 Variablen einen Mittelwert <2,5 und 6 Variablen einen Mittelwert >2,5 aufweisen.

36 Es erstaunt wenig, dass dies eine Linkvariable zwischen AIO und MPO-Skala ist, die sich zudem auf Leistung bezieht, ebenso wie diejenige Variable der MPO-Skala mit dem zweitniedrigsten Mittelwert (2,55) in der Stichprobe.

nisentwürfen eine postmoderne Art der Leistungsbereitschaft zeigt. Bei 14 der 15 Variablen der AIO-Skala finden sich höchstsignifikante (t<0,01) und für Variable V4 signifikante (t<0,05) positive Mittelwertabweichungen. Darüber hinaus sind bei den Link-Items mit der PIO-Skala alle Mittelwerte signifikant höher als in der Stichprobe[37]. Für die 4 Linkvariablen zwischen AIO- und MPO-Skala[38] finden sich durchgehend höchstsignifikante höhere Mittelwerte (t<0,01).

Auch die *Passive Ich-Orientierung* erscheint weitestgehend konsistent. 11 der 13 Variablen der PIO-Skala weisen einen im Vergleich zur Gesamtstichprobe hochsignifikant (t<0,01) positiven Mittelwert und für die negativ gepolte Variable V9 einen hochsignifikant negativen Mittelwert (t<0,01) auf. Für die Variablen der AIO-Skala finden sich mit Ausnahme der AIO-PIO Link-Items V4, V5 und V6 keine signifikanten positiven Abweichungen vom Stichprobenmittelwert[39]. Allerdings finden sich für die AIO-Variable V14, sowie die AIO-MPO Link-Items V20 und V21 höchstsignifikante negative Mittelwertabweichungen (t<0,01), die als Ablehnung dieser Items zu interpretieren sind. Bezüglich der MPO-Skala finden sich lediglich bei 4 Variablen signifikante Abweichungen: Neben den schon erwähnten Variablen V20 und V21 mit negativer Abweichung findet sich für V18 und V30 eine höchstsignifikante positive Abweichung (t<0,01). Besonders auffällig ist die Ablehnung der beiden Leistungsitems V20 und V21. Hinzu gesellt sich eine auf den ersten Blick erstaunliche „Ablehnung" des AIO-PIO-Linkitems V29 sowie die signifikante Ablehnung von V14 und die nichtsignifikanten negativen Abweichungen bei V13, V15 und V16, welche als genuin postmodern-inszenierende Variablen zu sehen sind. Lediglich in Konsum und Erlebnisorientierung (V4, V5 und V6) gibt es so auch erwartete Gemeinsamkeiten mit der Aktiven Ich-Orientierung. Dies wiederum kann als empirischer Beleg für die theoretisch-analytische Unterscheidung einer aktiven und einer passiven Variante der Postmodernen Ich-Orientierung gewertet werden.

Die *Moderne Produktivitäts-Orientierung* scheint ebenso konsistent wie die beiden Ich-Orientierungen. Sie weist für alle 14 Variablen der MPO-Skala (inklusive der AIO-MPO Linkitems) hochsignifikant höhere Mittelwerte auf als die Stichprobe (t<0.01). Für die AIO-PIO Linkitems V4, V5 und V6 finden sich höchstsignifikante negative Abweichungen vom Stichprobenmittelwert (t<0,01), gleiches gilt für die AIO-Variablen 16, 22 und 23 sowie für die PIO-Variablen V3 und V10[40]. Für die PIO-Variable V8 findet sich eine signifikante negative Abweichung (t<0,01). Diese Befunde zeigen, dass Verbindungen zur Aktiven Ich-Orientierung lediglich auf der spezifischen Ebene der Leistung und der Autonomie der Persönlichkeit bestehen. Die Konsum- und Erlebnisvariablen der Postmodernen (V3, 4, 5, 6 und 16) werden ebenso signifikant abgelehnt (t<0.01) wie die „unverbindlichen" Partnerschaftsent-

37 Für V4 ist t<0,05, für V5, V6, V17 und V29 ist t<0,01.

38 Dies sind V20 und V21 (Leistung) sowie V30 und V31 (Eigenständigkeit).

39 Für die Variablen V4, V5 und V6 finden sich auf dem 0,01%-Niveau signifikante positive Mittelwertabweichungen.

40 Für die AIO-PIO-Linkitems V17 und V29 sowie die PIO-Variablen V1, V2, V7, V9 und V24 sowie die AIO-Variablen V13, V14 und V15 finden sich keine signifikanten Abweichungen.

würfe der Aktiv Ich-Orientierten. Im Kontrast zu den drei erfassten Persönlichkeitstypen liegen bei den Personen ohne Ausprägung die Mittelwerte von 34 der 36 Items signifikant unter dem Stichprobendurchschnitt.

Zudem wurde eine *einfaktorielle ANOVA* zur Bestimmung der Mittelwertunterschiede zwischen den Persönlichkeitstypen durchgeführt. Dabei sind es insbesondere die Leitvariablen der jeweiligen Skalen sowie die Link-Variablen, die maßgeblich sind für Aussagen über die Differenzierungskraft zwischen den Persönlichkeitstypen. Die F-Werte für die Variablen variieren zwischen maximal F=50,278 für V16 und minimal F= 8,441 für V26. Alle F-Werte haben eine Signifikanz von <0,001. Die Nullhypothese, es bestehe kein Unterschied zwischen den Mittelwerten der Gruppen für die einzelnen Variablen, kann also mit über 99%-iger Sicherheit zurückgewiesen werden. Für die weitere Untersuchung der Mittelwertunterschiede wurde ein multipler Vergleichstest mit der Scheffé-Prozedur durchgeführt.

Für die *Leitvariablen der AIO-Skala* V14, V15, V16 und V22 finden sich erwartungsgemäß zwischen der Aktiven Ich-Orientierung und allen anderen Typen auf der Stufe 0,01 höchstsignifikante positive Mittelwertunterschiede. Somit kann für diese Variablen festgestellt werden, dass sie eindeutig die Aktive Ich-Orientierung ansprechen und diese auch signifikant von den anderen erfassten Typen trennen.

Für die *Leitvariablen der PIO-Skala* V1, V2, V3 und V24 weist der Passive Typus wie erwartet gegenüber der Gruppe „Keine Ausprägung", der Aktiven Ich-Orientierung und dem Modern-Produktiven Typus signifikante positive Mittelwertdifferenzen auf[41]. Diese Befunde bestätigen eindeutig die differenzierende Kraft der Leitvariablen der PIO-Skala.

Für *Leitvariablen der MPO-Skala* V25, V27, V28, V33, V34, V35 und V36 ist folgendes Muster zu beobachten: Die Mittelwerte des Modern-Produktiven Typus unterscheiden sich signifikant positiv von denen der Aktiven wie der Passiven Ich-Orientierung sowie der Gruppe „Keine Ausprägungen". Soweit entsprechen daher alle Variablen den geforderten Kriterien und trennen trotz der insgesamt geringeren Streuung der Mittelwerte insgesamt sauber zwischen Modern-Produktiv und Aktiv bzw. Passiv.

Für die *AIO-PIO Linkvariablen* V4,V5, V6, V17 und V29 sind die Mittelwertunterschiede zwischen den Typen Aktiv und Passiv einerseits und der Gruppe „keine Ausprägung" andererseits positiv signifikant auf der Stufe 0,01. Bezüglich des Modern-Produktiven Typus gilt dies nur für die Variablen V4, V5 und V6[42].

41 Für V1, V2 und V3 ist t<0,01. Einzige Ausnahme ist V24, bei der die mittlere Differenz zwischen Passivem und Produktivem Typus lediglich auf der Stufe 0.05 signifikant ist.

42 Bei Variable V17 unterscheidet sich bezüglich des Modern-Produktiven Typus nur der aktive Typus signifikant, nicht jedoch der Passive Typus. Und für V29 unterschieden sich beide nicht signifikant davon. Verhalten sich die Variablen V4, V5, und V6 also weitestgehend übereinstimmend und können daher zu einer homogenen Gruppe von Linkvariablen zusammengefasst werden, so gilt dies in eingeschränkterem Maße für die Variablen V17 und V29. Beide Variablen haben allein betrachtet eingeschränkte Differenzierungskraft.

Für die *AIO-MPO Linkvariablen* V20, V21, V30 und V31 sollten Aktive Ich-Orientierung und Produktive Orientierung signifikant höhere Mittelwerte aufweisen als die Gruppe „keine Ausprägung“ und die Passive Ich-Orientierung. Für die Variablen V20 und V21 trifft dies zu (t<0,01). Hinzu kommt, dass der Passive Typus eine negative mittlere Differenz bezüglich der Gruppe „Keine Ausprägung“ aufweist[43]. Zusammengenommen verhalten sich beide Variablen gemäß der Vorhersagen und trennen in großem Maße Aktiv und Modern-Produktiv von Passiv. Von besonderem Wert ist hier zudem die Erkenntnis, dass der Passive Typus deutlich ablehnend gegenüber beiden Leistungsvariablen ist[44]. Die Variablen V30 und 31 fallen hinter die Erklärungskraft der beiden anderen Variablen zurück

4. Die Persönlichkeitstypen und ihre Verteilung

Auf der Basis der im Zuge der Hauptkomponentenanalyse für die drei Komponenten berechneten Faktorwerte als relatives Maß der räumlichen Positionierung der Befragten bezüglich des Durchschnitts und der damit möglichen eindeutigen Identifizierung von Persönlichkeitstypen und Mischtypen wurde ein Index entwickelt, der die Quantifizierung der Persönlichkeitstypen ermöglicht. Dazu wurden die Faktorwerte der drei Komponenten in jeweils 4 Bereiche eingeteilt. Aufgrund mehrerer Überlegungen wurden Trennwerte bei +/-1 Standardabweichung, also bei -1 und +1 sowie beim Mittelwert 0 gesetzt. Aus den gemeinsamen Eigenschaften der Verteilungen der Faktorwerte und der Logik der Berechnung der Faktorwerte ergibt sich der Trennwert 0 zwischen unter- und überdurchschnittlichen Ausprägungen[45]. Die

43 Die mittlere Differenz Passiv - „Keine Ausprägung“ (-0,581) ist signifikant auf der Stufe 0,01.

44 Der Mittelwert unterschreitet den Skalenmittelwert 2,5 deutlich. Den Stichprobenmittelwert für V20 (2,28) unterschreitet er signifikant auf dem 0,05%-Niveau und den für V21 (2,55) signifikant auf 0,01%-Niveau.

45 Dabei werden negative Faktorwerte als unterdurchschnittliche, positive Faktorwerte als überdurchschnittliche und Faktorwerte von 0 als durchschnittliche Ausprägung des Merkmales interpretiert. Interessant ist, dass bei jeweiliger linksschiefer Verteilung die zentrale Tendenz des Modus der Verteilungen voneinander abweicht. Während dieser bei Aktiver Ich-Orientierung und Produktiver Orientierung deutlich positiv ist, ist er bei der Passiven Ich-Orientierung minimal negativ. Für alle der Komponenten sind N=1028 Fälle valide, 72 Fälle fehlen aufgrund fehlender Variablendaten. Die Faktorwerte wurden zur Korrektur minimaler Abweichungen von Standardabweichung und Mittelwert z-transformiert. Dies ergibt für die Verteilungen je einen Mittelwert von x=0 und eine Standardabweichung von s=1. Alle drei Verteilungen sind leicht linksschief und weisen sehr ähnliche Mediane und Maxima auf, wohingegen die Minima deutlich voneinander abweichen. Auch bezüglich des Modus ergeben sich Differenzen.
Die Z-Faktorwerte für die Aktive Ich-Orientierung (Komponente 1) sind mit einer Schiefe von -0,242 leicht linksschief mit einer Kurtosis von -0,270, was eine im Vergleich zur Normalverteilung geringere Häufung der Werte impliziert. Die Spannweite R beträgt 5,66373 bei einem Minimum xmin= -2,88473 und einem Maximum xmax = 2,77900.

Trennwerte von +/- 1 Standardabweichung wurden gewählt, da die Standardabweichung allen drei Verteilungen auch bei unterschiedlicher Spannweite aufgrund der Z-Standardisierung gemein ist[46]. Daraus ergeben sich folgende Typologisierungen:

Werte $\leq$ -1	stark unterdurchschnittliche Ausprägung. (1)
Werte > -1 $\leq$ 0	leicht unterdurchschnittliche Ausprägung. (2)
Werte > 0 $\leq$ 1	leicht überdurchschnittliche Ausprägung. (3)
Werte >1	stark überdurchschnittliche Ausprägung. (4)

Die Kategorien (1) und (2) werden in der folgenden Auswertung zusammen als *„Keine Ausprägung"* des jeweiligen Typus interpretiert. Kategorie (3) wird in der Auswertung als *„schwache Ausprägung"*, Kategorie (4) als *„starke Ausprägung"* des jeweiligen Typus definiert. Um darüber hinaus ermitteln zu können, ob und in welcher Stärke verschiedene Ausprägungen gemeinsam auftreten, müssen die möglichen Ausprägungen kombiniert werden.

Von besonderem Interesse sind zunächst nur diejenigen Personen, die eine starke Ausprägung einer oder mehrerer der drei Persönlichkeitsstrukturen aufweisen. Diejenigen Personen mit schwachen Ausprägungen sind deutlich weniger aussagekräftig und zeigen allenfalls eine Tendenz auf. Da über die dominante Persönlichkeitsstruktur der Fälle mit schwachen Ausprägungen keine Aussage getroffen werden kann, sind die Kategorien 1, 2 und 3 in Schaubild VI.1. unter „keine dominanten Ausprägungen" zusammengefasst. Auf dieser Basis ergibt sich folgende für die deutsche Wohnbevölkerung 18+ repräsentative Verteilung für die stark ausgeprägten Persönlichkeitstypen und Mischtypen[47].

Der Modus liegt bei 0,98275 und damit deutlich über dem arithmetischen Mittel. Die Verteilung der Z-Faktorwerte für die Passive Ich-Orientierung (Komponente 3) ist mit einer Schiefe von -0,153 weniger linksschief als die der Aktiven Ich-Orientierung. Die Kurtosis von 0,076 impliziert eine minimal stärkere Häufung der Werte im Vergleich zur Normalverteilung. Die Spannweite R ist mit 6,37449 deutlich größer, was bei einem Minimum xmin= -3,48761 und einem Maximum xmax = 2,88688 in erster Linie auf das Minimum zurückzuführen ist. Der Modus liegt bei -0,6456 nahezu am arithmetischen Mittel. Bei der Produktiven Orientierung (Komponente 2) weisen die Z-Faktorwerte mit -0,316 die am stärksten ausgeprägte linksschiefe Verteilung und eine mit 0,147 stärkere Kurtosis als die Passive Ich-Orientierung auf. Die Spannweite R ist mit 6,64512 ist bei der Produktiven Orientierung am stärksten. Auch hier kann dies bei einem Minimum xmin = -3,78594 und einem Maximum xmax = 2,85917 in erster Linie auf das Minimum zurückgeführt werden. Der Minimalwert ist zudem eindeutig als Ausreißer zu betrachten. Der Modus liegt mit 0,53181 deutlich im positiven Bereich, ist aber weniger hoch als der der Aktiven Ich-Orientierung.

46 Bei einer Standardabweichung von 1 streuen die Werte in der Häufigkeitsverteilung durchschnittlich mit dem Wert 1 um den Mittelwert (hier:0). Die Werte +/-1 sind besonders trennscharf, weil Werte unter- bzw. oberhalb weiter als 1 Standardabweichung vom Mittelwert entfernt und damit nicht zufällig und eindeutig als schwächer bzw. stärker interpretierbar sind.

47 Zur Aufschlüsselung der Mischtypen vgl. Frankenberger 2007

Schaubild V.1.: Die Persönlichkeitstypen in der deutschen Wohnbevölkerung 18+

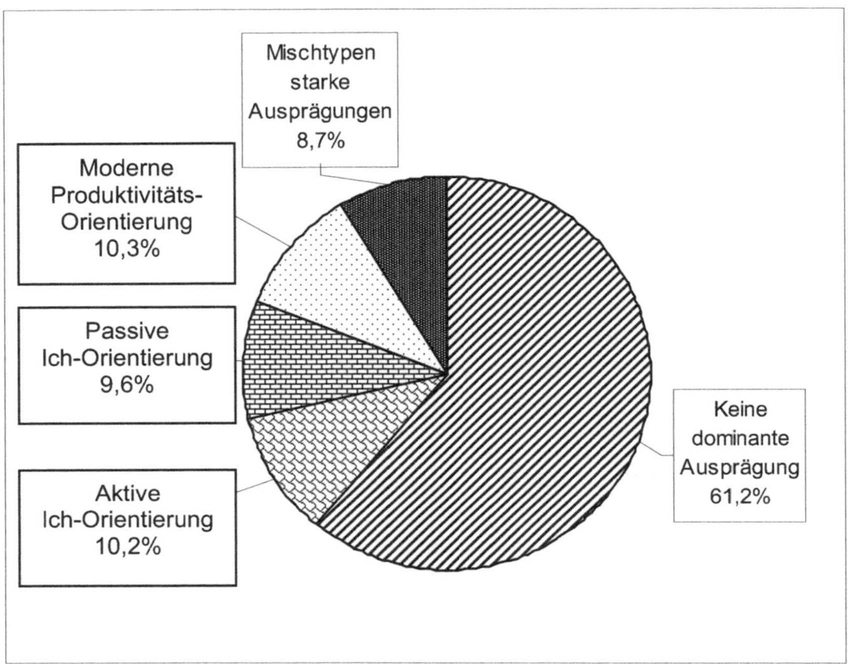

Insgesamt weisen 19,8% der Befragten stark überdurchschnittliche Ausprägungen einer postmodernen Ich-Orientierung und 10,3% eine stark überdurchschnittliche Ausprägung der Modernen Produktivitäts-Orientierung auf:

- 10,2% der Befragten weisen eine stark überdurchschnittliche Ausprägung der *Aktiven Ich-Orientierung* auf[48].
- 9,6% der Befragten zeigen eine stark überdurchschnittliche Ausprägung der *Passiven Ich-Orientierung*[49].
- Bei 10,3% der Befragten konnte eine stark überdurchschnittliche Ausprägung der *Modernen Produktivitäts-Orientierung* festgestellt werden[50].

48 Diese 10,2% wiederum untergliedern sich in 3,4% mit ausschließlich stark Aktiver Ich-Orientierung, 2,2% zusätzlicher schwach überdurchschnittlicher Passiver Ausprägung, 2,9% mit schwach überdurchschnittlich Produktiver sowie 1,7% mit schwach überdurchschnittlicher Passiver und Produktiver Ausprägung.

49 Aufgeschlüsselt nach zusätzlichen schwach überdurchschnittlichen Ausprägungen sind dies 3,0% ohne zusätzliche Ausprägung, 2,2% mit schwach überdurchschnittlicher Aktiver Ausprägung, 1,9% mit schwach überdurchschnittlicher produktiver Ausprägung sowie 2,5% mit schwach überdurchschnittlicher Aktiver und produktiver Ausprägung.

Somit kann die Studie 30,1% der Stichprobe statistisch solide nach einer dominanten Persönlichkeitsstruktur segmentieren. Hinzu kommen 8,7% der Befragten, bei denen Mischtypen starker Ausprägungen festgestellt werden konnten: 2,6% der Befragten zeigen den *Mischtypus Aktiv-Passiv*. Sie erreichen sowohl für die Aktive als auch die Passive Ich-Orientierung stark überdurchschnittliche Werte. 1,9% der Befragten zeigen sowohl eine starke aktive als auch eine starke produktive Ausprägung. Dies ist der *Mischtypus Aktiv-Produktiv*. Der *Mischtypus Passiv-Produktiv* ist bei 3,2% der Befragten zu finden. Zudem weisen 1,0% der Befragten starke Ausprägungen bei allen drei Skalen auf. Da diese Mischtypen aufgrund ihrer z.T. sehr geringen Größe (1% entspricht 10 Befragten) statistisch nicht aussagekräftig sind, sind sie in der weiteren Analyse zu vernachlässigen.

Diese Ergebnisse belegen eindrücklich, dass postmoderne Wertorientierungen, Motive und Selbstkonzepte, wie sie von den Autoren gemessen wurden, in einem erheblichen Teil der Bevölkerung stark überdurchschnittlich ausgeprägt sind. Denn insgesamt bekunden 28,5% der Befragten starke Zustimmung zu weiten Teilen der mit den Skalen AIO und PIO abgefragten Variablen. Nimmt man die Befragten mit schwachen Ausprägungen hinzu, so findet sich bei weiteren 31,3% eine tendenzielle Zustimmung. Auch die Variablen der MPO-Skala zur Erfassung einer spezifisch modernen Ausprägung produktiver Orientierung in der Postmoderne, wie sie hier konzipiert wurde, finden in einem relevanten Teil der Bevölkerung starke (16,4%) oder tendenzielle (25,7%) Zustimmung.

Die Ergebnisse untermauern damit auch die Annahme, dass der tief greifende gesellschaftliche Wandel der Lebens- und Wirtschaftsbedingungen hin zu einer postmodernen Gesellschaft bei der Bevölkerung Adaptionsleistungen unterschiedlicher Art bewirkt. Vernachlässigt man einmal die schwachen Ausprägungen, so sind zentrale Konzepte postmoderner Selbst- und Lebensführung bei einem knappen Drittel der Bevölkerung nach eigenem Bekunden in der Persönlichkeitsstruktur verankert. Sie werden auf je spezifische Weise übernommen und führen zu unterschiedlichen „Syndromen", wie sie auch in den Mischungen der Orientierungen zum Ausdruck kommen. Spezifisch moderne Spielarten der Produktivität, wie sie mit der MPO-Skala erfasst wurden, finden sich bei einem guten Viertel der Bevölkerung.

5. Die Postmoderne Ich-Orientierung - Empirische Befunde

Die Ergebnisse der statistischen Auswertung und Prüfung der Skalen AIO und PIO bestätigen die Existenz der beiden Varianten der Postmodernen Ich-Orientierung eindrücklich. Da die Skalen auf der Basis einer psychoanalytisch konzipierten Persönlichkeitsstruktur mit den in Kapitel IV geschilderten Charakterzügen formuliert

50 Von diesen 10,3% sind 4,0% ohne zusätzliche Ausprägung, 2,6% mit schwach überdurchschnittlicher Aktiver Ausprägung, 2,0% mit schwach überdurchschnittlicher Passiver Ausprägung und 1,7% mit schwach überdurchschnittlicher Aktiver und Passiver Ausprägung.

wurden, können diese Charakterzüge als empirisch gesättigt angesehen werden. Über die Motivationen und Beweggründe der Personen, die eine postmoderne Ich-Orientierung aufweisen, ist also einiges bekannt. Doch wer sind diese postmodernen Menschen, die - nimmt man die Mischtypen hinzu - fast ein Drittel unserer Bevölkerung ausmachen? Anhand von einigen sozio-ökonomischen und sozio-kulturellen Variablen sowie Fragen nach Konsumwünschen und -motiven werden im Folgenden beide Varianten der postmodernen Ich-Orientierung portraitiert. Zum einen entsteht so ein konkreteres Bild dieser Typen und zum anderen können so die in Kapitel VI formulierten spezifischen Hypothesen geprüft werden. Dies sind vor allem die Variablen Alter, Bildung, Beruf, Einkommen. Von Interesse sind darüber hinaus die Variablen Internetzugang und Milieuzugehörigkeit, welche beide zudem als externe Validierungskriterien der Ergebnisse in Hinblick auf die zentralen Hypothesen der Progressivität und Trendsetterfunktion der postmodernen Persönlichkeitstypen und deren sozio-demographischer Verortung dienen. Darüber hinaus wird für beide Typen auf der Basis der Leititems der Faktorenanalyse sowie von Daten zu Wertorientierungen, Konsum und Konsumzielen ein Persönlichkeitsprofil präsentiert, das die theoretisch formulierten Persönlichkeitsdimensionen ebenso berücksichtigt wie alltagsästhetische Konsumorientierungen und damit das Gesamtbild der Befunde abrundet.

5.1. Die Aktive Ich-Orientierung

Aktiv Ich-Orientierte sind überdurchschnittlich oft unter 40 Jahre (44,7%) alte Männer (46,9%) wie Frauen (53,1%) mit mittleren (33,7%) und hohen (37,3%) Bildungsabschlüssen. Sie sind überdurchschnittlich häufig Studierende (11,1%), Freiberufler (9,7%) oder Angestellte im öffentlichen Sektor (13,5%) mit mittleren oder hohen (23,1%) Einkommen. Sie sind überdurchschnittlich oft Singles und leben entweder allein oder in Haushalten mit 4 oder mehr Personen. Dabei finden sich die unterschiedlichsten Wohn- und Lebensformen sowohl „klassischer" Familien als auch Singlehaushalte, wobei Single-Haushalte überdurchschnittlich oft auftreten. Sie leben vorwiegend in großen Städten (42,6%). Darüber hinaus verfügen etwas mehr als zwei Drittel über privaten und / oder beruflichen Zugang zum Internet. Insgesamt können mit diesen Ergebnissen die Hypothesen 6, 7, 8, 9 und mit leichten Einschränkungen bezüglich der 40-49-Jährigen auch Hypothese 5 als bestätigt betrachtet werden.

Aktiv Ich-Orientierte definieren und inszenieren sich und ihre Welt gerne und mit Freude. Die Ich-Setzung durch Selbstinszenierung[51] beherrschen sie dabei perfekt,

51 Dies entspricht der Dimension 2 (Ich-Setzung/ Entfaltung des Eigenen) mit den Variablen V16 (Es macht mir Spaß, ab und zu originelle Events zu inszenieren), V15 (Ich bin Ich – immer neu und immer anders) und V 29 (Für mich ist es eine faszinierende Idee, die eigene Persönlichkeit ständig neu zu definieren).

sei es in Bezug auf Events und Happenings, sei es, dass sie sich selbst immer wieder neu in Szene setzen, sich neu erfinden. Nur eins mögen sie dabei weniger – sich dauerhaft festlegen zu müssen. Dieses kreativ-inszenierende Moment verbindet sich beim aktiven Typus mit einer ausgesprochenen Erlebnisorientierung. Sie wollen beleben und erleben, belebt und erlebt werden. Man wird sie also häufig in „hippen" Lokalitäten, Clubs, etc. finden, die ihrer Persönlichkeit Raum zur Entfaltung und Inszenierung bieten – die typischen Szene-Hopper und Trendsetter, die gelegentlich etwas rast- und ruhelos wirken[52]. Dabei spielt es für sie keine Rolle, woher sie ihre Inspiration beziehen. Sie kombinieren und integrieren, was ihnen gefällt. Dies gilt sowohl für Lebensentwürfe und Philosophien[53] als auch für die Aneignung und Kombination von Konsumgütern[54]. Erlaubt ist, was gefällt. So darf die Kuckucksuhr oder die Marienstatue gerne mit Bauhaus-Möbeln kombiniert werden, solange beide „echt" und authentisch sind. Auch das Aldi-Hemd und die Armani-Hose können gut harmonieren. Und buddhistisch inspirierte Einsichten müssen etwa einem neoliberalen Wirtschaftsgebaren nicht widersprechen. Wie in der Freizeitgestaltung zeigt sich auch im Bezug zu anderen Menschen eine gewisse Unverbindlichkeit. Dauerhafte und tiefe Bindungen sind den Aktiv Ich-Orientierten meist zu eng und beschränken ihren Inszenierungsraum[55]. Daher finden sich unter ihnen auch überdurchschnittlich viele Singles.

Für Aktiv Ich-Orientierte besitzen moderne Werte wie etwa christliche Überzeugungen oder das Streben nach Reich- und Besitztümern einen eher untergeordneten Stellenwert. So spielen für etwa ein Drittel (31,5% im Vergleich zu 23,1% in der Gruppe ohne Ausprägungen) christliche Wertvorstellungen überhaupt keine und für weitere 18,5% (22,9) eine untergeordnete Rolle. Ein ganz ähnliches Bild zeigt sich bei der Frage nach der Bedeutung von persönlichen Besitztümern. Mit 10,3% gaben überdurchschnittlich viele aktiv Ich-Orientierte (3,7% in der Gruppe ohne Ausprägungen) an, die Anhäufung persönlicher Besitztümer spiele für sie überhaupt keine Rolle, und für weitere 24,8% (im Vergleich zu 15,1%) hat dies lediglich eine untergeordnete Bedeutung. Damit setzen sich aktiv Ich-Orientierte deutlich von modernen Vorstellungen einer im Sinne Webers von christlich-protestantischen Denktraditionen beeinflussten Leistungsethik ab, wie sie etwa von den modernen Produktivitäts-Orientierten vertreten wird (vgl. Kap V.6.).

Bei einer indirekten Befragung zu weiteren Wertorientierungen - abgefragt wurde, welche Form von Unternehmensengagement die Befragten sich von einem Unternehmen wünschen - konnten einige aufschlussreiche Ergebnisse herausgefiltert

52 Variable V05 (Ich will immer etwas erleben) repräsentiert Dimension 8 (Erlebnisorientierung).

53 Hier zeigt sich Dimension 1 (offene Identitätskonstruktion) mit den Variablen V14 (Fremde Kulturen sind für mich eine Art Fundgrube für Dinge, die mich inspirieren) und V13 (In meiner Lebensphilosophie kombiniere ich ganz unterschiedliche Ideen und Prinzipien).

54 Dimension 7 (Selbstgestalteter Konsum) wird über die V17 (Beim Einkaufen liebe ich es, meine Kreativität spielen zu lassen) erfasst.

55 Die Variable V22 (Aus einer Partnerschaft möchte ich zujeder Zeit auch aussteigen können) repräsentiert die hier gemeinte Dimension 5 (Ungebundenheit/Unverbindlichkeit).

werden (vgl.Tab.V.9-12). So interessieren sich aktiv Ich-Orientierte leicht unterdurchschnittlich für Umweltthemen (46,8%). Nur minimal überdurchschnittlich interessieren sie sich für zivilgesellschaftliches Engagement (16,6%) sowie Kunst und Kultur (16,8%). Im Gegensatz dazu spielen Menschenrechte eine überdurchschnittliche Rolle und mit 32,8% nannten diesen Bereich deutlich mehr als etwa bei der modernen Produktivitäts-Orientierung (23,4%) oder der Gruppe ohne Ausprägungen (24,3%). Das Interesse insbesondere für Menschenrechte untermauert die weltoffene und tolerante Ausrichtung der aktiv Ich-Orientierten, die die Selbstverwirklichung anderer fast ebenso hoch schätzen wie die eigene.

Mit einer Reihe von Variablen wurde darüber hinaus danach gefragt, in welchem Maße bestimmte Konsumbereiche bzw. Konsumgüter an Bedeutung verloren oder gewonnen haben. Im Kontrast zu der Gruppe ohne Ausprägungen zeigen sich deutliche und durchaus signifikante[56] Unterschiede in Konsumvorlieben und -mustern, in denen die aktiv Ich-Orientierten ihrer Persönlichkeit Ausdruck verleihen und sich auch gegenüber den passiv Ich-Orientierten sowie der modernen Produktivitätsorientierung als eigener Konsumtyp profilieren.

Von zentraler Bedeutung ist für aktiv Ich-Orientierte das persönliche Wohlergehen. Dementsprechend sind es die Bereiche Gesundheit und Wellness, Kosmetik und „Personal Care“ sowie Reisen und Urlaub, die den deutlichsten Bedeutungsgewinn verzeichnen. Gesundheit und Wellness gewannen für 76,0% an Bedeutung und sind damit im Unterschied zu der Gruppe ohne Ausprägungen (61,3%) signifikant wichtiger. 63,9 % der aktiv Ich-Orientierten gaben an, dass Urlaub und Reisen an Bedeutung gewonnen hätten, wobei dies mit 43,3% bei der Gruppe ohne Ausprägungen signifikant weniger Personen angaben. Ein ähnlicher Trend ist bei Kosmetika und Pflegeprodukten zu erkennen, die für 46,1% der aktiv Ich-Orientierten an Bedeutung gewannen. In der Gruppe ohne Ausprägungen sind dies mit 20,6% signifikant weniger. Damit können die aktiv Ich-Orientierten eindeutig als Vorreiter und Träger der neuen „Wohlfühlwelle“ identifiziert werden. Dazu passt, dass auch der Bereich Essen und Trinken einen wenn auch nicht signifikanten Bedeutungszuwachs erfuhr. Immerhin gaben 57,4% an, dass sie Essen und Trinken für wichtiger halten als im Jahr zuvor.

Die gestalterische und dynamische Seite der aktiven Ich-Orientierung kommt in einem zweiten Konsumbereich zum Ausdruck. Kunst, Kultur, Mode und vor allem Sport haben signifikant an Bedeutung gewonnen. So gaben 58,5% an, dass Kleidung, Mode und Accessoires wichtiger geworden seien, und 34,6% betonten die Bedeutung von Sport und Sport-Equipment. Aber auch Kunst und Kultur haben für aktiv Ich-Orientierte deutlich an Bedeutung gewonnen. So sagten 36,3%, dass diese ihnen wichtiger geworden sind, im Unterschied zu 22,5% bei der Gruppe ohne Ausprägung. In den Bereichen Sport und insbesondere Kunst und Kultur unterscheiden sich die aktiv Ich-Orientierten signifikant von allen anderen erfassten Typen. Auch

56 Alle angeführten Signifikanzen beziehen sich auf die Mittelwertdifferenzen. Diese sind nach der Bonferroni-Methode auf dem Niveau 0.05 signifikant.

wenn sie weiter oben angaben, Kunst und Kultur sei für sie nicht so zentral. Offenbar scheint jedoch genau hier die Bereitschaft der gestalterischen und imageprägenden Investition sehr groß zu sein[57].

Die Bestätigung für den zentralen Stellenwert neuer Medien und Kommunikationstechnologien für die postmoderne Ich-Orientierung findet sich auch in den Konsummustern wieder. So sind Computer für sie im Unterschied zur Gruppe ohne Ausprägungen mit 44,7% zu 33,1% signifikant wichtiger geworden. Auch Mobiltelefone haben an Bedeutung zugelegt, jedoch in etwas geringerem Maße (40,7% zu 36,1%). Und nur auf den ersten Blick ist überraschend, dass sich aktiv Ich-Orientierte bei Unterhaltungselektronik kaum von der Gruppe ohne Ausprägungen unterscheiden. Für etwa ein Drittel ist sie wichtiger geworden und für 41% unwichtiger. Dies mag zum einen an der eintretenden Konsumsättigung in diesem Segment liegen, zum anderen aber vor allem daran, dass diese im Vergleich zu Computern deutlich weniger die gestalterische Seite aktiv Ich-Orientierter anspricht.

Auch für Bildung sind aktiv Ich-Orientierte überdurchschnittlich oft bereit, Geld auszugeben. Zumindest betonten 39,8%, dass Bildung ein immer wichtiger werdendes Gut sei. In der Gruppe ohne Ausprägungen waren dies lediglich 29,5%.

Auf der anderen Seite gibt es Konsumbereiche, die für die aktiv Ich-Orientierten eine untergeordnete Rolle spielen und in denen sie sich kaum von der Gruppe ohne Ausprägungen unterscheiden. So sind weder Uhren und Schmuck noch Kapitalinvestitionen oder Wohneigentum von besonderer Bedeutung für die postmodernen Konsummuster. Dies gilt im Übrigen auch für den Erwerb eines Neuwagens. Bei einer Mehrheit von 54,4 der aktiv Ich-Orientierten hat dieser Konsumbereich an Bedeutung verloren und liegt damit an der Spitze eines Trends, denn in der Gesamtstichprobe gaben 47,9% an, dass ein neues Auto weniger wichtig geworden sei.

Ein besonders interessanter Aspekt, in dem sich die aktiv Ich-Orientierten durch Konsumverzicht negativ von anderen distinguieren, ist die Sicherheit des Wohnumfelds und der Wohnung. Sicherheit hat für sie vergleichsweise wenig Bedeutung. Lediglich 41,2%, aber 50,2% der Gruppe ohne Ausprägungen gaben an, dass dies wichtiger geworden sei, und 28,6% im Vergleich zu 21,2% der Gruppe ohne Ausprägungen gaben an, dass Sicherheit unwichtiger geworden sei. Den „Sicherheitshype“ der aktuellen politischen Debatte machen aktiv Ich-Orientierte nicht mit.

Im Unterschied zu den passiv Ich-Orientierten legen aktiv Ich-Orientierte zudem deutlich weniger Wert auf das öffentliche Ansehen eines Produktes bzw. eines Herstellers. 23,8% der aktiv Ich-Orientierten sahen dies als sehr wichtig und 33,9% als wichtig an. Im Gegensatz dazu fanden 47,5% der passiv Ich-Orientierten das öffentliche Ansehen sehr wichtig und 38% immer noch wichtig. Dies spricht dafür, dass aktiv Ich-Orientierte ihre Kaufentscheidungen weniger vom Ansehen einer Marke als vom persönlichen Geschmack abhängig machen, während sich passiv Ich-Orientierte ja über die Marken und deren Images zu definieren suchen.

57 Dazu passt, dass etwa Wohneinrichtungen und Möbel für 42,6% der aktiv Ich-Orientierten im Vergleich zu 33,1% der Gruppe ohne Ausprägungen deutlich wichtiger geworden sind.

5.2. Die Passive Ich-Orientierung

Passiv Ich-orientierte Frauen (67,8%) und Männer (32,2%) sind extrem überdurchschnittlich häufig unter 30 Jahre alt (26,9%), haben einen niedrigen Bildungsabschluss (50,5%), sind Hausfrau / Hausmann (11%), ArbeiterIn (17,3%), angestellt im privaten Sektor (19,6%) oder ohne Beschäftigung (11,4%). Leicht überrepräsentiert sind bei dieser Gruppe sowohl die niedrigen als auch die hohen Einkommen. Lebens- und Wohnformen der passiv Ich-Orientierten entsprechen weitgehend der Verteilung in der Bevölkerung, wobei Ein-Kind-Familien und Menschen, die (noch)bei ihren Eltern leben, etwas häufiger sind. Sie oder er lebt häufig in kleinen Gemeinden mit bis zu 5000 Einwohnern (19,7%) oder in Städten / Gemeinden mit zwischen 20 und 50000 Einwohnern (30,9%) - jedoch kaum in großen Städten. Passiv Ich-Orientierte haben mehrheitlich (52,4%) keinen Internetzugang. Die in Hypothese 11 vermutete Altersgebundenheit an die jüngsten Kohorten bestätigt sich ebenso wie die in Hypothese 13 formulierte Form des Zusammenlebens. Dass allerdings die kleinen Gemeinden und Städte so überwiegen und sich der passive Typus kaum in den Metropolen finden, verwundert etwas. Der in Hypothese 12 formulierte Unterschied zur Aktiven Ich-Orientierung bei Bildungsgrad, Beruf und Einkommen scheint sich zu bestätigen, ein so deutliches Gefälle zwischen Aktiver und Passiver Ich-Orientierung in Bildungsgrad und Einkommen wurde jedoch nicht erwartet. Hypothese 14 hingegen konnte nicht bestätigt werden, denn der Passive Typus ist wider Erwarten unterdurchschnittlich oft vernetzt. Die Passive Ich-Orientierung scheint demzufolge eindeutig an die unteren Schichten gebunden und liegt mehrheitlich unterhalb des sog. Digital Divide.

Die Passiv Ich-Orientierten haben mit den Aktiv Ich-Orientierten eines gemein: die Erlebnisorientierung. Dort, wo ihnen etwas geboten wird, fühlen sie sich wohl[58]. Hier zeigt sich sehr deutlich die konsumistisch-nutzende Erlebnishaltung der an die Spaßgesellschaft adaptierten Verbraucher, denn dort wo die Aktiven sich oder das Event inszenieren, werden sich als Publikum immer Passiv Ich-Orientierte finden, die flexibel und mobil jeden neuen Trend aufnehmen und dabei sein wollen in der „hippen“ Szene. Dabei definieren sie sich selbst in der Aneignung der Insignien und Ikonen des postmodernen Lebensstil- und Sinnhandels. Denn wer einen Trend „verpennt“, riskiert die soziale Isolation und Ausgrenzung aus der Sinngemeinschaft[59]. Dies gilt für Kleidung ebenso wie für Konsumgüter. Man denke dabei etwa an die nicht nur saisonal wechselnden Modetrends bezüglich dessen, was gerade in oder out ist, oder an den in den letzten Jahren gewaltig expandierten Absatz von „Alcopops“ unter den Jugendlichen und jungen Erwachsenen. So entfalten und definieren

58 Variable V06 (Wo mir etwas geboten wird, fühle ich mich wohl) erfasst Erlebnisorientierung

59 Hier ist Dimension 2 (Ich-Setzung / Dazugehören durch Konsum) mit den Variablen V02 (Von einer Marke, die mir gefallen soll, erwarte ich, dass sie zu mir und meinen Freunden passt), V03 (Von einer Marke, die mir gefallen soll, erwarte ich, dass sie voll im Trend liegt) sowie V01 und V24 gemeint.

sich die Passiv Ich-Orientierten über ihren Konsumstil und überziehen dabei nicht selten ihr Budget. Auch wenn sie in diesen Aspekten sehr engagiert und phantasievoll sind, so zeichnen sie sich sonst eher durch eine gewisse Lockerheit aus. Leistungsbereitschaft, Konsequenz und Engagement über das Nötigste hinaus sind nicht ihre Stärke[60]. Arbeit und Beruf sind für sie das notwendige Übel zwischen der freien Zeit, die sie dem Erlebnis und dem Erleben in seinen reichhaltigen Facetten widmen und aus dem sie ihre Energie schöpfen.

Passiv Ich-Orientierte zeigen in Bezug auf moderne Wertvorstellungen ein ambivalentes Bild. Während sie ganz ähnlich wie die aktiv Ich-Orientierten, aber dennoch deutlich schwächer ausgeprägt, christliche Wertvorstellungen als eher unwichtig für ihr Leben bezeichnen, zeigen sie auf der anderen Seite ein ausgeprägtes Interesse an der Anhäufung persönlicher Besitztümer. Für 37,7% ist diese sehr wichtig und für immer noch 40,6% wichtig. Damit liegen sie gegenüber allen anderen erfassten Gruppen an der Spitze. Dass dies nicht notwendigerweise aus einer Verhaftung in der Moderne resultiert, wird dann plausibel, wenn man die Art und Weise betrachtet, in der passiv Ich-Orientierte ihr Leben und ihr Selbst definieren. Sie wollen über den Konsum von bestimmten Produkten an deren Images und Lebensgefühl teilhaben und ihr eigenes Ich zum Ausdruck bringen.

Passiv Ich-Orientierte messen sowohl Umweltthemen (59,6%) als auch Menschenrechtsthemen (39,1%) sehr hohe Bedeutung zu, bei den Menschenrechten erreichen sie sogar die höchsten Werte. Auch zivilgesellschaftliches Engagement empfinden sie mit 17,9% überdurchschnittlich oft als wichtig. Auf der anderen Seite, und hierin unterscheiden sie sich deutlich von den aktiv Ich-Orientierten, sind kulturelle Werte und Kunst unterdurchschnittlich wichtig (13,6%). Die unterschiedlichen Wertorientierungen, vor allem aber die Besonderheiten in den Persönlichkeitsstrukturen passiv Ich-Orientierter kommen in einem dezidiert postmodernen und doch eigenen Konsummuster zum Ausdruck.

Ganz ähnlich wie die aktiv Ich-Orientierten ist das persönliche Wohlergehen ein zentrales Konsumziel der passiv Ich-Orientierten. So sind ihnen Kosmetika und „Personal Care“ mit 69,9% signifikant, Gesundheit und Wellness mit 69,9% sowie Reisen und Urlaub mit 55,5% deutlich wichtiger als der Gruppe ohne Ausprägungen. Andererseits erreichen sie die Werte der aktiv Ich-Orientierten nicht ganz, was für die Vermutung spricht, dass passiv Ich-Orientierte eher Trend-Follower denn Trendsetter sind.

Für die ästhetische Gestaltung ihrer unmittelbaren Lebenswelt und die Verwirklichung ihrer Ich-Wünsche spricht die Bedeutung der Konsumbereiche Wohnen und Einrichtung, Uhren und Schmuck sowie Kleidung, Mode und Accessoires. Hier können passiv Ich-Orientierte nach Lust und Laune Images und Lebensstile verkonsumieren und gleichzeitig nach außen signalisieren. Interessant ist dabei, dass mit

60 Dieser Charakterzug repräsentiert die Ablehnung der Leistungsitems V20 (Um mein Ziel zu erreichen, arbeite ich auch nachts und am Wochenende) und V21 (Ich habe an mich den Anspruch, im Beruf etwas Eigenes zu schaffen)

50,2% eine Mehrheit der passiv Ich-Orientierten angab, Wohnen und Einrichtung habe sehr stark an Bedeutung gewonnen. Dies ist der höchste Wert und liegt deutlich über den aktiv Ich-Orientierten (42,2) und signifikant über dem der Gruppe ohne Ausprägungen (33,1). Ganz Ähnliches gilt für Uhren und Schmuck. Auch hier erreichen die passiv Ich-Orientierten den höchsten Prozentsatz, der mit 19,6% allerdings vergleichsweise gering ist. Kleidung, Mode und Accessoires sind im Unterschied zur Gruppe ohne Ausprägungen mit 46,8% signifikant wichtiger geworden.

Interessant sind auch die Befunde zu neuen Medien, Kommunikations- und Unterhaltungselektronik. Zwar haben passiv Ich-Orientierte ein erhöhtes Interesse an Computern (39,4%), dies aber deutlich weniger als der aktive Typus. Mobiltelefone (51,1%) und Unterhaltungselektronik (36,6%) hingegen erfahren eine im Vergleich zur aktiven Ich-Orientierung deutlich höhere und im Vergleich zur Gruppe ohne Ausprägungen und zur modernen Produktivitäts-Orientierung eine signifikant höhere Wertschätzung. Sie sind diejenigen, die über Mobiltelefone jederzeit Kontakt halten und vermittels ausgereiften Home-Entertainments in die verschiedensten virtuellen Erlebniswelten abtauchen wollen.

Den im vorigen Abschnitt schon angedeuteten passiv-nutzenden Charakter des Konsums unterstreichen die Resultate zu Sport und Sport-Equipment, Kunst und Kultur sowie Bildung. Sport hat im Vergleich zur Gruppe ohne Ausprägungen leicht überdurchschnittlich an Bedeutung verloren (51,5%).Vor allem zeigt sich hier ein deutlicher und auch signifikanter Unterschied zu den aktiv Ich-Ortientierten, für die Sport überdurchschnittlich stark (34,6%) wichtiger wurde. Aber auch bei Kunst und Kultur zeigen sich deutliche Unterschiede zwischen den beiden Spielarten des postmodernen Charakters: Kunst und Kultur sind für die passiv Ich-Orientierten im Vergleich zu den aktiv Ich-Orientierten signifikant und auch im Vergleich zur Gruppe ohne Ausprägungen deutlich unwichtiger geworden. Nur 11,2% der passiv Ich-Orientierten messen ihnen mehr, jedoch 51,4% weniger Bedeutung zu. Und auch der Nutzen von Bildungsangeboten scheint für die passive Ich-Orientierung weniger wichtig zu sein. So gaben 42,5% an, dieser Bereich habe an Bedeutung für sie verloren.

In einer ganzen Reihe von Konsumbereichen unterscheiden sich die passiv Ich-Orientierten kaum von der Gruppe ohne Ausprägungen. Dies gilt etwa für Essen und Trinken, Wohnen und Wohneigentum, Kapitalinvestitionen und der Bedeutung von Sicherheit. Besonders wichtig ist den Passiv Ich-Orientierten beim Konsum das gute öffentliche Ansehen eines Unternehmens bzw. eines Produkts. So gaben 47,5% an, dieses sei sehr wichtig und 38,0% dieses sei wichtig. Dies steht im deutlichen Kontrast zur aktiven Ich-Orientierung und bestätigt die Konsumorientierung der passiv Ich-Orientierten, die mit dem Erwerb bestimmter und hochprofilierter Marken an den Images dieser teilhaben möchten und sich über diese identifizieren.

Tabelle V.2.: Berufe der Persönlichkeitstypen

			Gesamte Stichprobe	Ausprägung		
				Keine Ausprägungen	Stark aktiv	Stark passiv
Beruf	Freiberuflich Tätige		5,1	4,6	9,7	1,6
	Inhaber mittlerer und großer Firmen (>19 Beschäftigte)		0,2	0,1	0,0	0,9
	Inhaber kleinerer Geschäfte, Läden (<20 Beschäftigte.)		2,8	2,3	2,8	0,5
	Geschäftsführer, ltd. Angest., Beamte (>99 Beschäft.)		1,6	1,8	3,4	0,0
	Geschäftsführer., ltd. Angest., Beamte (<100 Beschäft.)		1,5	1,4	2,9	0,9
	Angest. im öffentl. Sektor/ Beamte		9,1	7,6	13,5	4,8
	Angestellte im privaten Sektor		19,1	20,8	13,1	19,6
	Arbeiter		15,8	17,9	11,9	17,3
	Vertreter		0,3	0,4	0,0	0,0
	In Ausbildung/ Student		5,9	4,9	11,1	6,3
	Rentner/ Pensionär		23,0	25,4	10,5	23,6
	Hausfrau/ Hausmann		8,1	6,3	11,3	11,0
	Ohne Arbeit/ auf Arbeitssuche		6,3	5,3	9,9	11,4
	Sonstiges		1,2	1,3	0,0	2,2
Basis		Spalten%	100%	100%	100%	100%
		Zeilen%	100%	57%	10%	9%
		Ungewichtet	1.041	597	110	88
		Gewichtet	1.100	629	105	99

Tabelle V.3.: Persönlichkeitstypen und Bildungsabschlüsse

			Gesamte Stichprobe	Ausprägung: Keine Ausprägungen	Ausprägung: stark aktiv	Ausprägung: stark passiv
Höchster Bildungs-Grad	Niedrig		39,1	39,1	28,9	52,5
	Mittel		38,0	39,5	33,7	37,7
	Hoch - ohne Universität		11,5	9,9	21,1	8,1
	Hoch - Universität		11,4	11,5	16,2	1,7
Basis		Spalten%	100%	100%	100%	100%
		Zeilen%	100%	57%	10%	9%
		Ungewichtet	1.041	597	110	88
		Gewichtet	1.100	629	105	99

Tabelle V.4.: Altersstruktur der Persönlichkeitstypen

			Gesamte Stichprobe	Ausprägung: Keine Ausprägungen	Ausprägung: Stark aktiv	Ausprägung: Stark passiv
Alter	Bis 24 Jahre		9,2	8,1	13,7	15,1
	25-29 Jahre		5,8	4,5	6,1	11,8
	30-39 Jahre		18,4	19,1	24,7	15,6
	40-49 Jahre		19,0	15,9	18,9	16,6
	50-59 Jahre		15,6	17,3	19,7	10,8
	60 + Jahre		32,0	35,0	17,0	30,1
Basis		Spalten%	100%	100%	100%	100%
		Zeilen%	100%	57%	10%	9%
		Ungewichtet	1.041	597	110	88
		Gewichtet	1.100	629	105	99

Tabelle V.5.: Persönlichkeitstypen und Internetzugang

			Gesamte Stichprobe	Ausprägung: Keine Ausprägungen	Ausprägung: stark aktiv	Ausprägung: stark passiv
Internet-zugang	Privat		38,2	38,0	36,2	43,0
	Beruf / Ausbildung		3,9	4,8	5,8	0,0
	Privat und beruflich		12,3	11,1	25,8	4,6
	Kein Internetzugang		45,6	46,1	32,3	52,4
Basis		Spalten%	100%	100%	100%	100%
		Zeilen%	100%	10%	10%	9%
		Ungewichtet	1.041	100	110	88
		Gewichtet	1.100	112	105	99

Tabelle V.6: Christliche Wertvorstellungen

			Gesamte Stichprobe	Ausprägungen: Keine Ausprägung	Ausprägungen: Stark aktiv	Ausprägungen: Stark passiv
In meinem Leben spielen christliche Wertvorstellungen keine Rolle	Trifft überhaupt nicht zu		30,6	30,2	24,2	22,7
	Trifft eher nicht zu		22,6	23,4	25,9	23,2
	Triff eher zu		21,9	22,9	18,4	28,2
	Trifft genau zu		24,2	23,1	31,5	24,6
Basis		Spalten %	100%	100%	100%	100%
		Zeilen %	100%	57%	10%	9%
		Ungewichtet	1041	597	110	88
		Gewichtet	1100	629	105	99

Tabelle V.7.: Akkumulationsorientierung

		Gesamte Stichprobe	Ausprägungen: Keine Ausprägung	Stark aktiv	Stark passiv
Wie wichtig ist Ihnen grundsätzlich die Akkumulation von privatem Besitz?	Sehr wichtig	29,6	27,4	21,8	37,7
	wichtig	42,8	45,0	41,0	40,6
	Nicht so wichtig	14,5	15,1	24,8	6,8
	Überhaupt nicht wichtig	4,4	3,7	4,6	10,3
	Weiss nicht / Keine Antwort	8,8	8,8	7,8	4,6
Basis	Spalten %	100%	100%	100%	100%
	Zeilen %	100%	57%	10%	9%
	Ungewichtet	1041	597	110	88
	Gewichtet	1100	629	105	99

5.3. Milieuzugehörigkeit der Persönlichkeitstypen

Tabelle V.8. zeigt die Verteilung der drei Persönlichkeitstypen auf die Milieus des SIGMA-Milieu-Modells. Aktiv Ich-Orientierte sollten sich im Modell aus theoretischer Sicht überdurchschnittlich häufig im Postmodernen Milieu, im Hedonistischen Milieu sowie im Aufstiegsorientierten und im Modernen Arbeitnehmermilieu finden. Für die Aktive Ich-Orientierung ergeben sich folgende Befunde: Im Vergleich zur gesamten Stichprobe sind Aktiv Ich-Orientierte im Postmodernen Milieu mit 18,5% etwa 2,5 mal häufiger zu finden. Im Aufstiegsorientierten Milieu (25,7%) und im Hedonistischen Milieu (15,7%) sind sie immerhin deutlich überrepräsentiert. Sie finden sich also grob gesprochen in postmodernen und modernen Mittelschichtmilieus. In allen anderen Milieus, insbesondere in den traditionellen, sind sie stark unterrepräsentiert. Mit Ausnahme der Befunde zum Modernen Arbeitnehmermilieu, in dem sie entgegen den Erwartungen leicht unterrepräsentiert sind, bestätigen sich die in Hypothese 10 formulierten Annahmen bezüglich der Aktiven Ich-Orientierung. Sie ist ein aus den Postmodernen Milieus heraus kommendes Phänomen.

Passiv Ich-Orientierte sollten sich vor allem im Hedonistischen, im Konsummaterialistischen und im Aufstiegsorientierten Milieu finden. Die Passive Ich-Orientierung findet sich in der Tat überdurchschnittlich oft im Aufstiegsorientierten Milieu (20,5%) und im Hedonistischen Milieu (17,3%), in dem sie am stärksten überrepräsentiert ist. Aber auch im Traditionellen Arbeitermilieu und im etablierten Milieu ist sie leicht überdurchschnittlich repräsentiert. In allen anderen Milieus, insbesondere im Postmodernen Milieu, ist sie unterdurchschnittlich häufig zu finden. Im Wesentlichen sind Passiv Ich-Orientierte in den modernen Milieus der unteren Mittelschicht anzutreffen (41,4%). Diese Befunde stützen Hypothese 15, wenngleich zu hinterfragen ist, was die Befunde für das Etablierte Milieu und das Traditionelle Arbeitermilieu bedeuten.

Tabelle V.8.: Milieuverteilung der Persönlichkeitstypen

			Gesamte Stichprobe	Ausprägung		
				Keine Ausprägungen	Stark aktiv	Stark passiv
Milieu	Etabliertes Milieu		8,4	5,7	6,5	12,7
	Traditionelles Bürgerliches Milieu		13,0	16,2	1,5	11,5
	Traditionelles Arbeitermilieu		3,3	3,3	0,0	6,1
	Konsummaterialistisches Milieu		12,4	13,5	12,5	10,3
	Aufstiegsorientiertes Milieu		17,1	16,0	25,7	20,5
	Modernes Bürgerliches Milieu		11,8	11,4	10,8	8,3
	Liberal-Intellektuelles Milieu		9,1	8,1	4,3	5,1
	Modernes Arbeitnehmermilieu		6,3	7,3	4,5	6,0
	Hedonistisches Milieu		11,3	11,0	15,7	17,3
	Postmodernes Milieu		7,1	7,6	18,5	2,3
Basis		Spalten%	100%	100%	100%	100%
		Zeilen%	100%	57%	10%	9%
		Ungewichtet	1.041	597	110	88
		Gewichtet	1.100	629	105	99

Wie kann nun auf der Basis dieser Befunde die Hypothese des Diffundierens postmoderner Lebensentwürfe und Selbstkonzepte in weite Teile der Gesellschaft beantwortet werden? Erstens sind starke Ausprägungen postmoderner Ich-Orientierungen außer in den traditionellen Milieus fast überall zu finden, wenn auch deutlich überdurchschnittlich in den geschilderten postmodernen und modernen Milieus. Eine eindeutige Keimzelle der aktiven postmodernen Ich-Orientierung scheint dabei bei Betrachten des Schaubilds das postmoderne Milieu zu sein; für die passive Ich-Orientierung könnte dies das hedonistische Milieu sein. Dies erscheint auch aus Sicht der Milieutheorie plausibel, da dem relativ neuen postmodernen Milieu Trendsetter- oder Avantgarde-Funktionen zugeschrieben werden. Zweitens finden sich schwache Ausprägungen aktiver, passiver und aktiv-passiver Ich-Orientierung relativ weit gestreut in allen nicht-traditionellen Milieus, auch hier wieder besonders im postmodernen und im hedonistischen Milieu. Auch dies kann als Indiz für ein Diffundieren postmoderner Lebensentwürfe, Wertorientierungen und Selbstkonzepte gewertet werden. Die Frage des „Orts“ des Entstehens lässt sich zwar nicht endgültig klären, da keine Zeitreihenanalysen vorliegen. Aber es erscheint aufgrund der Milieutheorie und aufgrund der Gesellschaftscharaktertheorie plausibel - und wird von den Befunden zumindest nahe gelegt -, dass Keimzelle und Ausgangspunkt für die Verbreitung postmoderner Lebenseinstellungen in den postmodernen Milieus liegen.

6. Die Moderne Produktivitäts-Orientierung - Empirische Befunde

Menschen mit einer modernen Produktivitäts-Orientierung sind am ehesten zwischen 40 und 49 Jahre alt (30,3%). Zudem sind sie in den Altersgruppen der 25-39-Jährigen leicht überrepräsentiert. Sie sind leicht überdurchschnittlich männlich mit mittleren und hohen Bildungsabschlüssen, sind überdurchschnittlich oft Angestellte oder Beamte im öffentlichen Sektor (17,5%) oder Arbeiter (19,5%). Modern Produktivitäts-Orientierte verfügen überdurchschnittlich häufig (38,1%) über Einkommen zwischen 30 und 50000 €, sind auffallend oft verheiratet oder leben mit einem Partner zusammen (78,7%) und leben in Haushalten mit 4 oder mehr Personen (34,2%). Diese Haushalte bestehen zu 66,5% aus 2 Personen über 18 Jahren und haben mit 22,3% überdurchschnittlich oft 2 oder mehr Kinder. Jugendliche hingegen gibt es in produktiven Haushalten seltener. Dies deutet darauf hin, dass Produktiv Orientierte überwiegend in klassischen 2-Kind-Familien leben und generell etwas überdurchschnittlich oft Kinder haben. Sie finden sich insbesondere in Gemeinden mit 5000-20000 Einwohnern (32,3%) und in mittleren und großen Städten, jedoch in geringerem Maße in den Metropolen. Mit insgesamt 59,4% verfügen modern Produktivitäts-Orientierte zudem sowohl im Beruf als auch privat leicht überdurchschnittlich oft über einen Internetzugang.

Menschen mit einer modernen Produktivitäts-Orientierung verstehen sich ähnlich wie Aktiv Ich-Orientierte als „Schaffer“ und „Macher“. Auch sie sind nach ihrem Selbstverständnis Leistungsträger der Gesellschaft, arbeiten zielgerichtet, gerne und viel. Die eigene Leistung und Leistungsfähigkeit ist ein zentraler Wert dieses Typus, der ihnen im Idealfall neue Energien und Kraft verleiht, zu einem intrinsischen Eigenwert wird und Freude bereitet[61]. Leistung und das Einsetzen der eigenen Fähigkeiten füllt diesen Typus subjektiv aus, so dass er kaum Langeweile empfindet und

61 Dies spiegelt Dimension 4 (Freude an eigener Leistung) mit den Items V28 (Etwas zu leisten macht mir einfach Spaß), V20 (Um mein Ziel zu erreichen, arbeite ich auch nachts und am Wochenende) und V21 (Ich habe an mich den Anspruch, im Beruf etwas Eigenes zu schaffen) wider.

in seiner Selbstsicht des fleißigen Schaffers aufgeht[62]. Dass der modern Produktivitäts-Orientierte Leistung und Arbeit jedoch nicht (nur) als Selbstzweck oder gar als Mittel zur Selbstverwirklichung sieht, bestätigt der Befund, dass die Generierung und Akkumulation persönlichen Reichtums einen hohen Stellenwert einnimmt. So gaben 34,8% an, dies sei ihnen sehr wichtig und weitere 43,5%, dies sei wichtig. Damit unterschieden sie sich vor allem von der Gruppe ohne Ausprägungen (27,4%) und noch stärker von der aktiven Ich-Orientierung (21,8%). Es zeigt sich in diesen Befunden deutlich, dass dieser Typus der Träger eines dezidiert modernen Leistungs- und Forschrittsdenkens ist, das moderne kapitalistische Industriegesellschaften lange Zeit trug und auch in postmodernen Konsumgesellschaften weiterhin von Bedeutung ist. Dazu passen auch die Befunde zur Verteilung der modernen Produktivitäts-Orientierung über die sozialen Milieus. In den beiden modernen gesellschaftlichen Leitmilieus, dem Etablierten Milieu und dem Liberal-intellektuellen Milieu findet sie sich mit 15,9% bzw. 21,2% zwei Mal häufiger, als die Milieuverteilung der Stichprobe nahe legen würde. Im Gegenzug ist sie im Hedonistischen Milieu, im Postmodernen Milieu sowie im Aufstiegsorientierten Milieu und im Modernen Arbeitnehmermilieu zum Teil extrem unterrepräsentiert. In den übrigen Milieus ist sie normalverteilt. Hier wurden also in erster Linie die Produktivitätsvorstellungen der modernen Leitmilieus gemessen. Die unterdurchschnittliche Häufigkeit in den postmodernen Milieus zeigt, dass sich diese von den modernen Leitvorstellungen abwenden und Produktivität wie Lebensvollzug anders verstehen und entwerfen. Damit kann zumindest der Teil von Hypothese 16 als bestätigt betrachtet werden, dass Produktivität offensichtlich in verschiedenen Milieus unterschiedlich entworfen wird.

Neben der Leistungsorientierung spielen jedoch auch andere Komponenten eine zentrale Rolle. So scheuen Modern-Produktive die Auseinandersetzung mit anderen Menschen nicht und stellen sich Konflikten und Problemen in allen Lebenslagen und versuchen, zu aus ihrer Sicht produktiven Lösungen zu kommen. So wie sie dabei selbst offen und ehrlich ihre Meinungen und Ansichten artikulieren, erwarten sie auch von ihrem Gegenüber offene Worte[63]. Ihre Mitmenschen scheinen modern Produktivitäts-Orientierte bei aller Leistungs- und Konfliktbereitschaft nicht aus den Augen zu verlieren. Sie bemühen sich immer um ein offenes Ohr für die Gedanken, Empfindungen und Probleme ihrer Mitmenschen. Sie versuchen zumindest, zu verstehen und nachzufühlen, was in den Anderen vorgeht[64].

62 Die Variablen V27 (Es gibt mir zusätzliche Energie, wenn ich meine Fähigkeiten einsetzen kann) und V25 (Langeweile empfinde ich nur selten) erfassen Dimension 3 (Lebendigsein).

63 Dimension 6 (Konfliktfähigkeit / Offenheit) wird erfasst durch die Variablen V33 (Mit Konflikten in Partnerschaft und Beruf kann ich gut umgehen) und V34 (In meiner Partnerschaft sage ich offen, was mir am anderen gefällt und was nicht).

64 Gemeint ist hier Dimension 5 (Verbunden sein / Interesse am Anderen, Mitgefühl, Verstehen) mit den Variablen V35 (Ich kann mitfühlen, wenn es einem anderen psychisch schlecht geht) und V36 (Auch wenn ich anderer Meinung bin, höre ich anderen zu und kann ihre Argumente nachvollziehen).

Von besonderer Bedeutung sind für modern Produktivitäts-Orientierte christliche Wertvorstellungen, die von 38,2% dieser Gruppe als sehr wichtig empfunden werden. Damit unterscheiden sie sich nicht nur wie erwartet von den beiden Varianten der postmodernen Ich-Orientierung (24,2% bei aktiv und 22,7% bei passiv) signifikant, sondern auch deutlich von der Gruppe ohne Ausprägungen (30,2%).

Überdurchschnittlich wichtig sind den modern Produktivitäts-Orientierten Umweltthemen, bei denen sie mit 65,8% die höchsten Zustimmungswerte erreichen. Auch bei freiwilligem zivilgesellschaftlichem Engagement erreichen sie mit 20,1% die höchsten Werte, wenngleich dabei auffällt, dass Engagement im Vergleich zu Umweltthemen nur auf einem niedrigen Niveau interessant ist. Im Vergleich dazu räumen modern Produktivitäts-Orientierte im Kontext des non-profit-Engagements von Unternehmen dem Aspekt der Menschenrechte eine deutlich geringere Bedeutung ein. Mit lediglich 23,4% Zustimmung fallen sie gegenüber den aktiv Ich-Orientierten (32,8%) und den passiv Ich-Orientierten (39,1%) deutlich ab.

Hinsichtlich Konsum und Konsumzielen unterscheidet sich die moderne Produktivitäts-Orientierung extrem von den beiden Varianten der postmodernen Ich-Orientierung. Für sie ist Konsum insgesamt von geringerer Bedeutung oder wird gar abgewertet. Davon ausgenommen sind allerdings nicht-konsumptive Kapitalakkumulation[65] und drei spezifische Konsumziele:

- Erstens sind Kapitalinvestitionen und -akkumulation (30,5%) im Vergleich zur Gruppe ohne Ausprägungen (25%) überdurchschnittlich interessant;
- zweitens ist dies der Bereich Bildung, der für 44,5% und damit überdurchschnittlich an Bedeutung gewonnen hat. Hier unterscheiden sich die modern Produktivitäts-Orientierten signifikant von der Gruppe ohne Ausprägung und der passiven Ich-Orientierung;
- drittens sind Essen und Trinken (55,8%) im Vergleich zur Gruppe ohne Ausprägungen wichtiger geworden.
- Darüber hinaus scheint lediglich der Bereich der Sicherheit des Lebensumfelds an Bedeutung gewonnen zu haben. Mit knapp 50% Zustimmung unterscheiden sich modern Produktivitäts-Orientierte zwar kaum von der Gruppe ohne Ausprägungen, dies scheint jedoch das einzige weitere nennenswerte Konsumziel zu sein.

Ansonsten zeichnet sich die moderne Produktivitäts-Orientierung vor allem durch eines aus: eine bisweilen asketische Züge annehmende Konsumverweigerung. Dabei lehnt sie vor allem die Konsumziele ab, die für die postmodern Ich-Orientierten von zentraler Bedeutung sind. So sind etwa Urlaub (40,4%), Kosmetika und „Personal Care" (17%), Mode, Kleidung und Accessoires (29,7%) sowie Sport (20,3%) im Vergleich zu der Gruppe ohne Ausprägungen leicht unterdurchschnittlich oder durchschnittlich und zu den postmodernen Ich-Orientierungen (Ausnahme Sport, der

65 Dieser Befund verweist auf einen Zusammenhang mit dem Motiv-Komplex des hortenden Charakters. Vgl. dazu etwa Funk 1995.

für passiv Ich-Orientierte auch unwichtig ist) deutlich und signifikant weniger wichtig. Dazu passt, dass etwa Wellness und Gesundheit nur leicht überdurchschnittlich (68,4%) wichtig sind.

Interessant sind auch die Befunde im Bereich neue Medien und Unterhaltungselektronik. Vergleichsweise uninteressant sind Mobiltelefone, die lediglich für 32,1% von gesteigertem Interesse waren. Im Vergleich erreichte die Gruppe ohne Ausprägungen 36,1%, die aktive Ich-Orientierung 40,7% und die passive Ich-Orientierung 52,1%. Ein nahezu identisches Bild ergibt sich bei der Unterhaltungselektronik. Auch diese ist sogar im Vergleich zur Gruppe ohne Ausprägungen (28,2%) mit 22,2% nur unterdurchschnittlich von Bedeutung. Lediglich bei Computern liegen modern Produktivitätsorientierte (34,4%) nicht unter der Gruppe ohne Ausprägungen (33,1%), was vermutlich daran liegt, dass sie vor allem im Beruf mit Computern zu tun haben.

Bei Konsumzielen wie etwa dem Erwerb eines neuen Autos, von Wohneigentum, Schmuck und Uhren oder Einrichtungsgegenständen unterschieden sich modern Produktivitäts-Orientierte nicht oder nur minimal von der Gruppe ohne Ausprägungen. Und wenn sie schon konsumieren, legen modern Produktivitäts-Orientierte extremen Wert auf Qualität und handwerkliches Können (83,9%), und leicht überdurchschnittlich oft ist ihnen ein gutes öffentliches Ansehen von Produkten und Firmen wichtig (39,2%).

7. Zusammenfassung der Ergebnisse

Aus faktorenanalytischer Sicht wird die Existenz dreier voneinander weitgehend unabhängiger Komponenten, die als Persönlichkeitskonstrukte aufgefasst werden können, deutlich bestätigt. Dabei erwiesen sich die Leitvariablen der Komponenten 1 (Aktiv) und 2 (Modern-Produktiv) für das jeweilige Konstrukt auch als theoretisch-inhaltlich zentral. Die Leitvariablen von Komponente 3 (Passiv) weisen einen eindeutig „konsumistischen“ Bias auf, der einerseits zum Konstrukt passt, andererseits aber eine gewisse Engführung auf rezeptive (marken-) konsumistische Muster impliziert. Die Variablen je einer Skala erlauben auf dieser Basis in ihrer gemeinsamen Ausprägung Aussagen über das Vorhanden- oder Nichtvorhandensein eines zugrunde liegenden Syndroms bzw. einer Persönlichkeitsstruktur und rechtfertigen den Einsatz der Skalen als Instrumente zur Erfassung der Aktiven Ich-Orientierung, der Passiven Ich-Orientierung und der Modernen Produktivitäts-Orientierung.

Mit T-Tests und ANOVA konnten weitere Informationen über das Antwortverhalten der isolierten Persönlichkeitstypen im Vergleich zur Gesamtstichprobe sowie im Vergleich untereinander gewonnen werden, die für die Interpretation und Bewertung der Ergebnisse von Bedeutung sind. Es zeigte sich, dass die Variablen der Skalen und insbesondere die Leitvariablen der Skalen sowie die Linkvariablen zwischen AIO- und PIO-Skala sowie zwischen AIO- und MPO-Skala mit nur wenigen Ausnahmen deutlich differenzieren. Die durchgeführte ANOVA bestätigte zudem, dass die Nullhypothese mit über 99%iger Sicherheit für alle Variablen verworfen werden kann. Die Mittelwertunterschiede zwischen den Gruppen sind nicht zufällig und können somit auch in der Grundgesamtheit (Wohnbevölkerung D 18+) angenommen werden.

Auf der Basis multipler Vergleichstests mit der Scheffé-Prozedur wurden folgende Erkenntnisse über das Antwortverhalten der Typen bezüglich der Leitvariablen und Linkvariablen gewonnen: Die Leitvariablen der drei Skalen trennten weitestgehend signifikant. Trotz der insgesamt geringeren Streuung der Mittelwerte im Vergleich zu den Skalen PIO und AIO trennen die Leitvariablen der MPO-Skala mit den genannten Einschränkungen sauber zwischen Modern-Produktiv und Aktiv bzw. Passiv und es finden sich erfreulich viele signifikante Mittelwertunterschiede. Und trotz der anzunehmenden „sozialen Erwünschtheit“ der Zustimmung zu diesen Items scheinen mit den Gruppen, welche die höchsten Mittelwerte aufweisen, spezifische und distinkte Konzepte erfasst worden zu sein. Für die Linkvariablen AIO-PIO sind die Befunde uneinheitlich[66]. Die AIO-MPO-Linkvariablen V20 und V21 trennen deutlich Aktiv und Produktiv von Passiv. Besonders ertragreich ist auch der Befund, dass Passiv Ich-Orientierte die beiden Leistungsvariablen deutlich ablehnen und signifikante negative Differenzen auch gegenüber der Gruppe „Keine Ausprägung“ aufweisen. Für V30 und V31 gibt es gegenüber der Gruppe „Keine Ausprägung“ und dem Passiven Typus signifikante Differenzen[67].

Auf der Basis der Faktorwerte für die drei Skalen konnte die Existenz der drei Persönlichkeitstypen eindeutig nachgewiesen werden. Dabei konnten in der Stichprobe 10,2% Aktive Ich-Orientierung, 9,6% Passive Ich-Orientierung, 10,3% Produktive Orientierung, und 8,6% Mischtypen identifiziert werden, wobei die Mischtypen aufgrund ihrer geringen Größe und schwachen Ausprägungen wegen der geringeren statistischen Signifikanz von der weiteren Analyse ausgeschlossen wurden. Die Nicht-Zufälligkeit dieser Gruppen konnte nicht eindeutig garantiert werden.

Dies bedeutet, dass mit den drei Skalen 30,1% der Befragten eindeutig erfasst werden konnten bzw. eindeutige Ausprägungen zeigten 61,2% der Befragten nicht erfasst werden konnten bzw. keine Ausprägungen zeigten. Dabei zeigten 19,8% dezidiert postmoderne Persönlichkeitsstrukturen und 10,2% die moderne Produktivitäts-Orientierung. Das wiederum bedeutet, dass postmoderne Persönlichkeitsstrukturen auf der Basis der verwendeten Operationalisierung in relevantem Umfang empirisch nachgewiesen werden konnten.

Die formulierten Hypothesen bezüglich der soziodemographischen Variablen konnten für die Aktive Ich-Orientierung umfassend und für die Passive Ich-Orientierung weitgehend bestätigt werden. Lediglich bezüglich des Internetan-

66 V6, V5 und V4 verhalten sich in der Tendenz gleich und stellen somit eine konsistente Gruppe von Linkvariablen dar, die eindeutig als Sonderfälle der jeweiligen Skala zu betrachten sind. Bei V17 und V24 ist dies differenzierter zu betrachten.

67 Hier ist offenbar Produktivität der bestimmende Faktor für hohe Mittelwerte, weniger jedoch die Aktive Ich-Orientierung und gar nicht die Passive Ich-Orientierung. Die Differenzierungskraft von V31 ist zwar höher als die von V30, jedoch fallen beide – geht man von den theoretischen Annahmen aus - hinter V20 und V21 zurück.

schlusses fiel die Passive Ich-Orientierung ab. In der Stichprobe verfügen 54,4% der Befragten über einen Internetanschluss. Den höchsten Vernetzungsgrad erreicht dabei die Aktive Ich-Orientierung mit 67,7%. Menschen mit keiner Ausprägung und Passiv Ich-Orientierte sind z.T. deutlich unterdurchschnittlich vernetzt. Dies gleichen letztere jedoch durch die exzessive Nutzung von Mobiltelefonen aus.

Die Befunde zu den Konsummustern bestätigen wiederum eindrücklich die unterschiedlichen Antriebe der beiden postmodernen Persönlichkeitstypen und rechtfertigen die Unterscheidung zwischen einer aktiven und einer passiven Variante.

Zusammen geben die Befunde der statistischen Untersuchungen ein sehr klares Bild. Eine jeweils *konsistente* und als *postmodern* zu bezeichnende Persönlichkeitsstruktur ist nach den Befunden sowohl für die Aktive Ich-Orientierung als auch die passive Ich-Orientierung als empirisch gesättigt anzusehen. Neben den Konsummustern bestätigen dabei folgende Befunde, dass es sich um die vermuteten zwei Seiten der postmodernen Medaille handelt: Erstens findet sich eine Verbindung zum Aktiven Typus nur in Erlebnisorientierung und Konsum, nicht aber bei der aktiven Ich-Setzung. Zweitens finden sich deutliche Unterschiede in der Bedeutung von fremder wie eigener Kultur. Drittens liegt der Passive Typus offenbar unterhalb des *Digital Divide* und ist so von einer wesentlichen Entwicklung postmoderner Kommunikation abgeschnitten, die er über die Nutzung von Mobiltelefonen kompensiert. Ein weiterer auffälliger Unterschied zwischen passiver und aktiver Ich-Orientierung ist die mehr oder weniger starke Zurückweisung der beiden (Hoch-)Leistungsitems V20 und V21 durch die passiv Ich-Orientierten. Zusammen mit den Variablen 1, 2, 3, 7 und 8 betrachtet, verdeutlicht dies die unterschiedlichen Zugänge zur Postmoderne und zur Bedeutung des Konsums. Passive Ich-Setzung geschieht weit stärker über das Konsumieren vorgeprägter und angebotener Lebenswelten als die aktive Ich-Setzung, der auch im Konsum ein deutlich gestalterischerer Impetus innewohnt. Dies spricht für die These der Differenzierung der Postmodernen Ich-Orientierung in Anbieter und Nutzer und liefert Belege für die Umsetzung der Logik der Consumer Culture in Persönlichkeitsstrukturen.

Auch die moderne Produktivitätsorientierung zeigt sich aufgrund der Befunde der sozio-kulturellen Variablen als weitestgehend konsistent – wenngleich nochmals auf die Problematik der sozialen Erwünschtheit hingewiesen werden muss. Die Moderne Produktivitätsorientierung grenzt sich sowohl in Hinblick auf die Milieuzugehörigkeit als auch auf die Konsummuster deutlich von beiden Varianten der Postmodernen Ich-Orientierung ab und erweist sich insbesondere in der Ablehnung von freier Selbstinszenierung, spielerischer Ich-Erfindung und Imagekonsum als dezidiert modern.

VI. Die postmoderne Ich-Orientierung und die Simulation der Freiheit

Rolf Frankenberger

Der jeweils für die spezifische sozio-ökonomische Organisation einer Gesellschaft typische Gesellschaftscharakter erfüllt nach Erich Fromm eine zentrale Funktion für die Stabilität der jeweiligen Gesellschaft: Er ist der psychische und soziale „Kitt", der für die Internalisierung der Funktionslogiken und -anforderungen von Ökonomie und Gesellschaft verantwortlich zeichnet. Vermittelt über die gesellschaftscharakterliche Prägung der Individuen werden diese dazu gebracht, im Sinne der Notwendigkeiten und Erfordernisse der Gesellschaft zu agieren und zu reagieren. Die Menschen sollen „das tun wollen, was sie müssen, damit das richtige Funktionieren der Gesellschaft gewährleistet ist", so Erich Fromm (Fromm 1979:307). An anderer Stelle formuliert Fromm die Bedeutung des Gesellschaftscharakters folgendermaßen: „der Gesellschafts-Charakter internalisiert äußere Notwendigkeiten und spannt auf diese Weise die menschliche Energie für die Aufgabe eines bestimmten ökonomischen und gesellschaftlichen Systems ein" (Fromm 1941a:383).

Dass das für ein Gesellschaftssystem Erforderliche und Zuträgliche nicht notwendigerweise identisch mit dem für das „psychische Entwicklungspotential" und die „seelische Gesundheit" der Individuen Erforderliche und Zuträgliche, betont Fromm immer wieder[68]. Anders ausgedrückt: Die „Pathologie der Normalität" (Fromm 1955a:13) besteht eben genau darin, dass Individuen durch die Erfüllung der gesellschaftlich induzierten, durch den Gesellschaftscharakter internalisierten leidenschaftlichen Strebungen sich von ihren Eigenkräften entfremden und von ihren psychischen Wachstumspotentialen abgeschnitten werden. Fromm nennt eine solche Gesellschaft, in der die Orientierung des für sie typischen Gesellschaftscharakters die Entfaltung der Eigenkräfte des Menschen behindert oder vereitelt, eine aus psychoanalytischer Sicht kranke Gesellschaft (vgl. Funk 2000:33).

Nimmt man Erich Fromms Gesellschaftscharakter-Theorie beim Wort, so sind die beiden Typen der postmodernen Ich-Orientierung die an die Notwendigkeiten und Anforderungen postmoderner Gesellschaften perfekt adaptierten Charaktertypen. Das bedeutet nun eben nicht in erster Linie, dass sie die postmodernen gesellschaftlichen Rahmenbedingungen perfekt zu nutzen verstünden, um sich selbst zu entfalten und zu verwirklichen (was durchaus auch der Fall sein kann). Es bedeutet vielmehr, dass sie genau das tun, was die postmoderne Gesellschaft von ihnen erwartet. Ebenso wie es in hierarchisch- autoritären Gesellschaften zur Herausbildung eines Gesellschaftscharakters kam, der in seiner einen Variante leidenschaftlich gerne befiehlt und unterdrückt und in seiner anderen Variante leidenschaftlich gerne ge-

68 Vgl. dazu etwa Fromm 1941a, 1947a, 1955a und 1976a.

horcht und leidet, so kommt es unter postmodernen Bedingungen mit einer zunehmenden Subjektivierung und Ästhetisierung individueller Lebenszusammenhänge, der Entwicklung und Ausbreitung von postfordistischer Produktion und Dienstleistungsrevolution und einer zunehmenden Kapitalisierung von Lifestyles, Erlebnis- und Erlebenswelten sowie der Vermarktung von Emotionen und Identitäten zur Herausbildung eines Gesellschaftscharakters, der leidenschaftlich nach spontaner und grenzenloser Selbstinszenierung und Erzeugung von Wirklichkeit strebt. Dabei differenziert er sich den ökonomischen Erfordernissen gemäß in einen anbietenden und einen nutzenden Typus, welche sich ebenso ergänzen wie die sadistische und die masochistische Variante des autoritären Charakters. So gesehen ist der empirische Nachweis der Existenz der Postmodernen Ich-Orientierung allein schon ein Beleg für eine neue und dezidiert postmoderne Entfremdungsdynamik.

Dass das Streben nach grenzenloser Selbstentfaltung und nach der Aneignung bzw. Herstellung illusionärer Wirklichkeiten nicht notwendig der im Frommschen Sinne gesunden Entfaltung der psychischen Eigenkräfte dient, sondern in erster Linie dem Funktionieren der postmodernen sozio-ökonomischen Logik von Angebot und Nutzung dient, ist offensichtlich. Denn in dieser Logik findet eine Verknüpfung von Produkt, Marketing und Kundenbindung statt, in deren Rahmen es zu einer Entkoppelung des Wertes einer Ware oder Dienstleistung von ihrem eigentlichen Zweck oder Nutzen zugunsten eines symbolisch generierten Mehrwerts der Ware sowie der Vermarktung von Erlebnissen und Gefühlen kommt, bei der nicht mehr nur das Verkaufen im Vordergrund steht, sondern das Anbieten von Nutzungsmöglichkeiten, wie Funk (2005:31) unter Bezug auf Rifkin (2000) treffend feststellt. Vermittelt wird letztlich, dass jedes Individuum Frau oder Herr über das eigene Leben und den eigenen Erfolg ist. Gleichzeitig wird damit die Sehnsucht nach immer neuen, besseren und anderen Angeboten dieser Art geweckt, welche wiederum eine neue Nachfrage schafft. Die Anbieter schaffen sich die Märkte durch geschickte Manipulation der Sehnsüchte der Konsumenten selbst und halten den ökonomischen Motor am Laufen.

Zwar lassen sich produktive und nicht-produktive Potentiale sowie Entfremdungsdynamiken spezifischer Gesellschaftscharakter-Orientierungen in erster Linie durch qualitative Verfahren - insbesondere Tiefeninterviews - herausarbeiten und bedürfen der psychoanalytisch geschulten Deutung. Da es jedoch unter anderem der Anspruch der Studie ist, genau ein solches psychoanalytisch fundiertes Konzept für eine quantitative Studie so zu operationalisieren, dass es für eine psychoanalytische Deutung anschlussfähig ist, sollten sich in den Ergebnissen der Studie auch Belege oder zumindest Hinweise auf eine solche Entfremdungsdynamik finden lassen. Zumindest sind die Ergebnisse aus sozialwissenschaftlicher und insbesondere herrschaftssoziologischer Sicht sehr aufschlussreich, so dass auch ein psychoanalytisch nicht geschulter Interpret deutliche Hinweise auf Entfremdungs- und Rationalisierungsdynamiken zu finden vermag. Man mag dem heuristischen Gehalt quantitativer Sozialforschung kritisch gegenüberstehen. Sie kann dennoch aus meiner Sicht auch in sozialpsychologisch-psychoanalytischer Perspektive durchaus erhellend sein. Denn erstens sind die Skalen so konstruiert, dass ein konsistentes Syndrom bei einem bestimmten Antwortverhalten über die gesamten Skalen hinweg vermutet wird. Der Analytiker mag widersprechen, aber genau dieses Antwortverhalten wurde vermittels der Faktorenanalyse der Daten analysiert und identifizierte so 10,2% der Stichprobe als aktiv Ich-orientiert und 9,6% als passiv Ich-orientiert sowie 8,7% als verschiedene Mischtypen postmoderner Ich-Orientierungen. Damit ist zweitens auch der Nachweis der theoretisch postulierten Aufteilung in eine aktive und eine passive Variante gelungen, der in dieser Deutlichkeit nicht unbedingt zu erwarten war. Dies spiegelt sich in den erfassten Wertorientierungen, Einstellungen und Selbstkonzepten ebenso wider wie in den sozio-demographischen und sozio-kulturellen Befunden. Zusätzlich untermauert wird die Trennung durch spezifische Muster des Konsums.

Eine weiter reichende Forschungsperspektive, die nicht nur im Sinne Erich Fromms erstrebenswert ist, wäre es, den Versuch zu unternehmen, alle von Fromm und in direktem Anschluss an Fromm formulierten Gesellschaftscharakter-Typen auf der Basis einer qualitativen Untersuchung so zu operationalisieren, dass sie einer quantitativen „Flächenanalyse" zugänglich sind. Für den autoritären Charakter etwa gibt es dafür schon zahlreiche Grundlagen, auf die zurückgegriffen werden könnte (vgl. etwa Adorno et al. 1950 oder Böhm/Hoock 1998), deutlich weniger jedoch für den nekrophilen Charakter, den hortenden und den narzisstischen Charakter (vgl. zum Versuch der qualitativen Erforschung Internationale Erich-Fromm-Gesellschaft 1995) und auch das Problem der Erfassung von Produktivität ist wie angedeutet nicht endgültig geklärt. Würde eine Operationalisierung für quantitative Studien gelingen, wäre es möglich, analog zur Milieu-Landkarte eine Gesellschaftscharakterlandkarte zu zeichnen, die Aufschluss über die Gesamtverteilung von Charaktertypen geben könnte. Dabei würde man möglicherweise feststellen, dass es auf dieser Karte erheblich mehr „weiße Flecken" geben könnte als anzunehmen. Denn auf die Problematik der Existenz mehrerer Charaktertypen in ein und derselben Gesellschaft ist mehrfach hingewiesen worden. So bezieht sich insbesondere eine knappe Diskussion in Gottschalch (1999) auf folgenden Einwand: „ Es gibt ja im Grunde nicht einen dominanten Charaktertyp in einer Gesellschaft oder Gesellschaftsformation, sondern es gibt unterschiedliche. Und wie ist deren Verhältnis zueinander? Es gibt ja vermutlich auch nicht ein Zentralsystem innerhalb der Gesellschaft, auf das hin die Anpassungs- und Integrationsperspektiven ausgerichtet sind, so dass sie überall die gleichen wären. Das heißt, man muss im Grunde von gegeneinander verschiebbaren Beziehungen ausgehen, davon, dass es unterschiedliche, aber trotzdem typisierbare Sozialisationsverläufe und Charakterbildungen gibt. (...) Dann gibt es natürlich auch verschiedene soziale Systeme, Subsysteme, vielleicht auch berufliche Felder, die unterschiedliche Präferenzen ausbilden für unterschiedliche Charaktere" (Gottschalch 1999:25). Diese Einwände werden etwa durch die Forschung von M. Maccoby (1988, vgl. zur Darstellung und Diskussion auch Frankenberger 2003) in Bezug auf Unternehmen und in einer Studie der Internationalen Erich-Fromm-Gesellschaft (1995) in Bezug auf Lehrer in Ost- und Westdeutschland eindeutig bestätigt. Auch die Studie „Postmoderne und Persönlichkeit" deutet darauf hin. Umso bedeutsamer wäre eine systematische Erforschung der Existenz und Verbreitung verschiedener Gesellschaftscharaktertypen. Würde es gelingen, eine möglichst umfassende Charakter-Landkarte zu entwickeln, so könnte diese in Verbindung mit einer Milieulandkarte ein ungleich umfassenderes Werkzeug zur Differenzialdiagnostik sozialen und psychischen Wandels in einer Gesellschaft bilden, das zu vielerlei Zwecken geeignet wäre.

Die empirischen Ergebnisse unterstreichen nicht nur die Existenz einer postmodernen Entfremdungsdynamik, sondern untermauern auch die angeführten kritischen Äußerungen. Darüber hinaus werfen sie auch ein anderes Licht auf die theoretische Konzeption von Produktivität. Denn obwohl in der Tradition Fromms vorgenommen, offenbarte schon die Operationalisierung von Produktivität deren keineswegs universellen Charakter. In diesem Zusammenhang ist hier auch auf eine von Michael Maccoby postulierte, aber nicht weiter verfolgte Typologisierung in einen bürokratischen und einen interaktiven Charakter hinzuweisen, die als Kontrastmodell zur Einteilung in autoritären und postmodernen Charakter zu verstehen ist. Maccoby (1999) gibt mit dieser Typologisierung zugleich die zutiefst modern anmutende Frommsche Dichotomie zwischen einem Produktivitätsideal einerseits und nicht-produktiven, entfremdeten Charaktertypen andererseits auf. Er postuliert statt dessen ein Kontinuum zwischen den Polen produktiv und unproduktiv, in dem sich beide Typen verorten lassen (vgl. dazu auch Frankenberger 2003). Dieses Vorgehen erscheint unter postmodernen Bedingungen von Ambivalenz und Pluralität angebrachter als das in der orthodox-frommschen Tradition eisern verteidigte und als allein gültig postulierte Produktivitätsideal. Denn analog zu den verschiedenen Gesellschaftscharaktertypen existieren auch verschiedene Produktivitätsvorstellungen und produktive Selbstentwürfe. Diese stehen den eindeutig der Moderne und deren Vorstellungen von einem Ich, dem mit sich identischen Selbst, Gesundheit und gelingendem Leben verhafteten Konzept Fromms gegenüber. Dass die frommsche Idealkonzeption lediglich eine unter vielen möglichen Varianten ist, scheint die empirische Studie zu bestätigen. Selbst wenn man einschränkend sagt, die moderne Produktivitätsorientierung sei schon nur ein Phänotyp, so sollte sie sich wenigstens in allen modernen Milieus zeigen. Dies jedoch ist nicht der Fall. Das verwundert in Hinblick auf die Empirie nicht weiter, denn wenn man die moderne Produktivitätsorientierung möglichst knapp definieren möchte, gelingt dies am besten über drei Schlagworte: Leistung, Besitz und Verzicht. Was hier mehr als deutlich zutage tritt, sind die Nach- und Auswirkungen des für die industrielle Moderne charakteristischen Geistes des Kapitalismus und des Fortschritts, der in der von Max Weber eindrücklich beschriebenen protestantischen Ethik (Weber 1947) zum Ausdruck kommt. Hier gewinnt nach Weber der asketische Lebensstil einen allgemeinen Leistungscharakter. Denn „einer der konstitutiven Bestandteile des modernen kapitalistischen Geistes, und nicht nur dieses, sondern der modernen Kultur: die rationale Lebensführung auf Grundlage der Berufsidee, ist (…) geboren aus dem Geist der christlichen Askese“ (Weber 1947:202). Aus dieser asketisch-leistungsorientierten Einstellung erklärt sich denn auch die Verweigerung gegenüber der Postmoderne, die sich im ökonomischen Feld vorwiegend als Konsumgesellschaft oder gar als Erlebnisgesellschaft (Schulze) generiert und damit so gänzlich verschieden ist von den Vorstellungen der modernen

Produktivitäts-Orientierung. Eine Realitätsverweigerung und das verzweifelte Festhalten an den Idealen der Moderne kann wohl kaum als Ausdruck eines produktiven Umgangs mit gesellschaftlichen Veränderungen interpretiert werden und stellt Fromms Postulat einer von gesellschaftlichen Bedingungen unabhängigen Form der Produktivität mehr als in Frage.

Dem auf dieser Basis für die Postmoderne wenig brauchbaren Modell der Analyse von Produktivität und kollektiver Entfremdung wäre daher eine umfassende Analyse der Verschiebung postmoderner Machtverhältnisse und strategischer Beziehungen an die Seite zu stellen, die grundlegende Mechanismen der „Zurichtung" der Individuen und deren Grundlagen zu erklären vermag. Denn bezüglich der Potentiale, das direktere oder gar weitere Lebensumfeld zu beeinflussen, zeigen sich auch in der empirischen Studie deutliche Differenzen. Während Aktiv Ich-Orientierte über hohe Bildungsabschlüsse und hohe Einkommen verfügen, weisen Passiv Ich-Orientierte vor allem niedrige Bildungsabschlüsse und überdurchschnittlich oft niedrige Einkommen auf. Auch hinsichtlich der Internetanbindung unterscheiden sich beide Typen. Während Aktiv Ich-Orientierte hochgradig vernetzt sind, sind es Passiv Ich-Orientierte unterdurchschnittlich oft. Diese Unterschiede spiegeln sich auch in der Milieuverortung der beiden Typen wider. Während Aktiv Ich-Orientierte hauptsächlich in den postmodernen / modernen mittleren und oberen Mittelschichtmilieus zu finden sind, sind Passiv Ich-Orientierte vor allem in den modernen unteren Mittelschichtmilieus zu finden. Wenn man so will, kann dieser sozio-demographische und sozio-kulturelle Unterschied als Trennlinie zwischen „Verlierern" und „Gewinnern" der Postmodernen Gesellschaft interpretiert werden. Auf der einen Seite stehen die höher gebildeten und besserverdienenden aktiv Ich-Orientierten, die auf den ersten Blick mehr Freiheiten und Gestaltungsmöglichkeiten nutzen können. Auf der anderen Seite stehen die weniger gebildeten und weniger verdienenden passiv Ich-Orientierten, die weniger gestaltend und dafür sehr viel stärker konsumorientiert sind. Beide Typen zeichnen sich zudem durch eine starke Erlebnisorientierung und eine gewisse konsumistische Grundhaltung aus, die sie von Personen ohne Ausprägung signifikant unterscheidet. Allerdings unterscheiden sich beide Typen hinsichtlich der Ich-Setzung fundamental. Aktiv Ich-Orientierte präferieren eindeutig eine Form der selbstinszenierten bzw. -erzeugten Ich-Setzung, während passiv Ich-Orientierte offenbar die konsumistisch-selbstbestimmte Aneignung von „Identität" bzw. die Orientierung an selbstgewählten Vorbildern bevorzugen. Dem jeweils anderen Entwurf stehen sie weitgehend gleichgültig gegenüber oder lehnen ihn tendenziell ab. In dieser Hinsicht „ergänzt" die passive Ich-Orientierung als Nutzer erzeugter Ich-Setzungen und inszenierter Gefühle die aktive Ich-Orientierung als Anbieter solcher Erlebnisse. Diese Befunde deuten auf eine tief reichende und spezifisch postmoderne Durchdringung gesellschaftlicher Interaktionen und sozialer Beziehungen mit durchaus asymmetrischen Machtverhältnissen und strategischen Beziehungen hin, die theoretisch wie empirisch systematischer ausgearbeitet werden sollten. Eine zweite mögliche Perspektive könnte dabei der Ansatz der „Gouvernementalität des Lebensstils" (Frankenberger 2007:208) im Foucaultschen Sinne sein, welche die spezifisch postmodernen Bedingungen der globalisierten Konsumgesellschaften mit ihren vermeintlich umfassenden Möglichkeiten der alltagsästhetischen Gestaltung des Selbst in ein Ensemble von ineinander greifenden Technologien der Machtausübung umsetzt. Diese Technologien setzen dabei sowohl an der Gesellschaft als auch am Individuum, an der Produktion von Waren und Gütern ebenso wie an der Produktion von Sinn an, um eine spezifische Rationalität - in diesem Falle die des politischen und ökonomischen Neoliberalismus - in einem umfassenden Zusammenhang zur Geltung zu bringen (vgl. dazu ausführlicher Frankenberger 2007).

Sehr aufschlussreich nicht nur in Hinblick auf die beiden Typen der Postmodernen Ich-Orientierung, sondern ebenso in Bezug auf diese sich formierenden Regierungstechnologien sind etwa die Variablen V18 „Was ich nicht wirklich will, tue ich auch nicht“ und V19 „In meinem Leben führe nur ich selbst Regie“. Beide zielen auf die selbstbestimmte Ich-Setzung, wobei V18 in der Faktorenanalyse erstaunlicherweise auf Komponente 2 (Produktivität) lud und V19 auf keiner der Komponenten mit einem Wert >0,3 lud. Variable V18 weist einen Stichprobenmittelwert von 3,20 auf und erfährt damit eine enorme Zustimmung. Auch V19 erfährt eine tendenzielle Zustimmung mit einem Stichprobenmittelwert von 2,75, die jedoch etwas geringer ist. Diese Befunde können als Beleg für eine Zustimmung zu der Idee selbstbestimmter Lebensführung in der gesamten Stichprobe gewertet werden, die so letztlich nicht zu erwarten war. In Hinblick auf Aktive und Passive Ich-Orientierung kommt hinzu, dass sich die Befunde zu diesen Variablen unterscheiden.

Für die Aktive Ich-Orientierung wäre eine im Vergleich zur Grundgesamtheit signifikant höhere Zustimmung zu beiden Variablen zu erwarten gewesen. Diese findet sich jedoch lediglich bei V19 (T>0,05), nicht jedoch für V18. Auch für die Passive Ich-Orientierung wäre eine signifikant höhere Zustimmung zu beiden Variablen plausibel, es findet sich eine signifikante Differenz zum Stichprobenmittelwert jedoch nur für V18 (T<0,01), nicht aber für V19. Die mittlere Differenz zwischen Aktiver und Passiver Ich-Orientierung ist bezüglich V18 zudem signifikant auf der Stufe 0,05, bei der die Passive Ich-Orientierung den höheren Mittelwert aufweist. (Der Mittelwert für die Aktive Ich-Orientierung liegt sogar noch unter dem Stichprobenmittelwert, wenn auch knapp nicht signifikant).

Wie ist dieser Unterschied zu erklären? Womöglich weist er auf mehr oder weniger unauflösbare wie zwangsläufige Inkonsistenzen postmodernen Lebensvollzugs hin, die in der je spezifischen und unterschiedlichen Bewertung der Variablen zum Ausdruck kommen. Denn wer in seinem Leben selbst Regie führt, sollte auch in der Lage sein, nur das zu tun, was er auch wirklich will, und wer nur das tut, was er wirklich will, führt selbst Regie. Die tagtägliche Erfahrung lehrt zumindest mich selbst, dass weder das eine noch das andere in konsistenter Weise zutrifft.

Darüber hinaus finden sich bei der näheren Analyse der beiden Variablen weitere Anhaltspunkte für eine spezifisch postmoderne Rationalität von Regierung, die keineswegs auf Aktive und Passiv Ich-Orientierung beschränkt zu sein scheint. Selbstbestimmung ist ein tendenziell akzeptierter Wert und gehört zu den meisten Selbstentwürfen, sogar bei Personen ohne Ausprägungen. Die Möglichkeiten zur eigenen autonomen Entscheidung, was man tun möchte und was nicht, wird in den Selbsteinschätzungen der Befragten offenbar deutlich überbewertet. Gesellschaftliche Abhängigkeiten und Entscheidungszwänge werden offenbar nicht mehr in dem Maße realisiert wie sie de facto bestehen, wenn man die in Kap. II erläuterten Komplexe der postmodernen Gesellschaft heranzieht. Die immer wieder kolportierte postmoderne Wahl- und Entscheidungsfreiheit wird so zu einer perfiden Illusion, zu einem immerwährenden Prozess der Simulation. Damit befindet man sich auch schon im Zentrum der Kritik der postmodernen Gesellschaft. Denn angepriesen werden im Zusammenhang mit der Öffnung neuer Kontingenz-, Wirklichkeits- und Möglichkeitsräume immer wieder Eigenverantwortlichkeit, Selbstentfaltungs-, Selbstgestaltungs- und Selbstinszenierungsmöglichkeiten – kurz die Machbarkeit des individuell Gewünschten oder Ersehnten. Und so wird – wie gesellschaftlich gewünscht und ökonomisch erforderlich – die spontane und unabhängige, von Grenzen, Vorgaben und Traditionen befreite Selbstbestimmung zur leidenschaftlichen Strebung der postmodernen Menschen. Auf der anderen Seite werden die Risiken und Zwänge tendenziell verdrängt oder rationalisiert. Denn letztlich stecken hinter dem Postulat von Selbstverantwortung und Eigenleistung – wenn man sich nur genug anstrengt, dann wird man auch Erfolg haben – die Rationalisierung und Verdrängung von Schuld. Geht es doch hier um die Externalisierung gesellschaftlicher Verantwortung am Scheitern Einzelner: Es kommt zu einer kolossalen Umdeutung der Verantwortungszuschreibung für das „Versagen“ von Individuen im sozio-ökonomischen Raum, das bei genauer Betrachtung oftmals auf gesellschaftlich produzierte Zwänge und Risiken zurückzuführen ist, denen man nur unter Verfügung über bestimmte Fähigkeiten und Kompetenzen erfolgreich gegenübertreten kann. Allerdings wurde es von gesellschaftlicher Seite verabsäumt, die Rahmenbedingungen und Instanzen zur Vermittlung dieser Kompetenzen zu schaffen. Was wäre nun eine bessere und erfolgreichere Rationalisierung, als die Individuen glauben zu lassen, für ihr Scheitern wie für ihren Erfolg ausschließlich selbst verantwortlich zu sein. Genau diese Funktion erfüllt nun zu einem guten Teil der postmoderne Gesellschaftscharakter und offenbart so doch wieder Aspekte einer als nicht-produktiv zu deutenden „Natur“. Dass Individuen – und um die geht es doch letztendlich und nicht um eine abstrakte Größe – aufgrund ihrer gesellschaftlich bedingten Prägung in Form des in sie eingeschriebenen Gesellschaftscharakters bis zu einem gewissen Grad, und eben nicht durch eigene Entscheidungen und eben nicht selbstbestimmt, das tun wollen, was sie tun müssen, sollte den Apologeten des neoliberalen Selbstverantwortungswahnes im Zeichen der Logik des Unternehmerischen zu denken geben.

VII. Perspektiven: Postmoderne und die Widersprüche gelingenden Lebens

Welche Perspektiven gibt es heute für eine produktive Lebens*praxis*, die die Anforderungen der postmodernen Gesellschaft realitätsgerecht meistert und ihre Chancen auf humane, demokratische, psychisch möglichst gesunde Weise wahrnimmt? Ich stelle hier ein Persönlichkeitsmodell vor, dass auf ein gelingendes „Leben im Widerstreit" (Foucault) „zwischen Haben und Sein" (Fromm) zielt, geleitet von der Frage nach der Qualität psycho-sozialen Erlebens und der produktiven Bewältigung der Herausforderungen der Postmoderne. Auch sollen Übereinstimmungen und Differenzen zwischen diesem Modell und den empirischen Befunden zur modernen Produktivitäts-Orientierung herausgearbeitet werden.

1. Produktives Leben in der (Post-)Moderne – ein Modell

1.1. Theoretische und konzeptuelle Grundlagen

Erich Fromm hat sein Verständnis von Produktivität als einer „Existenzweise" („mode of existence") und einer neuen Charakterorientierung vor allem in seiner letzten großen Schrift „Haben oder Sein" (1976a, GA II: 269-414) im Sinne eines „radikalen Humanismus" mit einer nicht-theistischen Spiritualität (z.B. Meister Eckhart) im Hintergrund entwickelt. Zur Erinnerung: Produktivität umfasst bei Fromm viel mehr als der enge Begriff ökonomischer Produktivität, wie er im allgemeinen Sprachgebrauch meist verstanden wird: effizient arbeiten und rentabel produzieren, viel leisten oder ganz allgemein aktiv und nützlich sein. Fromms Humanismus will die psychischen und sozialen Entfremdungsdynamiken spezifischer Sozialcharaktere in einer grundlegend veränderten Gesellschaft aufheben. Er begründet seine Ethik vor allem psychoanalytisch bzw. bedürfnistheoretisch-humananthropologisch in Verbindung mit einer (theoretisch verengten und empirisch unzureichenden) Gesellschaftsanalyse und Kapitalismuskritik (Meyer 2002: 79-112; 154-162).

Der Erkenntniswert der Charakterlehre Fromms, die orientierende Kraft seiner humanistischen Alternativentwürfe und ihre Relevanz für die Mit-Begründung einer humanistischen Ethik werden hier nicht bestritten (vgl. Meyer 2002). Ihnen folge ich als Leitideen, jedoch nicht in den Engführungen ihrer theoretischen Begründung und in ihrer mangelnden Differenzierung für deren Realisierungsbedingungen, auch im Blick auf verschiedene Gruppen und Lebensbereiche in einer immer pluralistischeren Gesellschaft. Im Blick auf die Kritik bzw. Abweichung von Fromms (und Funks) theoretisch-analytischen Zugängen (vgl. Kap. III.1.3; Kap. VI) und auf das, was wir tatsächlich empirisch erfassen konnten (vgl. Kap. III.3 und IV), verstehe ich

Produktivität daher nicht mehr vor allem psychoanalytisch im Sinne der Charakterlehre Fromms, sondern spreche begrifflich offener von *Produktivsein, produktivem Leben bzw. einer produktiven Persönlichkeit.* Diese drei Begriffe werden hier in der Substanz *gleichbedeutend* gebraucht, um Inhalt und Formen (überwiegend) gelingenden Lebens konkret und möglichst nicht nur ethisch-abstrakt zu erläutern.

Produktivsein wird hier verstanden als Lebensgestaltung *im Sinne einer humanistischen Ethik*, ohne jedoch deren psychoanalytische Begründung bei Fromm und eine entsprechende Forschungsmethodik uneingeschränkt zu übernehmen und interpretativ einzulösen (grundlegend Fromms „Psychoanalyse und Ethik" 1947a, GA II:1-157; zur Methodologie insbesondere Fromm/Maccoby 1970b, GA III: 239-268). Denn bei der empirischen Erfassung, Erklärung und – soweit dies möglich ist und angestrebt wird – kritischen Bewertung der Lebensweise von Menschen darf eine humanistische Ethik nicht nur nach bewussten oder unbewussten Motiven und Charakterstrukturen im Sinne Fromms fragen. Das ist notwendig und aufschlussreich. Aber sie muss in mindestens gleicher Gewichtung die *Inhalte des Handelns und seine Folgen* analysieren: *Was* tut jemand, welche positiven oder negativen *Folgen* haben die Handlungen bestimmter Personen und ihre Interaktionen? Die produktive und humane Qualität des Handelns oder einer Lebensweise bemisst sich nicht *nur* nach dem *psychischen* oder innerpersönlichen Warum und Wozu und dem daraus resultierenden Maß an individueller psychischer Gesundheit. Die „charakterologische" Analyse (Fromm) von Handlungsantrieben ist notwendig, aber nicht hinreichend, um komplexes Handeln zu erfassen, zu verstehen bzw. zu erklären oder zu bewerten. So können etwa auch nicht-produktive Handlungsantriebe positive Folgen im Sinne humaner und demokratischer Werte zeitigen. Ein Handeln, das z.B. narzisstischen oder autoritär-paternalistischen Bestrebungen dient, das von der Suche nach Ruhm und Anerkennung geprägt ist, hat zwar für den Handelnden wie für die Adressaten eine vom Ego getrübte psychische und moralische Qualität. Und es unterscheidet sich von einem Handeln, das vor allem prosozialen, gar altruistischen Motiven folgt und in dem das Ego wenigstens nicht *dominiert* (was nicht leicht „von außen" zu bestimmen ist und eher subjektiv empfunden wird). Doch gerade weil solch ego-loses, allein am „Sein" (Fromm) orientiertes Handeln von vielen nicht oder nur unzureichend realisiert wird, sind sozialethisch die folgenden Kriterien gleichermaßen wichtig: Welche *Ziele und Wertpräferenzen* werden realisiert, zu welchen beabsichtigten und unbeabsichtigten *Resultaten* führen eine bestimmte Lebensweise oder kollektives Handeln? Inwieweit trägt ein bestimmtes Verhalten zum Wohlbefinden möglichst vieler und der Hervorbringung von Strukturen bei, die sozial verträglich sind, also Menschen mindestens nicht schaden, sondern bestmöglich dienen, so dass humane und demokratische Werte in der Lebenspraxis möglichst vieler dominieren? Diese Fragen richten sich damit nicht nur an den Einzelnen, sondern auch an Gruppen und Organisationen, an Gesellschaft und Politik insgesamt, auf nationaler wie auf internationaler Ebene.

In der Realität postmoderner Gesellschaften mischen sich im Bemühen um ein produktives Leben Weisen des „Habens" und des „Seins", Ambivalenzen und Widersprüche. Die hier angestrebte Verbindung von analytischem und entwerfendem

Denken fragt im Sinne eines Orientierungswissens (Mittelstraß 2001), wie Produktivsein im psychischen Erleben sowie in der Lebenspraxis wenigstens überwiegen kann, wenn es schon nicht vollkommen zu verwirklichen ist. Dies geschieht m.E. am besten in der Form einer real- und nicht idealtypischen Beschreibung von Persönlichkeitsstrukturen und einer konkreten Lebensweise. Ich spreche daher von *individuellen und gesellschaftlichen Gestaltungsmöglichkeiten oder Optionen für gelingendes Leben bzw. für Produktivsein im konkreten Handeln,* die es zu ermitteln und zu fördern gilt. Diese Begrifflichkeit ist stärker an den sozialen Bedingungen und sichtbaren Formen, an Prozess und Folgen einer konkreten Lebenspraxis orientiert als Fromms psychoanalytisch-charakterologisches Konzept der Produktivität. Produktivsein impliziert bestimmte objektive und subjektive Möglichkeiten wie auch den Prozesscharakter produktiver Selbstentfaltung. So treffen wir auf nicht wenige, die einen Weg vom Haben zum Sein *suchen*, ein Leben „zwischen" Haben und Sein führen – und wohl nur auf ganz wenige, die das Ziel produktiven Seins erreicht haben.

1.2. Chancen für ein gelingendes Leben in der gegenwärtigen Gesellschaft?

Produktivsein meint eine humane, seelisch gesunde Selbstbestimmtheit der Lebensgestaltung aus den Eigenkräften der Person heraus, soweit dies hemmende psychische und gesellschaftliche Strukturen erlauben. Produktivität ist Ausdruck einer schöpferischen Grundhaltung auf der Basis personaler und sozialer Kompetenzen und Ressourcen, die Selbstverwirklichung, ein Leben in Würde, Freiheit und Wohlstand ermöglichen. Wer produktiv ist, vermag die – möglicherweise nur geringen, kontrovers eingeschätzten – Chancen, die eine Gesellschaft bietet, im Sinne humaner und demokratischer Werte zu nutzen oder strebt dies mindestens an, oft auch gegen die in einem System vorherrschenden Tendenzen.

Wie also kann Leben gelingen, wie kann Produktivität *in einer Gesellschaft trotz (oder auch) auf Grund ihrer Strukturen* erreicht werden? Fromm hat einige der wichtigsten restriktiven Kräfte in den modernen Gesellschaften des 20. Jahrhunderts eindringlich aufgezeigt (und Alternativen dazu skizziert). Unübersehbar sind viele dunkle Seiten und inhumane Realitäten der Gegenwart: ein teilweise entfesselter, globalisierter Kapitalismus, in dem die profitable Verwertung des Kapitals und eine nur schwer zu bremsende Ausbeutung natürlicher und humaner Ressourcen dominieren, in dem sich eine wachsende Schere zwischen Arm und Reich auftut, in dem ein Übermaß an Rüstungsproduktion, in vielen Entwicklungsländern Hunger und ein Mangel an Bildung herrschen. In der Mehrzahl der hoch entwickelten Industrienationen wächst die soziale Unsicherheit und Massenarbeitslosigkeit ist, wenn auch in sehr unterschiedlichem Umfang, verbreitet. Ökologische Zerstörungen und epidemische Krankheiten wie Aids nehmen zu. Hinter diesen Phänomenen stehen Herrschafts- und Machtverhältnisse, Eliten, Nationalstaaten und internationale Organisationen, Konzerne und Banken, kurzum: wirtschaftliche und politische Interessen, kulturelle Dominanzen und psycho-soziale Formierungskräfte, die wesentliche Ursachen für die hier stichwortartig benannten „Schattenseiten“ des globalisierten Kapitalismus darstellen. Nicht übersehen werden darf allerdings, dass es hier große Unterschiede zwischen Staaten, Regionen und sozialen Schichten bzw. Milieus gibt.

In unserer Analyse des Zusammenhangs von Postmoderne und Persönlichkeit geht es jedoch primär nicht um eine kritische Analyse dieser *Strukturen* auf der Makroebene postmoderner Gesellschaften. Ich gehe vielmehr zunächst von diesen Voraussetzungen und Herausforderungen für die Lebensweise und Lebensgestaltung der Individuen, wie sie in Kap. II dargestellt und in Kap. VI noch einmal kritisch reflektiert wurden, aus und frage hier vor allem aber nach den Chancen und Realisierungsformen für gelingendes Leben.

Meine *erste These*: Vor allem etliche demokratische und wirtschaftlich prosperierende Gesellschaften bieten heute *auch* positive Voraussetzungen für eine humane Entwicklung und die freie Selbstentfaltung von Individuen und Gruppen, und sei es nur für Minderheiten. Fromm geht von einem letztlich unzerstörbaren humanen Potential des Menschen aus, das er versteht als „Liebe zum Leben“, als *Fähigkeit* zum Guten und als natürliches Streben, zu wachsen und sich frei zu entfalten. All das mag verschüttet und unterdrückt sein, so Fromm, aber es bleibt letztlich in den vielen *Einzelnen* stets erhalten und will sich allen Widrigkeiten zum Trotz immer wieder Bahn brechen. In den modernen Gesellschaften, so seine „konkrete Utopie“, bedürfe es dazu aber einer möglichst gleichzeitigen Revolutionierung aller gesellschaftlichen Bereiche; einer psychischen Umkehr, einer Hinwendung zu einem „radikalen Humanismus“. Abgesehen von der wenig realistischen Forderung nach einer solchen Revolutionierung, vernachlässigt Fromm in seinen Schriften jedoch weithin die *konkrete* Analyse der produktiven Potentiale und die für ihre Entfaltung *förderlichen Bedingungen in den modernen Gesellschaften selbst,* gerade auch im entwickelten Kapitalismus der europäischen Demokratien oder in den USA. Er hebt vor allem auf die Entfremdungstendenzen ab und stellt meist nur sehr allgemein fest, dass Gesellschaften Produktivität auch fördern können (z.B. GA IV, 1955a: 55). Doch die *produktiven Anteile* in Persönlichkeitsstrukturen und Lebensweisen sind nicht nur individuell-humananthropologisch begründet, sondern wesentlich *gesellschaftlich bedingt und vermittelt.* Wie in Kap. II.6 aufgezeigt wurde, gibt es durchaus positive Entwicklungstendenzen in (post-)modernen Gesellschaften, die heute in neuer Weise Produktivsein *ermöglichen.* Wie viel reale Freiheiten und Optionen es dabei für verschiedene Gruppen in diesen Ländern gibt, muss hier offen bleiben.

Meine *zweite These*: Je nach der Art des *Umgangs* mit diesen neuen Bedingungen *können* sich *produktive Gegenkräfte und Gegenbewegungen,* Kräfte der Selbstheilung und demokratischen Überwindung der Mängel und Entfremdungstendenzen (post-)moderner Gesellschaften entwickeln – in den Individuen, in Gruppen, in der Zivilgesellschaft und in politischen Institutionen, auf nationaler und internationaler Ebene. Die Frage, in welchem Maße sich tatsächlich produktive Kräfte auf individueller und gesellschaftlicher Ebene entwickeln, ist jedoch offen und nur empirisch zu beantworten.

1.3. Individuelle Kompetenzen und die gesellschaftliche Verteilung von Ressourcen

Die Art und Weise des Umgangs mit diesen neuen Bedingungen, den Belastungen wie den Chancen der Postmoderne lassen auf der Mikroebene der Gesellschaft deutliche Unterschiede im Grad der Produktivität von Persönlichkeit und Lebenspraxis erkennen. Wer nicht dem „Druck der Verhältnisse", der Dominanz der entfremdenden Kräfte erliegen will, benötigt offensichtlich bestimmte persönliche Kompetenzen und Ressourcen, um eigene Wege und Formen einer eigenständigen und produktiven, teilweise „widerständigen", alternativen Lebensgestaltung zu entwickeln. In ihnen verschmelzen moderne und postmoderne Elemente. Helga Bilden (1998: 246; auch 2007) sieht als Ziel „Subjekte, die sich in der Pluralisierung der Gesellschaft, der Lebensmöglichkeiten, der Wertsysteme, in zum Teil sprunghaften Veränderungsprozessen bewegen können, ohne zerrissen zu werden. Es geht um Subjekte, die in ihren Lebenspraxen die gesellschaftliche Dynamik aktiv und bewusst im Sinne ihrer Wünsche und Bedürfnisse mitzubewegen versuchen." Die folgende Übersicht beinhaltet ein erstrebenswertes Optimum, ohne dass hier Menschen mit einem Idealbild überfordert werden sollen.

In Zeiten von kaum noch vorgegebenen Lebensmustern und wachsenden Wahlmöglichkeiten sind vor allem die Fähigkeit zur *Selbststeuerung, „Beweglichkeit" sowie Eigeninitiative und Eigenverantwortung als Kernkompetenzen* in fast allen Lebensbereichen gefragt. Für eine erfolgreiche Lebensgestaltung bedarf es jedoch einer Reihe weiterer Fähigkeiten (vgl. Keupps Katalog von Kompetenzen 1999).

Erstens eine spezifische *Kommunikationskompetenz* (Heitmeyer), um Sinn, Regeln und Normen in einem gemeinsamen Diskurs (postmodern formuliert: im Widerstreit) zu schaffen und anzuwenden. Denn in vielen Lebensbereichen herrscht inzwischen eine Pluralität (manche sagen auch Chaos) von Werten und Normen, die eine Verständigung über Grundlagen des Zusammenlebens erfordern. Regeln werden also immer weniger autoritativ gesetzt, sondern müssen ausgehandelt werden.

Eine weitere Voraussetzung für eine produktive Auseinandersetzung mit den offenen, uneindeutigen oder unentschiedenen, diskontinuierlichen Gegebenheiten der Postmoderne ist *Ambiguitätstoleranz.* Was diffus ist oder Zeit braucht für Klärungen, sollte ausgehalten werden und nicht zu vorschnellen Urteilen und Entscheidungen führen, nur um Unsicherheit, Fehler oder Misserfolg zu vermeiden. Ohne diese Ängste sein Leben zu gestalten, gelingt aber nur in dem Maße, wie Menschen in der Lage sind, Widersprüchlichkeiten in sich selbst und in ihrer Umgebung auszuhalten, sich auf Ungewisses einzulassen und andere Lebensentwürfe zu akzeptieren.

Flexibilisierung eröffnet nicht nur größere Handlungsspielräume, sondern bedeutet auch, herausgerissen zu werden aus gewohnten Lebenszusammenhängen, die bis dahin Sinn und Sicherheit gaben. Orientierungen, die Stabilität auf der Basis von Eigentum und Arbeit versprechen, lösen sich im Zuge der Krise der Erwerbsarbeit mindestens teilweise auf (Keupp 1999: 281). Angesichts von Unsicherheit und Desorientierung wird das Streben nach gelingender Identität, nach flexibler und stabiler Integration divergenter Bestrebungen immer schwieriger. Erreichbar ist vielleicht nur noch eine *„patchwork-Identität"* (Keupp 1999), die es immer neu zu entwickeln und kreativ zu integrieren gilt – „für alle meine Ichs“, wie Fiat seinen hochvariablen Multivan „Idea“ bewirbt.

Am Arbeitsplatz, aber auch darüber hinaus sind Fähigkeiten wie *Leistungs- und Erfolgsorientierung*, *Durchsetzungsfähigkeit*, Einsatzbereitschaft und positiver Umgang mit Stress gefordert. Aufgrund der Krise der Erwerbsgesellschaft erhöht sich jedoch der Konkurrenzdruck um Arbeitsplätze, der Solidarität und Lebensqualität bedroht. Von Arbeitnehmer/innen wird gefordert, dass sie zeitlich, physisch und psychisch verfügbar und flexibel einsetzbar sind. Sie sollen über vielfältig verwendbare berufliche Fähigkeiten verfügen und sich selbst gut präsentieren können. Einerseits erhöht sich so die Chance, leichter einen neuen Arbeitsplatz zu erhalten. Andererseits ist der Wechsel von Arbeitsplätzen für zahlreiche Berufsgruppen, für Ältere und Frauen, in strukturschwachen Regionen und im Zusammenhang mit der Verlagerung von Arbeitsplätzen ins jeweils billigere Ausland objektiv und subjektiv oft so schwierig, dass auch gute Qualifikationen und Flexibilität nicht ausreichen, um sich neu und mit Aussicht auf Dauer zu platzieren. Im Zeichen hoher Arbeitslosigkeit werden Arbeitnehmer/innen tendenziell erpressbar, Solidarität schwieriger.

Im direkten Zusammenhang mit der materiellen Unsicherheit steht somit die Forderung*, mit Risiken umgehen zu können und individuell wie kollektiv Sicherheit und Vertrauen zu schaffen*. Dies kann nicht zuletzt durch mindestens mittelfristig verlässliche soziale Beziehungen und tragfähige *Netzwerke* geschehen, die dem Individuum soziale Integration und Anerkennung verschaffen.

In „offenen“ pluralistischen Gesellschaften mit ihrer Vielfalt an Optionen setzt dies ein hohes Maß an *Orientierungs- und Konzentrationsfähigkeit* sowie an *effizienter (Selbst-)Organisation* voraus. Man sollte mehrere Aufgaben gleichzeitig und verschränkt bewältigen („multi-tasking“) und Sozialbeziehungen auf verschiedenen Ebenen „managen“ können. Eltern, die ihre Kinder optimal fördern wollen, aber auch die Kinder selbst, berufstätige Eltern und Alleinerziehende wissen schon heute ein Lied davon zu singen, welche hohen Anforderungen diese Aufgaben- und Optionsvielfalt an das Organisations- und Improvisationstalent aller Beteiligten stellt.

Technologische und ökologische Kompetenz ist für den Umgang mit der kapitalistischen Produktion und der postmodernen Dienstleistungsgesellschaft, ihren Risiken und Nebenwirkungen unerlässlich, denn Technologien bestimmen, ja konstituieren immer mehr Lebenszusammenhänge. Zugleich gilt es, nicht dem Glauben an eine unbegrenzte technologische Machbarkeit und Steuerbarkeit des Lebens zu erliegen.

All dies schließt heute mehr denn je die Fähigkeit ein, *bewusst, kritisch und souverän mit den alten und neuen Medien umzugehen*. Ideologiekritische Medienkompetenz setzt voraus, dass man die Produktions- und Wirkungsweise von Medien- und Werbeprodukten kennt, dass man Machart und Interessencharakter, Gefahren und manipulative Einflüsse durchschaut. Es gilt, Inszenierungen, Vermarktungsmechanismen und illusionäre Wirklichkeiten als solche zu erkennen. Der kompetente Umgang mit den neuen Medien schließt aber auch ein, deren *Möglichkeiten* für das eigene persönliche Wachstum und Weiterkommen in Arbeit und Freizeit effektiv zu nutzen. Nur mit einem wachen Sinn dafür, wie und warum vieles Neue gemacht wird, lassen sich eigene Kreativität und Authentizität erreichen.

Erwerb und erfolgreiche Ausübung dieser Kompetenzen erfordern bestimmte *gesellschaftliche Bedingungen:*

- ein prosperierendes, technologisch hoch entwickeltes Wirtschaftssystem – heute de facto Varianten marktwirtschaftlich-kapitalistischer Systeme mit mehr oder weniger staatlicher Steuerung, für die aber permanente und z.T. grundlegende Reformen notwendig oder mindestens partielle Alternativen denkbar sind;
- eine leistungsfähige Infrastruktur besonders in den Bereichen Bildung, Verwaltung, Verkehr und Kommunikation;
- Massenwohlstand und ein relativ hohes Maß an sozialer Sicherheit und Gerechtigkeit in einem Wohlfahrtsstaat, der ökologische Nachhaltigkeit und Generationensolidarität realisiert bzw. anstrebt;
- ökonomisch, sozial und politisch aktive Schichten sowie innovationsfreundliche und sozial verantwortungsbewusste Arbeitnehmer und -geber;
- eine stabile, liberale, pluralistische Demokratie, gesicherte Menschenrechte, ein hohes Maß an Rechtsstaatlichkeit und eine demokratische politische Kultur;
- gesicherter Frieden, Politik und Wirtschaft auf der Basis fairer internationaler Kooperation, z.T. auch integriert in regionale Strukturen.

Auf individueller Ebene gehören dazu bestimmte Ressourcen und Fähigkeiten:

- ein mittleres bis höheres Einkommen und ein entsprechender Lebensstandard mindestens als Ziel – eine förderliche, wenn auch nicht notwendige oder hinreichende Bedingung für Produktivsein in der Lebenspraxis;
- mittlere bis höhere Bildung, kulturelle Offenheit und Interesse an aktuellen gesellschaftlichen Entwicklungen;
- körperliche und psychische Belastbarkeit („fitness“);
- gute Fähigkeiten im Umgang mit PCs und Internet („digitale und mediale Kompetenzen“);
- Fremdsprachenkenntnisse (mindestens gut Englisch) und Auslandserfahrung;
- Sinn für „Ästhetik im Alltag“, d.h. man muss die Bedeutung ästhetischer Selbstgestaltung und guter Präsentation im Alltag erkennen, akzeptieren und aktiv-kreativ angehen.

Diese Kompetenzen und Ressourcen sind auf nationaler und internationaler Ebene noch immer *sehr ungleich verteilt.* Vor allem die Mittel- und Oberschichten der entwickelten Industrienationen verfügen am ehesten über die Voraussetzungen für die Herausbildung individueller und kollektiver Produktivität. Andere Schichten, bestimmte sozio-kulturelle Milieus, Altersgruppen und Regionen sind offensichtlich benachteiligt. Im Verhältnis von Individuum, Gesellschaft und Politik entwickeln sich daher neben bekannten, auch ganz neue Problemlagen und Gestaltungsaufgaben. „Die Zunahme der Lebensoptionen (...) hat das alte, vermeintlich veraltete Thema der *sozialen Gerechtigkeit* nicht erledigt, sondern reformuliert. Die soziale Frage ist mit der Individualisierung selbst individualisiert worden, sie stellt sich den Subjekten nun weniger in Form von kollektiven sozialen Lagen oder Schicksalen, sondern viel mehr als individuelles Problem, für das individuelle Lösungen gefunden werden müssen“ (Keupp 1999: 277). Dem ist teilweise zu widersprechen, denn individuelle Lösungen werden nicht ausreichen. Soziale Verantwortung und politische Steuerung sind mehr denn je auf kollektiver und internationaler Basis gefordert. „Eine postmoderne Politik, deren Ziel eine lebensfähige politische Gemeinschaft ist, muss sich durch das *triadische Prinzip von Freiheit, Verschiedenheit und Solidarität* leiten lassen; wobei Solidarität die notwendige Bedingung und der entscheidende kollektive Beitrag zum Gedeihen von Freiheit und Verschiedenheit (…) ist. In der postmodernen Welt finden die ersten beiden Elemente dieser Trias viele offene oder heimliche Verbündete, nicht zuletzt unter dem sogenannten Deregulierungs- und Privatisierungsdruck des immer stärker globalisierten Marktes. Was die postmoderne Situation aller Wahrscheinlichkeit nach nicht aus sich selbst hervorbringen wird, (...) ist Solidarität; doch ohne Solidarität kann (...) keine Freiheit sicher sein (…).“ (Baumann 1999: 369)

In der Postmoderne wird der *Umgang der Bürger mit Politik* eigenständiger, Bindungen an und Identifikationen mit großen Organisationen (z.B. Parteien, Gewerkschaften) lassen nach, Wahl- und Wechselmöglichkeiten, unpolitische Abstinenz oder gewaltsamer Protest eingeschlossen, werden stärker genutzt. Einerseits bestehen die großen alten Institutionen des Rechts- und Sozialstaats, der Demokratie und der supranationalen Integration als tragendes Gerüst fort. Andererseits entwickeln sich Bedarf und Möglichkeiten einer neuen Art selbstorganisierter Politik von unten, durch die Bürger selbst. Daher kann und muss der postmoderne Mensch *politisch interessiert und so gut informiert* sein, dass er Strategien der Problemlösung und Konfliktbewältigung, Chancen und Grenzen politischer Steuerung und Partizipation bis hin zur globalen Ebene ansatzweise kritisch einschätzen kann. Das Individuum kann und soll „politikfähig“ werden in neuen Formen bürgerschaftlichen Engagements, in Selbsthilfegruppen und Betrieben, an vielen sozialen Orten, in kleinen und großen Öffentlichkeiten („finding and sustaining community“). Sollen Gesellschaften nicht zerfallen, so ist es heute nicht nur notwendig, eine verantwortliche *Bürgergesellschaft* zu bauen, sondern mehr denn je sind die Voraussetzungen dafür günstig mindestens in den entwickelten Gesellschaften. Neue Formen der Politisierung, freiwillig in der Form und solidarisch im Inhalt, sind gefordert und verlangen wachsende Kompetenzen für öffentliches, politisches Handeln: Sachkenntnis, Wissen um Rechte und Verfahren, Zeitmanagement, Fähigkeit zur Artikulation und zum Ausgleich von Interessen, Zivilcourage und Reformbereitschaft. Der postmoderne Mensch mag derzeit häufig fern der Politik leben. Aber in einem *produktiven* Lebensentwurf kann und darf er nicht als unpolitisch konzipiert werden.

Insgesamt ist derzeit offen, inwieweit die Menschen mindestens in den entwickelten Industrienationen über die notwendigen Kompetenzen und Ressourcen, aber auch über hinreichende Gestaltungsmöglichkeiten verfügen (werden), um den Herausforderungen der Postmoderne produktiv zu begegnen. Die zukünftige Entwicklung postmoderner Gesellschaften, die Realisierungschancen gelingenden Lebens lassen sich kaum vorhersagen. Für Optimismus und Pessimismus lassen sich jeweils gute Gründe finden.

1.4. Konstruktionsweise und Funktionen des Modells

Es wird hier *ein realitätsnahes Modell von Produktivsein für Persönlichkeitsstruktur und Lebensweise in der Gegenwart,* also kein Idealtypus einer produktiven Charakterorientierung wie bei Fromm entworfen. Dieser Persönlichkeitstyp wird als *ungleichgewichtiger Mischtypus* konzipiert, in dem die produktiven Momente gegenüber den nicht-produktiven „überwiegen" oder dominieren. Das Modell präsentiert eine entsprechende Lebenspraxis als komplexe Option, indem es typische Grundmotive und „Kompositionselemente" in verschiedenen Dimensionen skizziert.

Da diesem Modell primär nicht ein tiefenpsychologisches Verständnis zugrunde liegt, verwende ich die *Begriffe Persönlichkeit und Lebensweise* oder -praxis und nicht wie Fromm (und Funk) „Charakterstruktur oder -orientierung". Persönlichkeit meint hier nicht nur ein Ensemble von Eigenschaften oder Merkmalen, sondern verdichtete und miteinander verflochtene Muster der Lebensgestaltung, wie jemand sich sieht und wohin seine äußere und innere „Lebensreise" geht, gehen soll. Das Modell versteht die beschriebenen Werte, Einstellungen, Verhaltensweisen und Selbstbilder nicht als Ausdruck *einer* bestimmten durchgängigen *Charakter*orientierung, also einer grundlegenden, den Menschen umfassend bestimmenden, meist nicht bewussten „leidenschaftlichen Strebung" im Sinne Fromms. Sie sind hier vielmehr Elemente in der Motivkonfiguration der Persönlichkeit und ihrer Lebensgestaltung im jeweiligen sozialen Kontext. Das Modell ist jedoch *offen und anschlussfähig für eine psychoanalytische Interpretation und Kritik.* Die Phänomene werden hier also nicht psychoanalytisch hinterfragt, z.B. als Abwehr, Kompensation oder Rationalisierung unbewusster Strebungen. Das können, aber müssen sie nicht sein; und wie sehr sie es sind, ist wohl nur „face to face" im eigenen und fremden Erleben und geschulten Interpretieren näherungsweise zu erschließen. Nicht zuletzt deshalb halte ich mich auch zurück mit eindeutigen Bewertungen und Diagnosen dessen, was „pathologisch" ist oder nicht.

In die Beschreibung der Qualität dieser (Er-)Lebensweise gehen bestimmte Momente von Fromms Konzept der Produktivität und Beobachtungen über die Wirkungen von Produktivität ein (vgl. ausführlich Funk 2005: 221-225). Sie kennzeichnen das Denken, Fühlen und Handeln eines auf Wachstum und Integration angelegten Lebens und sind charakteristische Momente einer spannungsvollen Lebendigkeit. Fromm selbst hat in einem längeren Kapitel über „Haben oder Sein in der alltäglichen Erfahrung" sehr anschaulich die konkret spürbaren Qualitäten einer produktiven Orientierung am Sein dargestellt: im Lernen, im Erinnern, im Miteinandersprechen, im Lesen, in der Art, wie man Autorität ausübt, im Wissen, im Lieben, im Glauben. Fromm hat in seinem gesamten Werk immer wieder entwerfend, orientierend, bestärkend, appellierend formuliert, was Produktivsein heißt, zuletzt in seinem Leitbild eines „neuen Menschen" (Fromm 1976a, GA II: 293-306, 390-392). Angesichts der dominant nicht-produktiven Charakter- und Gesellschaftsstrukturen des Kapitalismus blickte er zwar eher pessimistisch in die Zukunft. Aber er setzte zugleich auf die Kraft des produktiven Dennoch in Mensch und Gesellschaft.

Das Modell einer Persönlichkeit und Lebenspraxis, in der Produktivsein überwiegend erreicht wird, soll so als Entwurf für *eine* mögliche Form der Realisierung von Produktivsein die Selbstreflexion im persönlichen und gesellschaftlichen Maßstab anregen. Das Modell war auch Bestandteil der theoretischen Diskussionen des Projektteams und diente so der Hypothesenbildung. Es bildete vor allem in seinen eher modernen Elementen einen der Ausgangspunkte für die Formulierung von Items der Skala Moderne Produktivitätsorientierung (MPO-Skala) und weist daher in bestimmten Punkten Übereinstimmungen mit dieser auf. Das Modell kann so auch als *Interpretationshorizont* für diesen Teil der empirischen Studie genutzt werden.

Das Modell der integrierenden Persönlichkeit beansprucht, als eigenständiges Konstrukt auch *empirisch plausibel* zu sein. In Kap. II wurden Strukturmerkmale und Entwicklungstendenzen der gegenwärtigen Gesellschaft und ihre Auswirkungen auf die Individuen dargestellt. In der Konkretisierung stützte ich mich vor allem auf Analysen zu postmodernen Lebensweisen, zum Wertewandel, zu psycho-sozialen Befindlichkeiten und neuer Spiritualität. Die *Milieuforschung* hat hier besonders differenzierte Befunde im Kontext von vorherrschenden „Megatrends" vorgelegt. Die Sigma-Milieustudien kennzeichnen die modernen Grundmotive durch die Stichworte „Haben, Verbrauchen, Genießen" sowie „Status, Besitz, Lebensfreude", die postmoderne Orientierung dagegen durch den Subjektivismus des „Ich-Seins" oder der „Ich-Orientierung" (vgl. Ascheberg 2006: 20). Im Bereich der *Wertwandelforschung* hat R. Inglehart den Wandel von modernen, „traditionellen" zu postmodernen (früher: von materialistischen zu postmaterialistischen) Werten des „Wohlbefindens" inzwischen weltweit untersucht (Inglehart 1977, 1989, 1998). In anderer Weise hat Klages den Wandel von Pflicht- und Akzeptanzwerten zu Werten der Selbstentfaltung und Mitbestimmung aufgezeigt. Empirisch und normativ hebt er ab auf den Typ des „aktiven Realisten" und stellt sich damit gegen die Unverbindlichkeit der jungen „hedonistischen Materialisten", die manche postmoderne Züge tragen (vgl. Klages 1988, 1992, 1999). Der „aktive Realist" weist Ähnlichkeiten mit Maccobys Typen des „Selbststarters" und des „interaktiven Charakters" auf (vgl. Maccoby 1989, 1999, 2001). Neuerdings hat Maccoby (2003) den Typus des „productive narcissist" vorgestellt – all dies in kritischer Abgrenzung, z.T. auch Umkehrung von Fromms Konzept von (Nicht-)Produktivität bzw. Narzissmus. Schließlich wurden die Arbeiten von Beck (1997, 2000, 2001a,b, 2007; Beck/Bonß 2001) und Schulze (2000, 2003, 1992/2005) sowie andere Zeitdiagnosen und Gesellschaftsentwürfe *selektiv* berücksichtigt (vgl. Kap. II). Gegen die meisten dieser Studien lassen sich allerdings theoretische, methodische und empirische Einwände vorbringen, die hier jedoch nicht im Einzelnen diskutiert werden können. Nicht zuletzt seien exemplarisch Jägers (2000, 2005) hoch reflektierte Beiträge zu einer weltoffenen, erfahrungsbezogenen Spiritualität jenseits unseriöser Esoterik erwähnt.

Versucht man „gelingendes Leben" oder Produktivsein (auch im Sinne Fromms) in positiven Begriffen zu fassen, so besteht die Gefahr, dass sie – von realen Menschen und ihren oft bedrängenden Lebensbedingungen abstrahierend – nur wie Beschwörungen des Idealen klingen und zu leeren Worthülsen verkommen. Ideologische Verbrämung restriktiver Strukturen und naives „Gutmenschentum" sind dann gängige Vorwürfe. Ich hege jedoch keine Illusionen über gesellschaftliche Defizite, über Schwierigkeiten und Grenzen der Verwirklichung humaner Werte in der Gegenwart. Ebenso wenig unterschätze ich die Kraft und das Gewicht inhumaner, die (Post-)Moderne abwehrender Gegenbewegungen. Es bedarf also eines *kritischen Bewusstseins* gegenüber der Besetzung, Instrumentalisierung und verführerischen Vermarktung *von „positiven" Begriffen oder Leitbildern.* In Werbung, Politik und Publizistik begegnen wir oft einer fragwürdigen, ja entleerten Verwendung von Begriffen wie Kreativität, Echtheit, Lebendigkeit, Authentizität, Originalität, Ehrlichkeit. Ihre Umsetzung in Bildern und Symbolen hat zum Teil eine unbewusste, noch stärker nicht-produktive Wirkung als Sprache. Solche medialen Verklärungen, Suggestionen und manipulativen Verwertungsmechanismen zu durchschauen ist nicht einfach. Nur wer sich selbst ein Stück unverfälschter Eigenständigkeit im Empfinden und Urteilen bewahrt hat, wem in Aufklärungs- und Erziehungsprozessen und durch vorgelebte Praxis Sensibilität und Bewusstsein dafür (wieder) vermittelt wurden, kann dann in der Realität spüren, was wirklich authentisch und glaubwürdig, oder aber nur gemacht und inszeniert ist.

1.5. Leben als multiple Balance von Widersprüchen

Gelingendes Leben in der Gegenwart ist heute vor allem durch einen permanenten *Prozess der Integration, der multiplen Balance von Widersprüchen* gekennzeichnet. Dies ist m.E. die Hauptaufgabe und das Hauptmerkmal des Lebensvollzugs des produktiven Menschen heute. Fromm selbst hat in seiner Humananthropologie das Moment der Widersprüchlichkeit hervorgehoben und betont, dass Menschen immer wieder neu ihr Gleichgewicht finden müssen (GA IX: 379). In der Postmoderne scheint es noch schwieriger als früher, die Widersprüche und Konflikte im Umgang mit eigenen Bedürfnissen, gesellschaftlichen Ansprüchen und globalen Herausforderungen auszubalancieren und zu integrieren. Widersprüche in Menschen resultieren also nicht allein aus den Defiziten und unbewältigten Problemen der eigenen Persönlichkeitsentwicklung. Es sind vielmehr oft *gesellschaftliche* Widersprüche, die in die Individuen hinein verlagert werden und sich in ihrer Psyche und Praxis spiegeln.

Das Modell zeigt in einem *vorläufigen Entwurf*, wie Chancen neuerer gesellschaftlicher Entwicklungen produktiv genutzt werden können und wie dabei Spannungen ausgehalten und ausbalanciert werden. Es vermittelt eine Vorstellung davon, wie die Integration dieser mehrfachen oder multiplen Widersprüche gelingen könnte, wenn die personalen Eigenkräfte überwiegend produktiv eingesetzt werden.

Erstens gilt es, widersprüchliche *gesellschaftliche* Anforderungen und Normen

- der „ersten" Moderne (insbesondere: Leistung, Effizienz, Rationalität, Macht in Hierarchien, Kontrolle, Disziplin, individueller Erfolg, Wohlstand, Statusstreben; rationale politisch-administrative Steuerung der Gesellschaft, vor allem durch einen Sicherheit gebenden Rechts-, National- und Wohlfahrtsstaat) und
- der „zweiten" oder Postmoderne (insbesondere: ein selbstgestaltetes Leben, Selbstverwirklichung, nicht-hierarchisch organisierte Arbeit, Subjektivismus,

Spontaneität, Wohlbefinden, Lebensgenuss, Erlebnisorientierung, ästhetisch bewusste Selbstinszenierung)
- innerhalb einer sich rasch wandelnden postmodernen Gesellschaft im Zeichen der Globalisierung und im Kontext durchmischter Kulturen zu integrieren.

Zweitens geht es um die Integration widersprüchlicher *individueller* Strebungen

- in der praktischen Lebensgestaltung auf der Verhaltens- und Beziehungsebene in verschiedenen Handlungsfeldern (Arbeit und Freizeit; zwischen privat und öffentlich, innerhalb und außerhalb von Institutionen) sowie
- auf der sozialen, der psychisch-individuellen und der normativen Ebene (u.a. Grundmotive, Gefühle, Wert- und Glaubensüberzeugungen),
- so dass deren Realisierung Sinn und innere Befriedigung vermitteln.

Drittens geschieht dies

- in der Durchmischung von produktiven und nicht-produktiven Momenten in Psyche und Lebensweise,
- als Prozess des Suchens und Findens, der ständigen (Selbst-)Herausforderung, der Annahme und Erweiterung von Grenzen, von Scheitern und Gelingen.

Man könnte auch von einer *„integrierenden Persönlichkeit und Lebenspraxis"* sprechen – eher als von einer integrierten. Denn in Zeiten rapiden gesellschaftlichen Wandels ist Integration ein permanenter, *nie abgeschlossener Prozess*. Erreicht wird immer nur ein vorübergehendes, mehr oder weniger stabiles Gleichgewicht in der eigenen Psyche, in der Arbeit wie in den Sozialbeziehungen. Es handelt sich um eine schwierige, stets gefährdete Balance vielfältiger Anforderungen und Bestrebungen – eine Aufgabe, die ständige Aufmerksamkeit und bewusstes Bemühen erfordert. Dafür allerdings bedarf es bestimmter Kompetenzen und Ressourcen.

Soll Leben in der Gegenwart gelingen, müssen die hier genannten *Kompetenzen und Ressourcen* in ausreichendem Maß vorhanden sein. In den Milieus der Hochgebildeten mögen die Chancen für Produktivität zwar größer sein. Aber Art und Ausmaß von Produktivität sind grundsätzlich nicht abhängig von Einkommen, Bildung oder Beruf. Soll Leben in der Postmoderne gelingen, so muss man jedoch – im Sinne des Konzepts der Individualisierung und des „eigenen Lebens" von Ulrich Beck (2001a,b) – seine Biographie selbst gestalten, „Architekt und Baumeister des eigenen Lebensgehäuses" (Keupp 1999: 56) sein. Der Begriff der „patchwork-Identität" bezeichnet dabei ein mögliches Ergebnis dieser Integration: das Zusammenfügen einer bunten Vielfalt von „Stofffetzen des Lebens" zu einem Ganzen, möglichst mit stabilen Nähten in den menschlichen Beziehungen und einem strapazierfähigen Saum, der dem eigenen Leben (immer wieder) Rahmen, Halt und Sinn gibt.

In diesem Modell eines Persönlichkeitstyps dominieren die produktiven Momente. Doch kennt die „überwiegend" produktive Persönlichkeit *auch zahlreiche Momente des Nicht-Produktiven* – oft nur in bestimmten Situationen, gegenüber bestimmten Menschen, in verschiedenen Lebensabschnitten. Dazu gehören: Haben-Wollen als Streben nach Herrschaft, Ruhm und Reichtum als Lebenszweck; Karrierestreben, Überanpassung und Kälte gegenüber den Nöten und Bedürfnissen anderer, auch entfremdetes Arbeiten und innere Zerrissenheit. Es gibt Ambivalenzen,

Scheitern und eine manchmal verzweifelte Suche nach Sicherheiten, die es immer weniger gibt. Könnte man „hinter die Kulissen“ schauen, so würde man wahrscheinlich auch auf Momente der Verdrängung, Kompensation und Rationalisierung, Depression, Illusionen und Ideologisierungen stoßen. Unbewusste Ich-Schwäche, hartes Ego und narzisstische Tendenzen sind womöglich wirksam, wo im bewusst oder unbewusst geschönten Selbstbild Liebe, Geben und Glauben vorherrschen.

Die postmodern produktive Persönlichkeit mag sich damit begnügen (müssen), das eigene Produktivsein auf *bestimmte Lebensbereiche* und -phasen, Beziehungen oder „Inseln“ des Erlebens zu beschränken. Der Brüchigkeit und mangelnden Steuerbarkeit der Verhältnisse entspricht die nicht immer gelingende Integration der Widersprüche in den vielfältigen Balanceakten des Lebens. Womöglich einmal vom Seil zu fallen gehört zu dieser Lebensführung – ebenso wie der mutige Neuanfang. Für die dominant produktive Persönlichkeit gibt es in den meisten Fällen jedoch insgesamt genügend eigene seelische Ressourcen, in denen sie sich selbst auffängt, genügend andere Menschen und soziale Netze, die ihr Halt geben.

In der Praxis ist die postmodern produktive Persönlichkeit *der lebende, lebendige Widerspruch*. Ihr Lebensgefühl ist eher ein Ringen als ein Ruhen. Die postmoderne Persönlichkeitsstruktur ist weder empirisch noch in normativer Hinsicht (im Sinne etwa des Humanismus Fromms) als konfliktfrei, eindimensional oder sich linear entwickelnd zu konzipieren. Sie ist eher bunt als unifarben. Sie ist dynamisch gedacht, offen für jeweils neue Möglichkeiten. Sie ist eher im *Wie* subjektiven Erlebens und der Lebensgestaltung als im *Was* dauerhafter Lebensinhalte zu erfassen.

Integration geschieht hier also nicht als stabile *harmonische* Einheit, sondern meist „nur“ als brüchige, sich stärker als in früheren Zeiten wandelnde Identität, die dennoch (oder deshalb?) als *insgesamt befriedigend und sinnerfüllt* erlebt wird. Das Modell kann auch verstanden werden als *Realisierung eines Selbstkonzepts*, was man ist und sein möchte, als das, was ein produktiver Mensch unter den Bedingungen der Gegenwart für sich selbst als „gelingendes Leben“ ansieht oder ansehen könnte.

Das Modell der integrierenden Persönlichkeit bildete einen der Ausgangspunkte für die empirische Studie. Wir konnten und wollten jedoch das Modell der integrierenden Persönlichkeit nicht im Ganzen in eine Skala einbringen und empirisch überprüfen. Die MPO-Skala ist also nicht identisch mit diesem Modell, weist aber zahlreiche Gemeinsamkeiten mit ihm auf (s. die Verweise auf entsprechende Items im folgenden Text). Die zentrale Frage hier lautet vielmehr: Wollen und können wir so leben, wie in diesem Modell vorgestellt?

2. Die integrierende Persönlichkeit: Modell für gelingendes Leben?

Das Modell versteht sich, zumal im Blick auf Grundmotive und Leitwerte der Lebenspraxis, als ein überwiegend positiver Entwurf. In diesem Sinne spreche ich auch vereinfachend von einer *überwiegend* produktiven (post-)modernen Persönlichkeit und einer *insgesamt* produktiven Orientierung der Befragten, wie sie typischerweise in der gegenwärtigen (post-)modernen Gesellschaft vorkommen. Es handelt sich jedoch nicht um eine idealtypische Reinform oder einen präzisen Kriterienkatalog für eine produktive Lebenspraxis. Keinesfalls soll hier suggeriert werden, nur so könne oder müsse man mit den Bedingungen und Chancen der Postmoderne umgehen, nur so könne man produktiv oder seelisch gesund sein. Eigenverantwortung und Widerständigkeit gegenüber gesellschaftlichen Anforderungen und Leitbildern gehören zu diesem Entwurf ebenso wie der kritische Umgang mit illusionären, virtuellen oder nur inszenierten Wirklichkeiten oder mit technisch-organisatorischen Ressourcen. Auch wenn im Moment Visionen, Leitbilder, „missions“ und „messages“ allenthalben gefragt sind: Hier handelt es sich *nicht um ein normatives Leitbild*, gar in pädagogischer Absicht. Dies widerspräche der gebotenen Offenheit und realen Vielfalt postmoderner Lebensentwürfe. Es werden also nur Optionen zur Diskussion gestellt.

2.1. Drei spannungsvolle Grundmotive: Leistung und Erfolg, Selbstentfaltung und Interesse am Anderen, Lebensgenuss und Sinnsuche

Die dominant produktive Persönlichkeit will drei spannungsreiche *zentrale Lebensmotive* miteinander verbinden. Sie sind in dieser Kombination typische, für die integrierende Persönlichkeit konstitutive Grundmotive und -orientierungen, die Psyche und Lebenspraxis prägen. Was ist damit konkret gemeint?

Orientierung an *Leistung und Erfolg* bedeuten, dass jemand als Grundantrieb etwas aus eigener Kraft, mit „power“ und sichtbarem Erfolg schaffen will, das heißt: hervorbringen, leisten, machen, kontrollieren, etwas beherrschen, Ziele erreichen. Im Schwäbischen ist diese Einheit im mehrfachen Sinn des Wortes „schaffen“ enthalten: hart arbeiten, fleißig sein, viel erreichen, nicht „unnütz Zeit vertun“, umtriebig sein („ebbes schaffe“). Damit verbindet sich die Vorstellung: nur indem man hart arbeitet, hat man Erfolg und Anerkennung verdient, nur so kann man „es schaffen“, aber auch letztlich schöpferisch sein. *Je und je neu Wirklichkeit zu schaffen, als Ausdruck eines freien, kreativen Ich oder Wir – das ist es, was den (post-)modern Produktiven anzieht.* All dies geschieht weniger im Modus des Habens als des Seins, also ohne letztlich beherrschen, besitzen und festhalten zu wollen.

Objektiv und subjektiv wichtig ist für diesen Persönlichkeitstyp zunächst eine *gute materielle Basis.* Das heißt: man verfügt über ein mittleres bis höheres Einkommen und einen entsprechenden Lebensstandard (oder strebt dies mindestens an) – eine sehr förderliche, wenn auch nicht notwendige oder hinreichende Bedingung für Produktivsein. Er möchte „sich etwas leisten können“, auch, aber nicht nur Exquisites und Exklusives. Für sich genommen verschafft ihm dies jedoch keine volle Befriedigung – sonst würde es sich „nur“ um den materialistisch und technokratisch eingestellten Erfolgsmenschen der Moderne, den aufstiegsorientierten Angestellten, den Konsummaterialisten oder den Kleinbürger handeln, für den nur zählt, was jemand „in harter Arbeit“ erreicht hat und sich dann kaufen kann.

In der postmodern produktiven Persönlichkeit verbindet sich dieses Streben nach bzw. das Haben von Wohlstand stärker denn je mit einem weiteren Grundantrieb: *autonome Selbstentfaltung und Selbstfindung*. Bezogen auf Arbeit, Beruf und sozialen Status heißt dies: Dieser Typus will sich *in und jenseits der Arbeit* selbst entfalten und finden. Er will seine Ideen realisieren, eigenen Vorstellungen und Regeln folgen. Dazu gehören relative Freiheit, Handlungsspielräume und autonome Gestaltungsmöglichkeiten. Geregelte Arbeitszeiten sind ihm zuwider. Er kann sich gut konzentrieren, aber er überanstrengt sich nicht. Er will „gut sein", Erfolg haben *und* sich dabei selbst verwirklichen. Er will aktiv und kreativ sein, indem er etwas aus sich heraus schafft. Ein gutes Lebensgefühl, Lebensfreude, innere Befriedigung stellen sich für ihn jedoch nur ein, wenn er sich in seinem Handeln und Erleben wiederfindet, wenn sie für ihn Sinn machen, so wie er ihn definiert.

In diesem *Streben nach einem durchgängigen Selbst-Sein* trotz vielfältiger, häufig wechselnder Handlungs- und Beziehungsfelder verbindet er Arbeit und Freizeit, Partnerschaft und Freundschaften. Diese Lebensbereiche gehen bei ihm häufig ineinander über. Er will und kann sie nicht sauber trennen, weil sie authentischer Ausdruck seines Ich sind. Sie dienen jedoch nicht primär dem „ego enhancement", einem immer größeren Ich, der Verwirklichung eines narzisstischen oder macht- und statusorientierten Ego. Der Produktive ist sozial integriert und an Partnerschaften interessiert, wenn auch auf eine flexible, offene Weise.

Das dritte Hauptmotiv der postmodern produktiven Persönlichkeit ist die Verbindung von Sinnsuche und dem, was G. Schulze „das schöne Leben" nennt (G. Schulze 2003). Das bedeutet allgemein: sich bei allem, was man tut, wohl fühlen, nicht nur Spaß und äußeres Vergnügen, sondern auch innere Freude empfinden. Freude verbindet sich meist mit einem *ästhetisch-kulturell orientierten Lebensgenuss*. Das bedeutet: etwas Anregendes, Schönes, Erhebendes erleben und nach eigenen Ideen (mit-)gestalten; gutes Essen und Trinken, sinnliche Genüsse und wohltuende Entspannung, insgesamt ein maßvoller, selektiver und persönlichkeitsbezogener Konsum, der auf das eigene Wohlbefinden zielt. Die produktive Persönlichkeit will jedoch nicht nur passiv teilhaben oder „eintauchen", sondern sie will nach eigenen Ideen ein abwechslungs- und ereignisreiches Leben gestalten. Sie schätzt daher Erlebniswelten und „events", um sich zu beleben und zu motivieren für Aktivitäten, die ihren Eigen-Sinn ausdrücken. (Was mit *Sinnsuche* etwa in der Form einer neuen Spiritualität gemeint ist, wird später erläutert.)

Daher dominiert bei ihr als Motivation auch nicht der Erfolg auf einem realen oder imaginären Markt. Es handelt sich also nicht um das überangepasste, fast beliebige Ich der Marketing-Orientierung, das sich nur verkaufen und bei möglichst vielen ankommen will. Der produktive Mensch ist auch nicht bestimmt vom „Erledigen" und Konsumieren, vom Gewinn auf Kosten anderer. Er will unabhängig sein und bleiben. Besitz ist ihm wichtig als Mittel zum Zweck, aber was er besitzt, worin er investiert hat, kann er auch wieder loslassen.

Typischerweise gibt es für die produktive Persönlichkeit in der Postmoderne ein Leben in wechselnden Berufen, an wechselnden Orten, eher als Single denn in lebenslangen Partnerschaften. Wenn sich diese Persönlichkeit für Kontinuität im Beruf, für Kinder und Familie, für die Bindung an eine Region oder Religion entscheidet, so stellt dies nur eine mögliche Art von – nur scheinbar traditionellen – Optionen dar. Doch für sie ist dies Ausdruck einer freien Wahl und nicht Verhaftetsein im Überkommenen. Soziale Integration führt jedoch seltener zu intensiverem sozialem oder politischem Engagement, und wenn, dann ist es eher am Wohlsein des Ich und bestimmter Anderer als an einem allgemeinen Altruismus oder abstrakten Gemeinwohlideen orientiert.

Toleranz, kulturelle und geistige Offenheit, Flexibilität sind für ihn kennzeichnend. Der (post-)modern Produktive kennt nur wenig Furcht vor der Globalisierung und ihren Auswirkungen. Eher sieht er, zumal wenn er in der Wirtschaft tätig ist, die Notwendigkeit und vielfältige Chancen, sie aktiv wahrzunehmen, allerdings nicht nur geleitet von ökonomischen, sondern auch von ökologischen und sozialen Maßstäben. Er fühlt sich der eigenen Nation nicht sehr stark verbunden, er denkt in größeren Einheiten: Er fühlt sich z.B. mindestens ebenso sehr als „Europäer" wie als Deutscher, er ist „an vielen Plätzen in der Welt zu Hause" (so sagt er jedenfalls).

Moderne und postmoderne Werte und Lebensziele bilden im gelingenden Leben der produktiven Persönlichkeit der Gegenwart eine *spannungsvolle Einheit*: Arbeit *und* Kreativität, Leistung *und* Selbstverwirklichung, Bindung *und* Freiheit, Disziplin *und* Genuss, Streben nach Wohlstand, Wachstum und materiellen Werten *und* Suche nach ideellem Lebenssinn, sozial und ökologisch bewusstes Handeln. Der postmodern Produktive ist, modellhaft gedacht, der Typus eines psychisch autonomen Ich, das sich vor allem aus sich selbst heraus begründen und frei erschaffen will, jedoch nicht bindungslos oder isoliert, sondern sozial und in beruflichen Kontexten gut vernetzt. Insgesamt ist es ein Leben „zwischen Haben und Sein", in dem die Orientierung am Sein überwiegt und das Streben danach ein dominantes Grundmotiv bleibt.

2.2. Werte, Einstellungen und Verhaltensweisen

Betrachten wir konkreter einige typische Werte, Einstellungen und Verhaltensmuster in verschiedenen Lebensbereichen und Lebensäußerungen. (In Klammern steht jeweils die Nummer der entsprechenden Variablen unserer empirischen Studie.) Beginnen wir mit *Arbeit und Beruf*. In kapitalistischen Industriegesellschaften dominieren noch weithin die erwähnten *Werte der „ersten" Moderne*. Auch der postmodern Produktive weiß und akzeptiert: Ohne die Errungenschaften der Moderne, ohne ihre effizient organisierte, ökonomisch hoch produktive Arbeitswelt, ohne gute Ausbildung, ein hohes Maß an Wissen, Leistung und Selbstdisziplin, ohne gutes Firmen- und Politik-Management, ohne die Kombination von Massenwohlstand, modernem Wohlfahrtsstaat und wachsender Eigenverantwortung, ohne nationale Wettbewerbsfähigkeit auf dem Weltmarkt ist es nicht möglich, jene materiellen Grundlagen zu schaffen und zu erhalten, die es bei relativer sozialer Gerechtigkeit immer mehr Menschen erlaubt, „etwas aus sich zu machen", ihr Leben zu planen, sinnvoll zu gestalten und zu genießen.

„Machertum" und „Schöpfertum"

Zumal in den 70er und 80er Jahren war der *Typus des Machers* (vgl. Meyer 2003) in einer vor allem auf Wachstum, effizientes Management und technologischen Fortschritt bedachten Industriegesellschaft populär. Er ist es im Grunde bis heute geblieben. Dieses Machen bezieht sich vor allem auf das, *was ingenieurhaft herstellbar ist, auf ökonomischen Erfolg und Sozialprestige*: Der Slogan „we will make it" bedeutet: optimistisch an den Erfolg glauben, an den eigenen wie den des Teams oder der Firma; Produktion, Umsatz, Profit und internationales „standing" steigern, Wachstum und Expansion („Märkte erobern"), Spitzenpositionen in Ratings und Rankings aller Art erreichen. Sie bleiben bei allem Wandel zentrale *unternehmerische Werte,* z.T. gesellschaftliche Leitwerte. Immer mehr haben wir es auch mit „global players" zu tun, die international Firmen, Kapitalanlagen und Devisen kaufen und verkaufen, als Konzernchefs investieren und als Banker spekulieren.

Für den Einzelnen, der erfolgreich sein und aufsteigen will, bedeutet das: Man muss stark sein im Wettbewerb und auf dem Markt, ein Maximum leisten und möglichst perfekt funktionieren, dabei meist (vor allem wenn männlich) karriereorientiert. Dieser Typ treibt voran und lässt sich nicht treiben. Er plant, steuert, organisiert, kontrolliert, „macht". „Man" ist fast immer „busy", gestresst und unter Zeitdruck. Kontrolle nach innen und außen, Selbst- und Weltbeherrschung bilden weithin Ziel und Maßstab individueller und kollektiver Lebensgestaltung. Nicht selten wird „durchgearbeitet", weit mehr als acht Stunden pro Tag, notfalls auch am Wochenende *(V 20).* Vor allem Männer finden in der Arbeit Befriedigung, Sinn und Anerkennung, eine Art Rechtfertigung durch Erfolg. Sie kann aber auch zur Sucht oder Flucht werden, zu massiver Selbstausbeutung und Selbstzerstörung führen.

Das Machen bezieht sich häufig auch *auf sich selbst* („sein Ding machen", „ich habe etwas aus mir gemacht"; „I made it") und auf *andere Menschen* („Machen Sie mehr aus sich"; Karriere oder „seinen Weg machen"; Carnegie's „how to make friends and win people"). Der Macher ist davon überzeugt, dass Leute wie er das erreichen können, was sie möchten, allein oder in einem guten Team. Man muss einen starken Willen haben und es kommt darauf an, wie gut alles „gemanagt" wird. Professionalität, die Förderung von und der Glaube an die entscheidende Rolle von Eliten sind weitere traditionelle Wertvorstellungen der Moderne. Der Macher glaubt an Erfolg und Segen nicht nur der Wissenschaft und des technischen Fortschritts, sondern auch an „leadership", an erlernbares „social and human engineering".

Dieser moderne Typus des Machers ist zwar nach wie vor weit verbreitet, aber *in der integrierenden Persönlichkeit aufgehoben* und wird in dem, was man „Schöpfertum" nennen könnte, in einer neuen Qualität der Lebenspraxis und psychischen Verfasstheit integriert, ja z.T. überwunden. Der Schöpferische „transzendiert" in der Komplexität seiner Grundmotive und Werte zunächst jenen Typus, der z.B. als „organization man" (Whyte, Presthus), als außengesteuerter Sozialtypus („outer-directed", Riesman), als beschränkter Technokrat oder „Bürokrat" in Großorganisationen (Maccoby) oder überangepasster Selbst-Vermarkter beschrieben wurde. Denn der hart errungene Profit, Erfolg auf dem Markt, Macht oder soziales Prestige verschaffen diesem neuen produktiven Typus *nicht mehr genügend Befriedigung*. Sie relativieren sich als Lebensziele, da sie vielfältige Abhängigkeiten mit sich bringen und berufliche Erfolge oft einen hohen persönlichen Preis haben (menschliche Beziehungen, Gesundheit, psychische Deformationen). Dieser postmoderne Typus der Persönlichkeit will sich *wohl fühlen in und jenseits der Arbeit*. Für sein Wohlbefinden ist ihm daher Freizeit als „Zeit für sich selbst" wichtig. In dem, was er tut, ist er vor allem intrinsisch motiviert: Etwas hat seinen Wert vor allem in sich selbst und schafft so innere Befriedigung. So stellt er hohe Ansprüche an den subjektiven Wert der Arbeit, an Chancen der Selbstverwirklichung, an Kommunikation und Sinnbezug, aber auch an soziale Fairness und Nachhaltigkeit im Beruf und darüber hinaus.

Der überwiegend Produktive will vor allem selbst bestimmen, für welche Ziele er seine Fähigkeiten einsetzen *(V 27)*, was und wie viel er schaffen will. Dazu gehört relative Freiheit in zeitlichen Dispositionen und Engagements – bei gleichzeitig hohem Leistungsdruck. *Autonomie und Unabhängigkeit (V 18,19)* sind zentrale Werte. „Man muss für sich selbst definieren, in welcher Liga man spielen möchte", sagt der Comiczeichner und Illustrator Felix Görmann/„Flix" (ARD 8.3.2004). Dieser Persönlichkeitstyp lebt gerne „nach eigenen Regeln", wie ein Reklameslogan für ein Herrenparfüm der Firma Boss formuliert. Was er nicht wirklich will, das tut er auch nicht *(V 18)*. Er fragt nicht nur „Was will ich und wie bekomme ich es?" (Schulze 2000: 3), sondern vor allem: „Was und wie kann ich es selber schaffen?" Er will, um mit Ulrich Beck zu sprechen, „Baumeister und Architekt seines eigenen Lebens" sein. Er setzt auf Leistung und Fairness, nicht auf „den Staat" oder auf Gerechtigkeit durch wohlfahrtsstaatliche Umverteilung. Er zeigt unternehmerischen Geist (ohne dass er notwendig Unternehmer oder Selbständiger wäre). Der Glaube an sich selbst, die Überzeugung, dass man sein Leben selber gestalten kann (und muss), gutes „self-management" führt zu viel Eigenaktivität, Eigenverantwortung und Einsatzbereitschaft. („Interne und externe Kontrollüberzeugung", „sense of efficacy" oder Selbstwirksamkeit liegen dem zugrunde, wie es im psychologischen Fachjargon formuliert wird.) Das gilt grundsätzlich für alle Lebensbereiche.

Der Produktive versteht daher Arbeit als spannungsreiche *Verbindung von „Machertum" und „Schöpfertum"*. Denn der Macher lebt in der „Existenzweise des Habens", der Schöpferische lebt in und aus dem „Sein" (Fromm; vgl. auch Tolle 2005, Jäger 2000). Für den Macher folgt Sein aus dem Tun, für den Schöpferischen folgt Tun aus dem Sein, es „fließt" aus dem, was er *ist*. Der Macher managt, beherrscht, will Ziele erreichen, „groß rauskommen", oft zu einem hohen Preis. Der Macher benutzt Produkte und Menschen für seine Interessen, meist wie Waren. Von außen gesehen tut dies der Schöpferische auch, aber sein Handeln hat eine andere innere Qualität: Er identifiziert sich nicht mit einem Äußeren, einem bestimmten Ziel, das unbedingt erreicht werden, und *muss* nicht an etwas festhalten („haben als hätten wir nicht"). Der Macher verlangt ständig mehr, kann nicht loslassen, vertrauen, wachsen lassen ohne zuviel Kontrolle. Der Schöpferische lebt von innen heraus, handelt in einem Geist, der nicht ständig Gewinn und Verlust berechnet. Was er tut geschieht achtsam, mit „Bedeutung, Sorgfalt und Liebe" (Tolle). Er sieht sich und andere Menschen vor allem als ganze Personen, mit ihren Bedürfnissen und Schwierigkeiten. Der postmodern produktive Typus kennt die *Grenzen des Machbaren* für sich und andere, den Preis ungehemmten Erfolgsstrebens ebenso wie die sozialen und ökologischen Folgen seines Tuns und berücksichtigt sie in dem, was er tut.

Der Schöpferische erfährt sein Selbst im Geschaffenen: wenig entfremdet, kaum austauschbar *(V21).* Die ganze Person ist gefragt und muss sich selbst immer wieder von innen her erneuern (selten auch: neu erfinden). Der Kreative möchte *Rationalität, Gefühl und Intuition* („emotionale Intelligenz") verbinden. Der Macher kontrolliert und verfügt über Dinge und Menschen, der Schöpferische lässt auch geschehen, er kann loslassen und spontan sein. Der Schöpferische folgt einem Einfall, einer Idee, einer Vision und so schafft er Neues. Er schöpft aus Quellen, aus denen ihm etwas zufließt, was er oder andere nicht einfach machen können.

Produktivsein ist mehr als ein Ego-Trip, eine Ich-AG nur zum eigenen Nutzen. Der Produktive weckt Interesse und Bereitschaft zur *Kooperation* durch seine Person, durch das, was er vorlebt, durch Projekte und Ideen. Er fordert Leistung und fördert Individualität, er gewährt Spielräume und eröffnet Chancen. Er motiviert und erreicht etwas, indem er eher egalitär als hierarchisch und bürokratisch führt. Er schätzt ein gutes Team *(V 11).* Statusgehabe ist ihm fremd. Der postmodern Produktive fühlt sich im Moment des Handelns mit anderen verbunden, aber nicht innerlich abhängig von ihnen oder auf Dauer verpflichtet. Jeder soll eigenständig bleiben und kann gehen, wenn er will (oder auch wenn er dazu gezwungen wird).

In diesem Sinne das Machen und das Kreativsein, „Schaffertum" und „Schöpfertum" zu integrieren, stellt einen ersten zentralen Prozess und Widerspruch im Leben des produktiven Menschen von heute dar. Dieses Spannungsmoment reizt und motiviert ihn als Herausforderung und Chance.

Kommunikative Kompetenz, „power" und Identitätserleben

Als erfolgreicher „Schöpfer" muss dieser Persönlichkeitstypus darauf bedacht sein, stets über die nötigen *Ressourcen und Fähigkeiten* zu verfügen, die es ihm erlauben, sein Leben und die Verhältnisse nach seinen Vorstellungen zu gestalten. Zu den oben genannten Kompetenzen und Ressourcen (Einkommen, Bildung, Netzwerke) gehört nicht zuletzt der kreative, versierte und eigenständige Gebrauch modernster *Kommunikationstechnik.* Wissenschaftliche Qualifikation, der Zugang zu Informationen und angepasstem Wissen, Wissenschaft als Basis kollektiver Entscheidungsrationalität sind zentrale Anforderungen und daher „Werte" postmoderner Lebensweise. Der postmodern Produktive surft oder zappt daher meist nicht nur zum Zeitvertreib, um einfach mal zu schauen, „was es gerade so gibt". Er wählt eher bewusst und zielgerichtet aus, um sich im Internet, im Fernsehen oder in den Printmedien zu orientieren, um Anregungen für Beruf, Freizeit und Persönlichkeitsentwicklung zu finden. Er will sie dann nach eigenen Vorstellungen umsetzen. Vielleicht kommt auch eine beachtliche Zahl von Jugendlichen diesem Typ schon nahe. Eine Studie in den USA (2005) zeigte, dass 57% aller Teenager zwischen 12 und 17 Jahren aktiv online sind „ and they are not passive consumers of media content"; (they) „*create* digital content, from building Web pages to sharing original artwork, photos and stories (...)". „They take content from the media providers and transform it; reinterpret it, republish it, take ownership of it in ways that at least hold the potential for subverting it." (New York Times, 28.11.2005)

Der postmodern Produktive legt Wert auf gut gestaltete, informative, auch interaktive websites und TV-Angebote. Er hält sich gerne in Cyberwelten auf, aber verliert sich nicht darin. Er ist selbst kommunikativ und mag es, eigene Ideen mit anderen zu diskutieren, ohne ein Übermaß an oberflächlichen Kontakten und SMS-Geschwätzigkeit. Die postmodern produktive Persönlichkeit meint nicht, im Internet gebe es alle Informationen und Antworten, die sie braucht. Sie benötigt und nutzt all diese Technik und andere trainierbare Technologien. Bei aller Faszination und Nützlichkeit moderner Kommunikationstechnik kennt der postmodern Produktive zugleich die Grenzen von Wissenschaft und die Probleme einer Überforderung vieler Menschen durch die globale Informationsgesellschaft. Er sucht daher nicht nur (oft schnell veraltetes) Wissen, sondern auch Wege kluger Selbstbeschränkung und humaner Nutzung. Er setzt nicht nur auf cleverness, sondern strebt auch nach tieferen Einsichten und sucht letztlich nach Weisheit für ein gelingendes Leben.

Und: der produktiv Orientierte macht sein Wohlbefinden nicht abhängig von der Verfügbarkeit technischer Ressourcen. *Psychisch gesehen braucht er sie nicht, um das zu sein, was er als Person ist oder sein will, für sich wie für andere.* Auch wenn der PC, das Internet, das Auto oder das Handy einmal nicht funktionieren, wenn das Fitnessstudio geschlossen ist, weiß er etwas mit sich und anderen anzufangen *(V 14)*. Er genießt Kunst, Literatur und Unterhaltungsangebote nicht nur passiv, sondern setzt sich aktiv damit auseinander. So kennt er keine Langeweile, wenn er mit sich allein ist *(V 25, 26)*. Ihm fällt sozusagen immer etwas (Neues) ein.

„Power" und „drive" als die Fülle eigener Lebensenergie ist einer seiner Lieblingsworte. Aber er will nicht nur „powern", leisten und mehr besitzen, also im Modus des „Habens" leben, sondern auch „persönlich wachsen", sich weiterentwickeln, z.B. auch durch Selbsterfahrung, „personal coaching", Therapie oder eine Auszeit. Es geht ihm um das „empowerment" für sich und andere: handlungsfähig sein bzw. werden, Wirkmächtigkeit und Lebensqualität gemäß eigenen Werten erschaffen. Ihm liegt weniger die Schwere des Lebens als die „Leichtigkeit des Seins". Er hat den „Reiz der Langsamkeit" entdeckt und will genügend Zeit haben für sich selbst, für Muße, Gespräch und zweckfreies Tun, auch als Voraussetzung, um (wieder) schöpferisch sein zu können.

Im *Urlaub* will er sich daher nicht nur physisch wiederherstellen, sondern auch psychisch „re-kreieren". Entweder indem man zur Ruhe kommt, sich zurückzieht, nichts tut, es „sich gut gehen" oder „die Seele baumeln" lässt („wellness", „meditative Stille", „Genießen"). Oder aber indem man aktiv etwas Neues kennen lernen „etwas erleben" und ausprobieren will (besonders beliebt: Städte- und Kurzreisen), eventuell auch ein bisschen Abenteuer. Der postmodern Produktive will sich nicht so sehr zerstreuen, „all inclusive" vergnügen oder nur herumgefahren werden, sondern „etwas Sinnvolles" tun oder erleben. Urlaub kann so *auch* „eine Reise zum Ich" bedeuten, die dem eigenen Leben (wieder) Bedeutung und Orientierung verleiht.

In Arbeit und Freizeit liebt es die integrierende Persönlichkeit, sich zu erproben, Neues auszuprobieren. Postmodernes *Identitätserleben* ist weniger von Konstanz als von Wechsel gekennzeichnet, eher eine Identität auf Zeit und Widerruf als ein dauerhaftes Mit-sich-identisch-bleiben *(V 15)*. Der postmodern Produktive weiß, wer er ist. Zugleich aber reflektiert und entwirft er immer wieder, wer er sein könnte, sein möchte. Überspitzt und paradox formuliert: Er bleibt sich treu, indem er sich und seine Welt in Abständen immer wieder neu erschafft *(V 29)*. Er will im „Hier und Jetzt" leben, achtsam und wach. Er will vielfältige Erlebnisse, aber bewusst ausgewählt bzw. selbst gestaltet, in der Zuwendung intensiv bis hin zur Selbstvergessenheit *(V 5,16)*. *Präsenz* ist einer der positiven Schlüsselbegriffe für eine Lebensweise, ein Daseinsgefühl, das sich nicht in der Vergangenheit oder in dauernder Sorge um die Zukunft verliert. Das Loslassen der Gedankenmuster, von verfestigten Ich-/Du-/Wir-Definitionen, von vorgefertigten Bildern und Erwartungen eröffnet einen Freiraum der „Gegenwärtigkeit", der kreativ Neues, Überraschungen und „ganz Anderes" zulässt und damit ein „Leben im Sein" ermöglicht (vgl. Tolle 2005, 2006).

Die *Balance* zwischen dem Streben nach innerer Ruhe und einem Identitätserleben, das sich nicht in stressiger Geschäftigkeit und neuen Kommunikationswelten verliert, einerseits sowie einer Lebensweise, die an Effizienz, Schnelligkeit, Leistung und professionellem Know-how orientiert ist, andererseits stellt eine weitere schwierige Herausforderung für den postmodern Produktiven dar, deren Widersprüche er jedoch im Ganzen meistert.

Offenheit, Toleranz, Phantasie

Der persönliche Habitus des postmodern Produktiven ist gekennzeichnet durch *Spontaneität, Offenheit und Toleranz.* Er sieht den anderen Menschen im Ganzen und akzeptiert ihn wie sich selbst, so wie jeder ist. Kulturell und geistig beweglich öffnet er sich für das Fremde und den Fremden, für andere Kulturen *(V 14)*. Er lernt gerne neue Dinge und Menschen kennen. Er ist offen für Unbekanntes und Unerwartetes, für „Experimente" und neue Erfahrungen. Produktivsein *„opens the mind"* (vgl. Meyer 2004: 30). Offensein heißt dazulernen, *sich permanent weiterbilden*, auf dem neuesten Stand sein („updating" ist Pflicht) *(V 31, 36)*. Es schließt die Fähigkeit zum Dialog ein, die Bereitschaft, sich selbst immer wieder in Frage stellen zu lassen. So ist der postmodern Produktive bereit, zuzuhören, Kritik und das bessere Argument gelten zu lassen und in sein Leben zu integrieren *(V 35,36)*. Offenheit schließt die Fähigkeit und Bereitschaft zum fairen *Austrag von Konflikten* ein. Das fällt dem Produktiven zwar nicht leicht, aber damit hat er gelernt umzugehen und er schätzt das offene Wort *(V 33)*. Und er zeigt wenigstens gelegentlich genug sozialen Mut oder Zivilcourage, um z.B. Schwieriges offen auszusprechen, „gegen den Strom zu schwimmen" oder sich in Grenzen für andere einzusetzen, auch wenn man damit aneckt oder es Nachteile mit sich bringt (vgl. Meyer 2004: 27-53, 180-201).

Der postmodern Produktive ist im Persönlichen und Beruflichen mutig und risikobereit, aber mit Augenmaß und einem wachen, kritischen Realitätssinn: Er steht „auf dem Boden der Tatsachen" und „mit beiden Beinen auf der Erde". Er weiß, dass nicht immer alles eindeutig ist im Leben, *Ambivalenz und Ambiguität* kann er daher akzeptieren und gut aushalten. Die produktive Persönlichkeit ist eher ein Mensch des komplexen Sowohl/Als auch anstatt des allzu einfachen Entweder/Oder.

Zugleich denkt er mehr als andere in den *Kategorien des Möglichen* und schätzt phantasievolle, aber zugleich hochwertige, professionell gut gemachte Produkte und Visionen. Werbeslogans wie „Entdecke die Möglichkeiten" (Ikea), „Nichts ist unmöglich!" (Toyota) sprechen diese Haltung an (vgl. Meyer 2004). Er lehnt *zuviel* Intellekt ab, denn er schätzt Ungezwungenheit, *Phantasie* und Eingebungen. Der postmodern Produktive überschreitet gerne Grenzen und Konventionen *(„blurring the boundaries"*, Sigma), um sich und andere voranzubringen. Er entscheidet daher zugleich rational und intuitiv. Denken, Fühlen und Handeln dürfen assoziativ, sprunghaft und widersprüchlich sein, wenn sie Kreativität fördern und zu überzeugenden, eleganten Lösungen führen.

Lebensfreude, Mut, „Spiel" und Selbstinszenierung

Wo produktive Energien freigesetzt werden, steigen *Lebensfreude, Zuversicht und Hoffnung (V 27).* Die Lebensfreude der Produktiven erschöpft sich nicht in Spaß und Vergnügen, sondern resultiert aus innerer Befriedigung und führt zu einer aus der Tiefe der Person kommenden Lebendigkeit und Herzlichkeit. Der Nicht-Produktive fühlt sich be- und überlastet, hat wenig zu lachen und ist meist ernst. Er lächelt selten und neigt dazu, verhärtet, resigniert, verbittert oder gar zynisch zu sein. Dagegen schaut der produktive Mensch im Vertrauen auf das Leben grundsätzlich positiv, aber realistisch in die Zukunft. Er ist eher optimistisch eingestellt, erweckt jedoch nicht den Anschein, als sei er immer „gut drauf". Sein Lebensmotto ist nicht einfach „don't worry, be happy". Er nimmt sich ernst, aber nicht zu ernst. Der Produktive hat ein gutes, ausgewogenes Selbstwertgefühl und geht aufrecht, aber nicht steif. Er ist unverkrampft und dem Leben zugewandt. Er vertraut darauf, dass er letztlich bekommt, was er braucht. Er kann Unsicherheit und Orientierungslosigkeit ertragen und letztlich überwinden, um neuen Halt zu gewinnen.

Mut und Vertrauen sind besonders wichtige Eigenschaften, um die Herausforderungen der Postmoderne produktiv bewältigen zu können. Der Nicht-Produktive ist dagegen wenig couragiert, unsicher, eingeschüchtert, ängstlich und notorisch pessimistisch (vgl. Meyer 2004: 174-200). Viele verunsicherte Menschen suchen heute – gleichsam in einer Wende gegen die Auflösungserscheinungen der Postmoderne – Halt in alten und neuen Ordnungen, Regeln, Normen und Riten. Verhaltensknigges aller Art und das Streben nach „correctness" haben wieder Konjunktur. Die produktive Persönlichkeit kennt und folgt in ihrer Lebenspraxis durchaus Grundwerten wie Würde, Anstand, Gleichheit, Gerechtigkeit, Fairness, Verantwortung. Doch sie ist offen für die Art, wie diese heute oft „anders als früher" verwirklicht werden können. Moralische Normen, autoritativ „von oben" oder „von außen" vorgeschrieben, sind ihr als solche zuwider – nicht jedoch als selbst bzw. im Konsens gewählte. Der Produktive schätzt *Pluralität, aber nicht Beliebigkeit*, eine ich- und erfahrungsorientierte Setzung von Regeln und kollektiven Werten, die dann verbindlich sind, wenn auch womöglich nur für bestimmte Kontexte und Situationen, auf Zeit und nicht „auf Ewigkeit".

Der Produktive sagt offen, was er denkt. Er schätzt *Ehrlichkeit,* „echte" *Gefühle* und Glaubwürdigkeit *(V34). Authentizität* ist für ihn ein zentrales Kriterium für seine persönliche Lebensart. Nur der Authentische erwirbt Autorität und Anerkennung. Postmodernes Sprechen kennzeichnet oft eine neue Direktheit, manchmal bis hin zu fragwürdiger schamloser Selbstenthüllung und brutaler Rücksichtslosigkeit. Zwar gibt es auch für den Produktiven weniger Tabus als früher. Aber er kennt auch Grenzen des Lästerns, Enthüllens und Angreifens, wo die Würde des anderen verletzt wird. Der produktiv Orientierte kann, wie Funk (2005: 232/233) betont, Gefühle von Eifersucht, Aggression, Konkurrenz, Neid, Schwäche, Schuld und Scham wahrnehmen und zulassen. Das ist ein wichtiger Schritt, aber nicht genug. Denn ein produktiver Umgang damit müsste darauf abzielen, sich von ihnen zu befreien, weil sie eher von einem ungebrochenen Ego als von einer lebensbejahenden Orientierung und der Fähigkeit, sich und anderen zu vergeben, zeugen.

Dieser Persönlichkeitstyp ist selbstbewusst, meist locker und entspannt. Er kann eilen *und* bummeln, er ist zwanglos *und* hat sich doch meist unter Kontrolle. Er kann leicht und zugleich konzentriert sein. Er mag den spielerischen, auch ironischen Umgang mit Dingen, Menschen und Situationen, ohne doch ein bloßer Spieler zu sein oder unfair zu spielen. *Spiel und Steigerung* sind zentrale Elemente seiner Lebensphilosophie. Schulze spricht von einem „Steigerungsspiel" in fast allen Lebensbereichen (Schulze 2003). Der Komparativ und die Offenheit für Alternativen sind seine bevorzugten Denk- und Lebensformen, die modernen Maximen („schneller, höher, besser") ebenso wie die eher postmodernen („anders, neu, ungewöhnlich, nonkonform").

Die postmodern produktive Persönlichkeit verbindet Leistung mit gelungenem Auftritt und bewusst gestalteter *(Selbst-)Inszenierung*, nicht zuletzt auf der eigenen homepage *(V 24).* Sie möchte nicht nur Regisseur, sondern auch eindrucksvoller Hauptdarsteller ihres Lebens sein. Vielleicht steht dahinter aber auch nur die Angst, im eigenen Leben nur eine kleine Rolle zu spielen, fast wie in einem Film, in dem man selbst nicht vorkommt. Sie bewundert Extremsportler und Abenteurer, die die Grenzen des Normalen überschreiten. Aber für sie selbst ist Ruhm kein Lebensziel.

Für sich und andere, in Arbeit und Freizeit legt dieser Typus großen Wert auf die Verbindung von gutem Design und erstklassiger *„performance".* Er ist ein „visueller Typ": Anschauung und Bilder sind für ihn wichtig, beim Lernen dringt er auf „Visualisierung". Im Konsum will er Individualität, das Eigene und Unverwechselbare *(V 1, 30)*, aber auch *ästhetische und kulturelle Bedürfnisse* kreativ verwirklichen *(V 17).* Das Ich soll gut aussehen, er will fit und attraktiv sein. Er ist nicht übermäßig modisch gekleidet, legt Wert auf Qualität, auf Güter, die unter ökologisch und sozial vertretbaren Bedingungen hergestellt wurden. Doch anders als der Aufsteiger oder Neureiche braucht er Kleider, hochwertige Konsumgüter oder Autos nicht als Statussymbol oder Neidobjekt. Schön ist, was ihm gefällt. Er konsumiert bewusst und selektiv, eher zurückhaltend und ohne Lust am „shoppen" an sich. Bio-Produkte und „fair" gehandelte Waren werden bevorzugt. In dieser Einstellung zum restriktiven Konsum kommt er in manchen, aber nicht allen Punkten dem nahe, was wir als moderne Produktivitätsorientierung ermittelt haben. In vielem entspricht dieser Haltung der „lifestyle of health and sustainability“ (Lohas) der „cultural creatives“ (Ray/Anderson 2000), den ich in Kap. VII.4 skizziere – ein in den USA, aber wohl auch in Europa sich verstärkender Trend ökologisch, sozial und spirituell bewusster Lebensführung, die sich an „neuen Werten“ orientiert.

Auch in diesen beiden Bereichen begegnen wir *Widersprüchen*, die nicht immer leicht auszuhalten, auszubalancieren sind: Mut, Vertrauen und Lebensfreude *vs.* Unsicherheit, Zwang zum Risiko und Überschreiten etablierter Grenzen; gute Performanz, Authentizität und Konzentration *vs.* sich selbst genügender Inszenierung, bloßem Spiel und schönem Schein; Steigerung *vs.* Selbstbescheidung. Dennoch vermag die integrierende Persönlichkeit dies so zu vereinen, dass sie in diesen Spannungen gewinnt und nicht an ihnen zerbricht.

Bindungen in Freiheit

Selbstverwirklichung für sich und andere – das setzt Freiheit und Toleranz als Grundwerte in fast allen Dimensionen des Lebens voraus. Freiheit wird primär nicht als Last empfunden, sondern als Chance, als Ermutigung gegen Resignation: „Du hast die Wahl! Du kannst Dich entscheiden!“ Es geht dabei zunächst um die Freiheit *von* einengenden Normen und Traditionen, von Konventionen und verfestigten Weltbildern. Es geht aber vor allem auch um die Freiheit *zu* etwas mindestens subjektiv Bedeutsamem, das innerlich befriedigt. So sind diesem postmodernen Persönlichkeitstyp *menschliche Bezogenheit*, Zuwendung und Gespräch wichtig, Dialog, nicht Monolog, Begegnungen, nicht small talk. Er mag sich gern darstellen, aber er kann auch zuhören und übernimmt etwas von anderen, „wenn es passt“. Er schätzt Privatheit und schützt sich vor Eingriffen von außen. Aber er ist auch gesellig und kontaktfreudig, eher extro- als introvertiert, jedoch nicht oberflächlich. Er schätzt Anderssein und Originalität bei anderen, das weckt sein Interesse.

Doch beides ist nicht leicht zu integrieren: Selbstverwirklichung *und* menschliche Bezogenheit. Allgemein gilt: Der postmoderne ich-bezogene Mensch möchte sich mit vielen Menschen verbunden fühlen, scheut jedoch vor *dauerhaften* und allzu engen Bindungen zurück. Hier liegt einer der wichtigsten Widersprüche für die postmodern produktive Persönlichkeit: Einerseits gibt es auch bei ihr das Bedürfnis nach Partnerschaft und Familie, wenn auch eher in neuen Formen als in der traditionellen Kleinfamilie. Es gibt die Sehnsucht nach Liebe, Geborgenheit und Dauerhaftigkeit in der Vielfalt von Bekanntschaften. Er oder sie möchte sich mit vielen Menschen verbunden fühlen, aber auch frei sein für andere Möglichkeiten. Er oder sie fühlt sich als Single (mindestens auf Zeit) durchaus wohl, aber es gibt auch die Angst in und vor der Einsamkeit. In der Partnerschaft sollte dann alles möglichst offen ausgehandelt und flexibel gestaltet werden *(V 22, 23, 34)*. Der postmodern Produktive ist durchaus *beziehungs- und liebesfähig, er strebt nach befriedigender Partnerschaft, aber eher als „Projekt auf Zeit“* denn als Sakrament mit dem Segen der Kirche und „bis dass der Tod uns scheidet“. So sucht er nach neuen Formen der Nähe und Gemeinschaftlichkeit und des Zusammenlebens der Generationen.

Hier zeigen sich allerdings auch häufig *Schwierigkeiten und Grenzen* einer postmodernen Persönlichkeit und ihres Produktivseins: in der Fähigkeit, sich zu binden; sich den konfliktreichen, auch schmerzlichen Prozessen in der Entwicklung der eigenen Person wie in einer dauerhaften Beziehung mit einem Partner/einer Partnerin zu stellen. Es fällt schwer, sich ihm oder ihr mit Ernst, Ausdauer und Hingabe zu widmen; Verantwortung für Kinder zu übernehmen, jemanden zu pflegen. Der Hang zur Spontaneität verhindert hier eher intensive Zuwendung und sorgende Liebe, die diesen Namen verdient. Aber der Produktive kann sehr wohl mitfühlen, wenn es einem anderen schlecht geht *(V 35)*. Altruismus ist ihm eher fremd, aber er kann hilfsbereit sein. Leiden registriert er jedoch ohne Pathos und eher selten billigt er jemandem den Status des Opfers zu. Doch wenn nötig, kümmert er sich um den Betroffenen – bis es ihm „zuviel wird".

Begrenzt engagiert, bedingt solidarisch, politisch pragmatisch

Der überwiegend Produktive ist also ein Individualist, aber kein kalter Egoist. Er ist kein Pflichtmensch oder einer, der sich aufopfert. Außerhalb des Berufs übernimmt er nur selten dauerhaft Verantwortung für andere oder große Gemeinschaften, weil dabei seine eigene Freiheit beeinträchtigt würde. Er übernimmt nur ungern Ämter, weil er stets frei wählen will, wo er auf Zeit dazugehören möchte. Er misstraut Großorganisationen und den etablierten Parteien. Allem, was ritualisiert, bürokratisiert und institutionell verfestigt ist, steht er skeptisch oder ablehnend gegenüber. Er ist *kein politisch besonders interessierter oder kontinuierlich aktiver Mensch.* Doch er informiert sich über Politik, soweit dies nötig ist für die persönliche und berufliche Orientierung, in Netzwerken oder für die Alltagskommunikation, als Element sozialer Kompetenz.

Das starre Denken in rechts und links, in Ideologien, politischen Lagern und strikten Alternativen ist ihm fremd. (Wenn er das Wort „links" hört, denkt er eher an Verbindungen im Internet.) Wechselnde Koalitionen der Vernunft, Fraktionen übergreifende Politik sind ihm lieber als macht- und mehrheitsorientierte Durchsetzungsstrategien, die andere in die Disziplin zwingen und unnötige Konflikte schaffen. Es fällt ihm schwer, politisch entschieden Position zu beziehen und Konflikte als Grundsatzkonflikte anzusehen und mit langem Atem auszutragen. Er stellt sich nicht gegen den globalisierten Kapitalismus und sieht darin für sich und andere vielfältige positive Perspektiven. Aber er kritisiert auch dessen sozial ungerechte Folgen, Ausbeutung und alle Formen der Unterdrückung persönlicher und politischer Freiheit. Er tritt ein für Demokratie, Menschenrechte und einen Wohlfahrtsstaat, der *Eigenverantwortung und soziale Gerechtigkeit* verbindet. Die Probleme des Umbaus des Sozialstaats wie überhaupt der modernen Gesellschaftspolitik und der internationalen Beziehungen möchte er *fair* gelöst sehen, orientiert an gemeinsamen Interessen. Insgesamt denkt und handelt er problemorientiert, eher kurzfristig und *pragmatisch*, im Selbstverständnis unideologisch und jenseits von rechts-links-Kategorien.

Der postmodern Produktive ist nicht in sich gekehrt und nicht gleichgültig gegenüber den Nöten (und Freuden!) anderer. Neue Formen einer organisatorisch ungebundenen Solidarität sagen ihm zu. Er ist bereit zu einem *begrenzten sozialen Enga-*

gement, wenn es ihn reizt und in absehbarer Zeit Erfolg verspricht. Seine Motivation nährt sich stark aus der Erwartung und Überzeugung: Indem ich etwas für andere tue, tue ich auch etwas für mich. Der produktive Postmoderne will den Einsatz für andere, für allgemeine Anliegen wie z.B. Umweltschutz und Frieden mit persönlichem Gewinn und Wohlbefinden vorzugsweise in einer Aktionsgruppe verbinden. Ein soziales oder politisches Engagement sollte daher möglichst autonom, flexibel, zeitlich befristet, projekt- und erfolgsorientiert, konkret und überschaubar sein. Es sollte in Gruppen oder Bewegungen geschehen, die zugleich befriedigende soziale Kontakte, eine Form freier Gemeinschaftlichkeit ohne ausgeprägte Hierarchien, Formalismen und bürokratische Verfestigungen bieten. Viele Einzelne sollen zusammen etwas tun: ein basisorientierter Ansatz, der die neuen Medien, ansprechendes Design und witzige Werbung nutzt. „Be the change you want to see in the world“ (Gandhi) ist der Leitspruch z.B. einer 2004 gegründeten grass roots-Bewegung um David Robinson und Eugenie Harvey mit inzwischen weltweiter Resonanz (allerdings strukturell nur begrenzt wirksamen Aktivitäten) (Süddeutsche Zeitung 15.3.2006). Diese Art einer – nicht dominant egoistischen und am Wohl vieler orientierten– Ich- und Weltbezogenheit ist einerseits produktiv, weil sie Nächsten- und Selbstliebe verbindet, also legitime Eigenbedürfnisse nicht negiert, sondern integriert. Andererseits gibt es eine starke Ich-Bezogenheit und ein hohes Maß an Privatismus oder Beschränkung auf das unmittelbare soziale Umfeld, das bedrückende Weltprobleme eher verdrängt oder deren Lösung gerne „denen da oben“ überlässt. Postmodern Produktive schwanken daher zwischen begrenztem Engagement und der Scheu vor aktiver Verantwortung für das „Große und Ganze“.

Deshalb findet sich auch in den beiden zuletzt genannten Handlungsfeldern das typische Muster *widersprüchlicher Anforderungen und Bestrebungen*, die jedoch überwiegend produktiv gestaltet werden: Bindung, Liebe und Verantwortung *vs.* Ungebundenheit, Ich-Zentrierung und Projektcharakter von Beziehungen; Suche nach emotionalem Halt *vs.* distanzierte Freiheit; Mitgefühl und soziales Gerechtigkeitsempfinden *vs.* individuelle Eigenverantwortung, Grenzen der Solidarität und Ich-Bezug des politischen Interesses und des sozialen Engagements. Hier gilt besonders das Wort von der schwierigen multiplen Balance.

Innere Balance, Spiritualität und die Grenzen des Lebens

Flexibilität und Mobilität spielen eine zentrale Rolle in der Postmoderne: räumlich-geographisch, beruflich, im Privaten, im Wahrnehmen von Herausforderungen („this is a challenge, I will take it“), von Chancen und Gelegenheiten („I don't miss a good opportunity, it may never come back“). Die Gefahr, sich „über all dem Geschäft“, dem hoch mobilen Aktivsein selbst zu verlieren, ist der postmodern produktiven Persönlichkeit bewusst. Das *innere Gleichgewicht* und eine nicht nur gespielte Zufriedenheit mit seinem Leben sind ihr daher ebenso wichtig wie Karriere und hoher Verdienst. Sie liebt die Schnelligkeit, den ICE und das Flugzeug – und verlangsamt doch gerne den Schritt um innezuhalten. Leben ist für sie eher eine Reise als ein Aufenthalt, das Ambulante liegt ihr mehr als das Stationäre. Doch sie findet auch immer wieder Zeit für sich selbst (und bedauert stets, dass sie zu wenig habe). Sie liest Bücher und sucht die Stille oder auch anspruchsvolle Muße, um ihre Mitte (wieder) zu finden. Daraus erwachsen Gelassenheit, Selbstdistanz und Humor. Doch der Widerspruch zwischen der Unruhe äußersten Eingespanntseins und einer inneren Ruhe, die sich nährt aus dem, was das eigene Ich und begrenztes Leben transzendiert, ist nur schwer zu bewältigen. Suchen und Finden, Zweifeln und Überzeugtsein wechseln sich ab.

Bei der postmodern produktiven Persönlichkeit zeigt sich Produktivität in einer „Konzentration auf das Wesentliche", das heißt vor allem auch *in einer individualisierten Form von Spiritualität* (vgl. u.a. Schüle 2004). Traditionelle Formen kirchlicher Religiosität sind ihr jedoch meistens zu eng. Die abstrakten Begriffe von Glaubensbekenntnissen und die feinen Unterschiede theologischer Dogmatik sagen ihr nur noch wenig. Schon gar nicht will sie sich von anderen vorschreiben lassen, was sie zu glauben, zu tun oder zu lassen hat (solange sie nicht anderen oder der Gesellschaft schadet). Strenge Moralnormen und Predigten sind ihr daher fremd. Sie ist davon überzeugt, dass nur sie selbst ihrem Leben Sinn geben kann. Der Produktive „lebt" aus einer Quelle in sich selbst und kann geistig aus dem „Nicht-Verfügbaren" jenseits des eigenen Ich und dem, was nicht machbar und sichtbar ist, schöpfen. „Inspiration" und „inspirierende Erlebnisse" sind ihm wichtig. Es ist eine aus dem eigenen Inneren heraus praktisch gelebte Religiosität, die auf Erfahrung und Erkenntnis beruht (ähnlich wie sie Fromm als nicht-theistisch beschränkte „X-Erfahrung" im Anschluss an Meister Eckhart versteht). Dies führt zu einem aufgeklärt-religiösen Erleben ohne innere Abhängigkeit von Autoritäten, von einem Gott als einer Person „außerhalb". Dabei orientiert er sich z.B. an den freiheitlich-individualistischen Traditionen einer keineswegs weltfernen Mystik, wie sie etwa Jäger (2000, 2005) oder Sölle (2003) neu aufgegriffen und für die Gegenwart formuliert haben, oder allgemeiner: an dem, was sich als „transpersonales Bewusstsein" (Wilber 1981) in allen Religionen und der „philosophia perennis" (Leibniz) findet. Wissen und Vernunft stehen hier nicht im Gegensatz zu Spiritualität und der inneren Erfahrung des Göttlichen, die nicht nur Selbsttransformation und Frieden mit sich selbst, sondern zugleich auch engagierte Zuwendung zu anderen Menschen und „der Welt", religiöse Toleranz und einen respektvollen Dialog mit anderen Kulturen ermöglichen.

Sympathisch ist ihm eine Lebensphilosophie, ein Glaube, der *das eigene Schöpfertum*, einen autonomen Gottesbezug, der das Ich im Sinne eines „wahren Selbst" in den Mittelpunkt stellt, ohne an eine totale, grenzenlose Autonomie des Ich zu glauben. Wo diese Art von Kreativität spirituell verstanden wird, wird dieser Prozess womöglich als Mit-Schöpfung, vielleicht auch als Neu- und Wiedererschaffen eines Ursprünglich-Göttlichen erlebt (vgl. etwa bei Walsch 1997: 45-52; 2003). Der postmoderne Mensch will aus sich selbst realisieren, wer er ist oder sein möchte – auch und gerade, indem er über das eigene Ich hinausgeht, „sich transzendiert"; indem er ein Sein, eine Identität jenseits des eigenen Ego erfährt. *Loslassen* wird produktiv, wenn man sich nicht verliert, wenn man Fixierungen, falsche Idole, verfestigte Ich-Identifikationen („Anhaftungen" sagen die Buddhisten) auflöst, ohne in Beliebigkeit und Unverbindlichkeit abzugleiten. Loslassen bedeutet auch *Streben nach*

Ich-Losigkeit, also nicht mehr zentriert zu sein auf ein Ego, das unbedingt will und macht, das angreift und sich verteidigt. „Nur über das Lassen kommt man in die immer präsente, nicht vom Ich verdunkelte Wirklichkeit, nie über das Machen." (Jäger 2000: 44; vgl. auch Tolle 2005, 2006).

Sinnsuche und Selbstbewahrung, die Suche nach „well-being" (Fromm) oder seelischer Gesundheit sind häufig verbunden mit der Bereitschaft, sich einzulassen auf neue, besonders auch *fernöstliche Angebote,* um innere Ruhe und das eigene Selbst (wieder) zu finden (z.B. Meditation, Buddhismus, Yoga, Qui Gong, Tai Chi). Dazu gehören auch Heilmethoden (z.B. durch Heilpraktiker, Akupunktur, Traditionelle Chinesische Medizin/TCM), die die Schulmedizin ergänzen oder z.T. ersetzen. Der Produktive ist aufgeschlossen für die seriösen Elemente von Esoterik und neuer Mystik. Mindestens ist er neugierig, sie kennenzulernen und auszuprobieren, z.B. auch für einige Zeit in einem Kloster zu leben *(V 13).* Dieses Ausprobieren, Komponieren und Selbst-Erschaffen mag oft beliebig, eklektizistisch oder oberflächlich wirken. Für eine integrierende Synthese trifft das nicht zu. Denn die postmodern produktive Persönlichkeit ist nicht nur auf der Suche, sondern findet inneren Frieden jeweils im Hier und Jetzt, verbunden mit allem was ist. Und dennoch bleibt der Produktive immer in Bewegung, bestrebt, auf dem Weg zum Selbstsein das Haben-Wollen, das Machen und das Ego hinter sich zu lassen, um aktiv und gelassen zugleich „dem Fluss der Dinge" zu folgen – bis zu seinem Ende.

Am schwierigsten ist es für die postmodern produktive Persönlichkeit, darauf weist auch Funk hin (2005, Kap. IV), die „dunklen Seiten", die *Grenzen des Lebens,* Leiden, Tragik und Tod anzunehmen. Verletzungen, Schmerzen, Älterwerden, unvermeidliche, unüberwindliche Einschränkungen, unaufhebbare Widersprüche und dauerhafte Strukturen gesellschaftlich-politischer Repression, Misserfolge, Enttäuschungen und Entbehrungen vermag sie nur mit Mühe zu akzeptieren und in ihr Fühlen und Denken, in ihr Identitätserleben zu integrieren. Die postmoderne Persönlichkeit setzt auf das autonome Ich und seine Stärke, auf seine Unabhängigkeit und die Macht des Selbstgeschaffenen *(V 32).* Daher tut sie sich sehr schwer mit Erfahrungen von Schwäche, Abhängigkeit und Ohnmacht, von Isolation und Resignation, von Angst, Melancholie, Depressivität und Scheitern. Hier am ehesten setzen Abwehr, Verleugnung oder andere Formen der Reaktionsbildung, Unzufriedenheit und Leere ein. Hier am ehesten macht sie sich Illusionen oder erliegt deren suggestiver Abwehrkraft. Hier am ehesten bleiben Fragen nach dem Sinn des Lebens und den Erfolgschancen der autonomen Ich-Setzung und des angestrebten Selbstseins ohne Antwort. Vor allem diese *Widersprüche,* die Sinn- und Lebenskrisen auslösen können, stellen den postmodernen Menschen stark in Frage. Sie sind für ihn nur schwer erträglich, ihre Integration besonders kräftezehrend. Die überwiegend *produktive* postmoderne Persönlichkeit vermag diese Grenzerfahrungen jedoch letztlich zu akzeptieren als Teil, ja als Prüfstein eines gelingenden Lebens – gerade dann, wenn Antworten und innerer Halt in einer neuen Art von tragender Humanität und Spiritualität gefunden werden, die diese Realitäten des Lebens klar sieht, annimmt und „bewältigt" oder doch mindestens aushält.

Für die eigene psychische Gesundheit wie für die Chancen einer Transformation individuellen und kollektiven Handelns von innen her und nicht nur im Äußeren oder durch das herrschaftliche Handeln von Eliten ist entscheidend, aus welchem Geist heraus dies geschieht, ob die inneren Ziele auf ich-bezogenes Haben- und Beherrschen-Wollen ausgerichtet sind oder sich vorrangig an einer Qualität des „Seins" orientieren, das sich nicht mit einem engen Ego und seiner Größe identifiziert. Produktiv oder seelisch gesund ist, so möchte ich als Perspektive formulieren,

- wer nicht nur aus sich selbst, sondern aus der Welt jenseits des eigenen Ich schöpft,
- wer anderen Irrtümer zugesteht und sich selber Fehler verzeiht,
- wer ein Kind durch das Leben begleitet, ohne es für sich zu benutzen,
- wer singt und tanzt, wenn es Zeit ist, zu singen und zu tanzen,
- wer weint und trauert und Abschied nehmen kann, wenn es Zeit ist, Abschied zu nehmen,
- wer die Angst kennt und dennoch Mut beweist,
- wer nicht nur immer auf dem Weg ist, sondern auch immer wieder ankommt,
- wer sich im Sichtbaren mit dem Unsichtbaren verbinden kann,
- wer den Wind auf seiner Haut spürt und sich fragt, wer den Wind bewegt,
- wer über einen Regenbogen staunen kann wie ein Kind, das ihn zum ersten Mal sieht.

In der Lebensgestaltung des (post-)modern produktiven Menschen geht es um eine immer wieder neu zu findende innere und äußere Balance, realistisch sich selbst und seinen Möglichkeiten gegenüber. Die Verwirklichung der Fülle und Freiheit von Optionen – meist auf der Basis materieller Prosperität (oder der Aussicht darauf) – setzt effizientes Arbeiten, Leistung, Disziplin, Eigenständigkeit und Organisationstalent voraus; und deshalb spielen sie eine zentrale Rolle für diesen Persönlichkeitstyp. Doch sein Leben und Streben erschöpfen sich nicht darin, denn er ist und will „mehr". Was heißt das? In der Postmoderne verwirklicht er aufgrund seiner schöpferischen Eigenkräfte ein *Selbst-Sein*, in dem das bloße Haben und das entfremdete Erleben des passiv oder aktiv Ich-Orientierten nicht (mehr) dominieren. Die Mehrzahl der Kernelemente der nicht-produktiven Ich-Orientierung wird mindestens unausgesprochen abgelehnt. Dieses Persönlichkeitsmodell stellt *eine* Form des Produktivseins dar, die als Entwurf der Orientierung und (selbst-) kritischen Analyse dessen dienen soll, was jemand subjektiv oder andere „von außen" als produktiv erleben.

3. Das Modell der integrierenden Persönlichkeit und die Moderne Produktivitäts-Orientierung (MPO)

Das Modell der integrierenden Persönlichkeit verdichtet Elemente moderner Werteorientierungen und postmoderner Lebenspraxis. Es ist allerdings zu komplex und normativ-qualitativ angelegt, als dass man es so wie eben formuliert für eine empirische Studie operationalisieren, „einlösen" und überprüfen könnte. In der MPO-Skala finden sich in erster Linie die fortdauernd modernen Elemente einer produktiven Orientierung, die empirisch relativ gut erfassbar waren. Das Modell der integrierenden Persönlichkeit dagegen enthält darüber hinaus in hohem Maße spezifisch postmoderne Elemente. Das Modell konzipiert die produktive Orientierung außerdem nicht idealtypisch in Reinform, sondern als Mischtypus, der eine insgesamt dominierende produktive Orientierung in spannungsvoller Weise mit nicht-produktiven Tendenzen verbindet. Nur schwer integrierbare Widersprüche fanden sich etwa in den Bereichen Arbeit und Leistung zwischen „Machertum“ und „Schöpfertum“, im Streben nach materiellen Werten wie nach spiritueller Selbsterfahrung, im fragmentierten Identitätserleben, in der starken Ich-Bezogenheit, die die Intensität und Dauer von Partnerschaften und sozialen Bindungen einschränkt; schließlich auch in den Schwierigkeiten, Grenzen des Lebens zu akzeptieren.

Zur Erinnerung die wichtigsten Befunde unserer Studie: Insgesamt 19,8% der Befragten weisen stark überdurchschnittliche Ausprägungen postmoderner Ich-Orientierungen und 10,3% eine stark überdurchschnittliche Ausprägung auf der MPO-Skala auf. 10,9% der Befragten weisen keinerlei Ausprägungen der drei Typen auf. Kennzeichnend für die *moderne Produktivitäts-Orientierung* sind vier zentrale Merkmale: Leistung, Besitz, Konsumzurückhaltung, „Selbstsein“. Menschen mit dieser Orientierung verstehen sich ähnlich wie Aktiv Ich-Orientierte als „Schaffer“ und „Macher“. Ihnen geht es um ein „Selbstsein“, das mehr ist als die Selbstverwirklichung durch Arbeit und Besitz; auch verlieren sie andere Menschen nicht aus den Augen. Überdurchschnittlich wichtig sind den modern produktiv Orientierten christliche Wertvorstellungen und Umweltthemen, aber auch nicht-konsumptive Kapitalakkumulation. Sie sind jedoch politisch-sozial eher gering engagiert. Es dominiert eine ausgeprägte Konsumzurückhaltung, allerdings mit drei Ausnahmen: Essen und Trinken, Bildung sowie Sicherheit des Lebensumfelds. Sonst unterscheiden sich die modern Produktiven in ihrem Konsumverhalten kaum von der Gruppe ohne Ausprägungen. Sie sind vor allem in den beiden modernen Leitmilieus, dem etablierten Milieu und dem liberal-intellektuellen Milieu, zu finden. Sie sind überdurchschnittlich oft verheiratet oder leben mit einem Partner zusammen, überwiegend in 2-Kind-Familien, eher in Klein- und Mittelstädten als in den Metropolen. Ihrem Selbstverständnis nach sind sie moderne Leistungsträger der Gesellschaft.

Empirisch haben wir *Produktivität* bzw. Produktivsein mit Hilfe der MPO-Skala auf dreierlei Weise erfasst:

- vor allem auf der Ebene von Wertorientierungen, Motiven und Selbstkonzepten, also Aussagen über die eigene Person und Lebensweise, die bestimmte Rückschlüsse auf einen dahinter stehenden Persönlichkeitstyp zulassen;
- auf der Ebene von Leitbildern für Lebensweise und Persönlichkeit, also dessen, was heute von einem Teil der Gesellschaft, z.B. in bestimmten Milieus, sowie von den Befragten erwünscht oder angestrebt wird;
- näherungsweise auf der Ebene, wie sie Fromms Verständnis von Produktivität entspricht, jedoch ohne die Annahme einer konsistenten Charakterorientierung und auch nicht so, dass man auf dieser Basis das Zusammenspiel von Bewusstem und Unbewusstem näher bestimmen könnte. Ein Mangel an Produktivität

zeigte sich bei den beiden Varianten der postmodern Ich-Orientierten. Dagegen gibt es starke Hinweise auf individuelle Produktivität bei Befragten mit hohen Werten auf der MPO-Skala.

Die Interpretation der Befunde zur MPO-Skala muss daher insgesamt *methodenkritischer* als bei den beiden anderen Skalen erfolgen und den Charakter der Aussagen als womöglich so nicht gelebter Selbstkonzepte berücksichtigen. (vgl. Kap.III.3) Wir haben weder alle Charaktertypen, die Fromm nennt, noch alle sozialen Milieus (Sigma), die in Deutschland vorkommen (vgl. Kap. VI.), mit ihren spezifischen Selbstkonzepten untersucht. Die Befunde verweisen überdies auf eine gewisse Einseitigkeit (bias) unserer Studie, die uns erst im Nachhinein bewusst geworden ist. Wir haben die Items wohl vor allem nach den Kriterien der eigenen Milieus der Forscher formuliert. Produktivität wurde vornehmlich in jenen modernen Leitmilieus erfasst, in denen sich die Befragten mit starken Ausprägungen auf der MPO-Skala des Produktivseins befinden. Doch finden sich wohl *mehr* produktive Anteile in anderen Milieus, als wir sie hier ermittelt haben, wenn vermutlich auch *anders* in ihrer Art. Man denke z.B. an kreative Bastler und liebevoll angelegte Kleingärten oder auch an solidarische Nachbarschaften in historisch gewachsenen „communities" mit einer spezifischen Tradition in Ostdeutschland.

Die Befunde zur MPO-Skala und ihre faktoriell ermittelten Leitvariablen (mit einer Ladung von um 0,6) enthalten starke Hinweise auf erhebliche Potentiale für Produktivsein in der Form *moderner* Wertorientierungen, Motive und Selbstkonzepte. Sie sind in mehreren Dimensionen angesiedelt (und kennzeichnen meist auch die „integrierende Persönlichkeit", s.u.):

- *in der Dimension 1 „Entfaltung des Eigenen"* die Variablen V 30 „Ich mag Dinge, die etwas Unverwechselbares und Eigenes zum Ausdruck bringen" und V 31 „Für mich ist es eine faszinierende Idee, die eigene Persönlichkeit ständig weiterzuentwickeln";
- *in der Dimension 2 „Lebendig sein"* (wenn auch weniger deutlich) vor allem die Leitvariable V 27 „Es gibt mir zusätzliche Energie, wenn ich meine Fähigkeiten einsetzen kann", ferner auch V 25 „Langeweile empfinde ich nur selten" und V 26 „Ich kann gut allein sein";
- *in der Dimension 2 „Leistungsorientierung"* die Leitvariable V 28 „Etwas zu leisten macht mir einfach Spaß", ferner auch V 20 „ Um mein Ziel zu erreichen, arbeite ich auch nachts und am Wochenende" und V 21 „Ich habe an mich den Anspruch, in meinem Beruf etwas Eigenes zu schaffen";
- *in der Dimension 4 „Interesse am Anderen, Mitgefühl und Verstehen"* die beiden Leitvariablen V 35 „Ich kann mitfühlen, wenn es einem anderen psychisch schlecht geht" und V 36 „Auch wenn ich anderer Meinung bin als andere, höre ich zu und kann ihre Argumente verstehen", ferner auch V 11 „Ein Team, in dem man sich toll versteht, ist mir bei der Arbeit fast wichtiger als Karriere zu machen";

- *in der Dimension 5 „Offenheit, Konfliktfähigkeit"* die (etwas schwächer ladenden) Leitvariablen V 33 „Mit Konflikten in Partnerschaft und Beruf kann ich gut umgehen" und V 34 „In einer Partnerbeziehung sage ich offen, was mir am anderen gefällt oder nicht".

Aufschlussreich ist auch, *welche Dimensionen fehlen* bzw. welche Elemente der nicht-produktiven Ich-Orientierung implizit abgelehnt werden, also in positiver Ausprägung fehlen. Das ist zum einen eine völlig freie oder trendgeleitete Ich-Setzung, eine immer neu konstruierte oder erfundene bzw. übernommene Identität. Zum anderen fehlen die Dimensionen *Konsumstil* und *Erlebnisorientierung*. Denn das *Konsumieren* hat für den Produktiven – mit einigen signifikanten Ausnahmen – einen deutlich geringeren Stellenwert als bei den beiden anderen Persönlichkeitstypen. Jedenfalls ist er nicht daran interessiert, immer etwas geboten zu bekommen, immer etwas zu erleben, ohne seine Eigenkräfte zu nutzen. Darin kommt womöglich ein für die industrielle Moderne charakteristischer Geist des Kapitalismus zum Ausdruck, in dem Menschen ihre Identität in Leistung und Arbeit, in einem Selbstsein finden, das jedoch subjektiv und psychisch-qualitativ mehr ist als nur ein Streben nach materiellen Werten und sozialem Status. Insgesamt folgt dieser Persönlichkeitstypus also keinem spezifisch *post*modernen Muster im Umgang mit der heutigen Konsum- und Erlebnisgesellschaft (Schulze), die ein nur begrenzt bindungsfähiges Ich in den Mittelpunkt stellt.

Nicht weniger interessant ist ein Blick auf die Verbindungen zwischen der aktiven Ich-Orientierung, der modernen Produktivitätsorientierung und dem Typ der integrierenden Persönlichkeit. Genauer betrachtet zeigt sich vor allem auf der Basis der Hauptkomponentenanalyse starke Gemeinsamkeiten von produktiver und aktiver Orientierung in den Variablen Leistungsorientierung (V 20, 21), Eigenes zum Ausdruck bringen (V 30) sowie in der Weiterentwicklung der eigenen Persönlichkeit (V 31). Insgesamt zeichnet sich deutlich ein variablenbezogenes Profil der drei Persönlichkeitstypen ab, wie sie mit der AIO-, der PIO- und MPO-Skala ermittelt wurden. Drei Aspekte sind besonders interessant:

- *Trennscharf* gegenüber der aktiven Ich-Orientierung sind alle Leitvariablen der MPO-Skala (V 27 „Es gibt mir zusätzliche Energie, wenn ich meine Fähigkeiten einsetzen kann", V 28 „Etwas zu leisten macht mir einfach Spaß", V 34 „In einer Partnerbeziehung sage ich offen, was mir am anderen gefällt oder nicht", V 35 „Ich kann mitfühlen, wenn es einem anderen psychisch schlecht geht", V 36 „Auch wenn ich anderer Meinung bin als andere, höre ich zu und kann ihre Argumente verstehen"). Umgekehrt sind fast alle Leitvariablen der aktiven Ich-Orientierung trennscharf gegenüber der produktiven Orientierung wie mit der MPO-Skala gemessen.
- Für sich genommen *nicht trennscharf* sind jedoch die schon faktoriell in die MPO-Skala integrierten V 20 und V 21 („Leistungsorientierung") sowie V 30 und V 31 („Entfaltung des Eigenen") und V 33 „Mit Konflikten in Partnerschaft und Beruf kann ich gut umgehen".

- Die Variablen V 20 und V 21 („Leistungsorientierung“) aus beiden Skalen AIO und MPO sind sehr trennscharf gegenüber der passiven Ich-Orientierung, während die typisch postmoderne V 30 („Ich mag Dinge, die etwas Unverwechselbares und Eigenes zum Ausdruck bringen.“) zwischen keinen der drei Persönlichkeitstypen scharf trennt.

Zugleich gibt es eine *Reihe starker Hin*weise auf das signifikante Vorhandensein bestimmter Elemente des Modells *der überwiegend produktiven integrierenden Persönlichkeit,* die moderne und postmoderne Selbstkonzepte verbindet:

- Es gibt ein hohes Maß nicht nur der theoretischen, sondern vor allem auch der empirischen Übereinstimmung der spezifisch modernen Produktivität im Sinne der MPO-Skala und der modernen Merkmale des Produktivseins im Sinne des Modells der integrierenden Persönlichkeit.
- Die Integration der Variablen 20 und 21 sowie V 30, 31 und 33 aus der AIO-Skala in die MPO-Skala und die so verdeutlichte Nähe der beiden Skalen bzw. Orientierungen zeigen, dass es den Typus der integrierenden Persönlichkeit – mindestens in diesen Merkmalen bzw. Dimensionen ausgeprägt – durchaus gibt, ohne dass dieser Typus *im Ganzen* als empirisch bestätigt gelten könnte.
- Sowohl die Befragten, die hohe Werte auf der AIO-Skala erreichen, als auch diejenigen, die hohe Werte auf der MPO-Skala zeigen, stimmen der faktoriell integrierten Variable 31 der MPO-Skala („Für mich ist es eine faszinierende I-dee, die eigene Persönlichkeit ständig weiterzuentwickeln“) stark zu. Jedoch erzielt nur die erste Gruppe der ausgeprägt aktiv Ich-Orientierten hohe Werte bei der Variablen V 29 („Für mich ist es eine faszinierende Idee, die eigene Persönlichkeit ständig neu zu definieren“), während die ausgeprägt modern Produktiven hier nur niedrige Werte aufweisen. So ergibt sich auch in diesem Punkt eine weitere Nähe zwischen aktiver Ich-Orientierung und jener Art der Produktivität, wie sie auch im Modell der integrierenden Persönlichkeit zu finden ist, allerdings ohne die typisch postmoderne Wechselhaftigkeit, wie sie die V 29 ausdrückt.

Das Modell der integrierenden Persönlichkeit erweist sich so insgesamt im doppelten Sinn als *realitätsnah*: zum einen qualitativ in der Verbindung von produktiven und nicht-produktiven Wertorientierungen, Motiven und Selbstkonzepten; zum anderen gibt es zahlreiche Übereinstimmungen zwischen den Merkmalen modernen Produktivseins, wie sie mit der MPO-Skala erfasst werden, und den modernen Merkmalen der integrierenden Persönlichkeit. Diese Merkmale, nicht jedoch die Widersprüche als solche und ihre – mehr oder weniger gelingende – Integration in der Lebenspraxis der Probanden können als weitgehend empirisch bestätigt gelten. Der integrierenden Persönlichkeit gelingt weitgehend die prekäre, multiple Balance der im Modell skizzierten Widersprüche. Vor allem diese Integration ist – über das hinaus, was für die Personen mit einer starken Ausprägung auf der MPO-Skala gilt – das spezifisch Postmoderne dieses Persönlichkeitstypus und seiner Lebenspraxis.

Menschen mit einer modernen Produktivitätsorientierung („Leistung und Selbstsein“), aber auch Tendenzen und Elementen der integrierenden Persönlichkeit sind derzeit – so lassen die empirischen Daten vermuten – erst bei *einer kleinen Minderheit* anzutreffen. Sie werden aber, so mein Eindruck, in Teilmomenten langsam mehr oder weniger freiwillig akzeptiert und bestimmend für die Lebensgestaltung von immer mehr Menschen. Postmoderne Ich-Orientierung, moderne Produktivitätsorientierung und – auf einer anderen Ebene konzipiert – der Typ der integrierenden Persönlichkeit können als quantitativ sehr ungleichgewichtige Ausprägungen, qualitativ als Optionen und Richtungen psycho-sozialen Wandels in bestimmten Teilen der Bevölkerung begriffen werden.

4. Ausblick: Gelingendes Leben als „Leben im Widerstreit“

Die hier vorgestellten Befunde, Interpretationen und das Modell der integrierenden Persönlichkeit sind Teil von Bemühungen in vielen Ländern, zum einen theoretisch und empirisch fundiert neue Persönlichkeitsstrukturen im Kontext der Postmoderne, zum anderen Perspektiven für eine produktive Lebensgestaltung aufzuzeigen. Sie gehen einher mit Forderungen nach z.T. radikalen Veränderungen auf der individuellen wie der gesellschaftlich-politischen Ebene, national wie international.

Der „life style of health and sustainability (lohas)“ – ein Konzept aus den USA

Einen besonders bemerkenswerten Beitrag haben dazu in den USA Paul H. Ray and Sherry Ruth Anderson (2000) geliefert. Auf der Basis umfangreicher empirischer Studien und eigener normativ-konzeptioneller Überlegungen haben sie einen wachsenden Trend hin zu dem ermittelt, was sie „life style of health and sustainability (lohas)“ nennen und dessen Träger sie als „cultural creatives“ bezeichnen. Diese Gruppe mache in den USA bereits mindestens ein Viertel der Bevölkerung aus und folge in Einstellungen und Verhalten „neuen“ ökologischen, sozialen und spirituellen Werten, die sich deutlich von denen der Traditionalisten und „moderns“ unterschieden (Ray/Anderson 2000; http://www.culturalcreatives.org/straightfacts.html, rev. 28.6.2000). Im Blick auf die Relevanz der Führungsmacht USA wie auf die sich in Europa schon seit längerem ausbreitenden, ähnlichen Trends in Lebensstilen und Werthaltungen verdient diese Gruppe der „cultural creatives“ Aufmerksamkeit. Man könnte sie eine „de facto-Bewegung“ allerdings ohne kollektive Identität oder Organisation nennen. Hier eine prägnante Skizze der Einstellungen der “cultural creatives“ von Peter Montague, der diejenigen zu ihnen zählt, die in ausgeprägter Form 10 der folgenden 18 Merkmale aufweisen: “They (1) love nature and are deeply concerned about its destruction, (2) are strongly aware of the problems of the whole planet and want to see action to curb them, such as limiting economic growth. (3) They would pay more taxes or higher prices if you knew the money would go to clean up the environment and stop global warming. (4) They give a lot of importance to developing and maintaining relationships, (5) place great importance on helping other people and (6) volunteer for one or more good causes (7) They care

intensely about psychological or spiritual development and (8) see spirituality and religion as important in your own life but are also concerned about the role of the religious Right in politics. (9) They want more equality for women at work and want more women leaders in business and politics. They (10) are concerned about violence and the abuse of women and children everywhere on Earth. They (11) want politics and government to emphasize children's education and well being, the rebuilding of neighbourhoods and communities, and creation of an ecologically sustainable future. They (12) are unhappy with both left and right in politics and want a new way that is not the mushy middle. They (13) tend to be optimistic about the future and distrust the cynical and pessimistic view offered by the media; and (14) want to be involved in creating a new and better way of life in our country. They (15) are concerned about what big corporations are doing in the name of profit: exploiting poor countries, harming the environment, downsizing. They (16) have your finances and spending under control and are not concerned about overspending. They (17) dislike the modern emphasis on success, on "making it", on wealth and luxury goods. And they (18) like people and places that are exotic and foreign, and enjoy experiencing and learning about other ways of life.
In their personal lives, they seek authenticity - meaning they want their actions to be consistent with what they believe and say. They are also intent on finding wholeness, integration, and community." (Montague 2000)

Die Daten ebenso wie die Substanz dieser Werthaltungen, zumal wenn sie die Lebenspraxis von Millionen bestimmen (werden), lassen doch aufhorchen (und hoffen). Theoretisch und realitätsnah enthält der Entwurf dieses typisch postmodernen Selbstkonzepts und angestrebten Lebensstils wichtige Elemente für eine produktive Lebensgestaltung heute. Zur Realisierung dieser neuen Werte gehören aber auch immer gesellschaftliche, organisatorische und politische Veränderungen. Deren Stand und Chancen können hier nicht diskutiert werden. Die individuelle Ebene der Lebensgestaltung in überschaubaren „kleinen" sozialen Kontexten ist jedoch eine der notwendigen Voraussetzungen dafür und positive Trends kann man so wenn nicht allein begründen, so doch mindestens verstärken. Daher zum Schluss ein Blick auf das, was heute als „produktives Leben im Widerstreit" nicht nur gefordert ist, sondern auch grundsätzlich möglich erscheint.

Gelingendes „Leben im Widerstreit"

Die Frage lautet allgemein: Wie wollen, wie können wir produktiv leben? Ausgehend von Fromms Entwurf eines Weges „vom Haben zum Sein" stellt das Modell der integrierenden Persönlichkeit ein Angebot dar (das nur sehr eingeschränkt in Form der modernen Produktivitäts-Orientierung empirisch erfasst wurde). Jenseits seiner empirischen „Einlösung" soll das Modell der integrierenden Persönlichkeit einen Anstoß geben zur kritischen *Reflexion* des produktiven Gehalts gegenwärtiger Lebensweisen.

In diesem Modell gibt es drei zentrale Lebensmotive: Leistung und Erfolg, Selbstentfaltung und Interesse am Anderen, Lebensgenuss und Sinnsuche, etwa als spirituelle Selbst-Erfahrung. Sie sind in dieser Kombination für die (post-)modern produktive Persönlichkeit konstitutive Grundmotive. Bei diesem Typus handelt es sich nicht mehr um eine einfache, gleichsam linear zu konzipierende psychische Grundorientierung, um eine kohärente, dauerhafte Charakterstruktur. Viel mehr geht es um *eine komplex zusammengesetzte, spannungsvolle und widersprüchliche Verbindung von mehreren Grundmotiven und Wertorientierungen, von Einstellungen und Verhaltensweisen.* In der Postmoderne wird Widersprüchliches teils gesucht, teils aber auch nur ertragen. Im Widerstreit von gesellschaftlichen Anforderungen und individuellen Lebenszielen wird ein integriertes Identitätserleben allerdings immer schwieriger. Helga Bilden hat jüngst (2007) noch einmal prägnant formuliert, wie heute ein „vielstimmiges, heterogenes Selbst" positiv zu konzipieren ist: Angesichts innerer und äußerer Vielfalt und Widersprüchlichkeit, Inkohärenz und Diskontinuität könne der Einzelne nur seine Identität aus sich selbst heraus, aber sozial verwoben und nicht beziehungslos, konstruieren und mit Sinn erfüllen. Einerseits könne „Lebensbewältigung und -bereicherung durch innere Vielstimmigkeit" (2007: 104) geschehen. Andererseits sei „Kohärenz notwendig für psychische Gesundheit" (2007: 107), wenn auch immer nur zeitweilig und in bestimmten Lebensbereichen erreichbar. Und, so ist hinzuzufügen, es bedeutet, eine Lebensweise zu akzeptieren, die sich mehr denn je, was die äußeren Bedingungen und die inneren Kapazitäten angeht, zwischen Stolpern und Ausschreiten, zwischen Gelingen und Scheitern bewegt. Insgesamt stehen wir hier vor zum Teil völlig neuen theoretischen und praktischen Herausforderungen, was die Konzeption „postmoderner Subjektivitäten" (Bilden 2007) angeht (zur Diskussion vgl. Keupp/Hohl 2006).

Die postmoderne produktive Form der Lebensgestaltung verlangt ein hohes Maß an Bewusstheit und Fähigkeit zum Austrag von inner- und zwischenpersönlichen Spannungen und Konflikten, manchmal in einer Art permanentem „Krisenmanagement". Die eigenen Bedürfnisse wie die Anforderungen der Gesellschaft sind keineswegs immer eindeutig, widerspruchsfrei und funktional auf die Reproduktion der Gesellschaft bezogen, sie wandeln sich und resultieren nicht selten in einer „Gleichzeitigkeit des Ungleichzeitigen". Der postmodern produktive Mensch lebt ein offenes, unsicheres Leben im Bemühen um Integration angesichts vielfältiger realer oder drohender psychischer und sozialer Desintegration. Dabei gleicht das postmoderne Leben immer mehr einem unendlichen Puzzlespiel: Die Einzelteile lassen sich immer schwerer zu einem Gesamtbild zusammenfügen. Ständig ändern sich der vorgegebene Rahmen und die Eckdaten der Zukunft.

Der produktiv Orientierte muss daher eine neue Form kunstvoller Komposition des Eigenen und Fremden, von individuellen und kollektiven Interessen, von biographischen Erfahrungen und wechselnden Lebensentwürfen in „multipler Balance" entwickeln. Das droht den Einzelnen zu überfordern und eine wachsende Zahl von Menschen kann den Herausforderungen einer globalisierten Postmoderne nicht mehr gerecht werden. Zu Recht ist vor einer neoliberalen Überlastung des Einzelnen angesichts mangelnder Kompetenzen und Ressourcen im Namen einer oftmals ideologisierten Forderung nach mehr Eigenverantwortung zu warnen. Andererseits können – mehr oder weniger freiwillige – Umbrüche und Neuanfänge auch brachliegende Kräfte mobilisieren, wach, lebendig, kreativ, beweglich machen, neue Räume erschließen, so dass man unbekannte, unerkannte Alternativen ausprobiert, sich selbst neu erfährt, Ungeahntes entdeckt. In den prosperierenden Wohlfahrtsgesellschaften gibt es gleichwohl die *Chance* – so meine Hypothese und so ist dieses Modell gemeint –, eine dominant produktive Orientierung in Form eines neuen Typs produktiver Lebensgestaltung zu entwickeln. Auch wenn dies jetzt und in naher Zukunft nur von einer relativ privilegierten Minderheit zu verwirklichen ist oder Menschen wider Willen zu Aufbrüchen und Alternativen gedrängt werden, so ist doch die Entwicklung insgesamt offen; für Optimismus und Pessimismus gibt es gleichermaßen gute Gründe.

Ein gelingendes Leben lässt sich nicht einfach „machen“, Produktivität im Sinne Fromms und darüber hinaus kann man nur schwer definieren und messen. Aber man kann sie spüren und erfahren und man kann sie in ihrem Wachstum fördern. Gefragt und erhofft wird eine „Kunst des Lebens“, die die Chancen der Postmoderne wahrnimmt und zugleich in ihrem Kern, wenn man so will, altmodisch-zeitlos der „Orientierung am Sein“ folgt – oder doch wenigstens folgen möchte.

Literatur

Adorno, T.W. / Frenkel-Brunswick, E. / Levinson, D.I. / Sanford, R.N.: The Authoritarian Personality. New York 1950

Alheit, P. / Haack, H. / Hofschen, H.-G. / , Meyer-Braun, R. (1999): Gebrochene Modernisierung - Der langsame Wandel proletarischer Milieus. Eine empirische Vergleichsstudie ost- und westdeutscher Arbeitermilieus in den 1950er Jahren. 2 Bde. Bremen

Alheit, P. / Völker, S. / Westermann, B. / Zwick, M. M. (1994):Die Kehrseite der »Erlebnisgesellschaft«. Eine explorative Studie. 2., erw. Auflage. Bremen

Ascheberg, C. (2004): Die SIGMA Milieus ®, das globale Zielgruppen und Trend System. Unter: http://www.sigma-online.com/de/Articles_and_Reports/zielgruppenforschung.pdf rev.24.10.2006, 15:20

Ascheberg, C. (2006): Milieuforschung und Transnationales Zielgruppenmarketing. In: APuZ 44-45/2006, S.18-25

Ascheberg, C. / Ueltzhöffer, J. (1999): Transnationales Zielgruppenmarketing – Die Methode der Sozialen Milieus.
Unter: http://www.sigma-online.com/de/Articles_and_Reports /transnational.pdf
rev. 24.10.2006, 15:16

Backhaus, K. / Erichson, B. / Plinke, W. / Weiber, R. (2003): Multivariate Analysemethoden. Eine anwendungsorientierte Einführung. 10., neu bearbeitete und erweiterte Auflage. Berlin; Heidelberg; New York

Baethge, M. (1991): Arbeit, Vergesellschaftung, Identität – Zur zunehmenden normativen Subjektivierung der Arbeit. In: Soziale Welt, Bd.42, Heft1, 1991, S.6-19

Barber, B. (2001): Coca Cola und Heiliger Krieg. Jihad vs. McWorld. Der grundlegende Konflikt unserer Zeit. Frankfurt am Main

Baudrillard, J. (1978a): Agonie des Realen. Berlin

Baudrillard, J. (1978b): Kool Killer oder Der Aufstand der Zeichen. Berlin

Baudrillard, J. (1983a): Simulations. New York

Baudrillard, J. (1986): Die göttliche Linke. Chronik der Jahre 1977-1984. München

Baudrillard, J. (1987): Das Andere Selbst. Wien

Baudrillard, J. (1989): Philosophien der neuen Technologie. Berlin

Baudrillard, J. (1991): Die fatalen Strategien, München

Baudrillard, J. (2005): Der symbolische Tausch und der Tod. Berlin

Baumann, Z. (1992): Moderne und Ambivalenz. Das Ende der Eindeutigkeit. Hamburg

Baumann, Z. (1997): Flaneure, Spieler und Touristen. Hamburg

Baumann, Z. (1999): Unbehagen in der Postmoderne. Hamburg

Baumann, Z. (2000): Die Krise der Politik: Fluch und Chance einer neuen Öffentlichkeit. Hamburg

Baumann, Z. (2001): The individualized Society. Cambridge

Beck, U. (1986): Risikogesellschaft: Auf dem Weg in eine andere Moderne. Frankfurt am Main

Beck, U. (1988): Gegengifte: Die organisierte Unverantwortlichkeit. Frankfurt am Main

Beck, U. (1993): Die Erfindung des Politischen: Zu einer Theorie der reflexiven Modernisierung. Frankfurt am Main

Beck, U. (1999): Schöne neue Arbeitswelt: Vision: Weltbürgergesellschaft. Franfurt am Main u.a.

Beck, U. (2001): Das Zeitalter des >eigenen Lebens<, in: Aus Politik und Zeitgeschichte (APuZ, Beilage zur Wochenzeitung Das Parlament) B29/2001, S. 3-6.

Beck, U. (2001): Risikogesellschaft. Auf dem Weg in eine andere Moderne. 15. Aufl., Frankfurt am Main

Beck, U. (Hrsg.) (1997): Kinder der Freiheit. 2.Aufl., Frankfurt amMain

Beck, U. (Hrsg.) (2000): Die Zukunft von Arbeit und Demokratie. Frankfurt amMain

Beck, U. / Beck-Gernsheim, E. (1994): Individualisierung in modernen Gesellschaften - Perspektiven und Kontroversen einer subjektorientierten Soziologie. In: Dies. (Hrsg.): Riskante Freiheiten. Individualisierung in modernen Gesellschaften. Frankfurt am Main, S.10-39

Beck, U. / Bonss, W. (Hrsg) (2001): Die Modernisierung der Moderne. Frankfurt am Main

Beck, U. / Bonss, W. / Lau, C. (2001): Theorie reflexiver Modernisierung – Fragestellungen, Hypothesen, Forschungsprogramme. In: Beck, U. / Bonß, W. (Hrsg.): Die Modernisierung der Moderne. Frankfurt am Main

Beck, U. / Giddens, A. / Lash, S. (1996): Reflexive Modernisierung: Eine Kontroverse. Frankfurt am Main

Beck, U.: (2007): Weltrisikogesellschaft: Auf der Suche nach der verlorenen Sicherheit. Frankfurt am Main

Bell, D. (1975): Die nachindustrielle Gesellschaft. Frankfurt am Main / New York

Beyme, K. v. (1991): Theorie der Politik im 20. Jahrhundert. Von der Moderne zur Postmoderne. Frankfurt am Main

Bierhoff, B. (1993): Erich Fromm: Analytische Sozialpsychologie und visionäre Gesellschaftskritik. Opladen

Bilden, H. (1998): Das Individuum – Ein dynamisches System vielfältiger Teil-Selbste. In: Keupp, H. / Höfer, R. (Hrsg.): Identitätsarbeit heute: Klassische und aktuelle Perspektiven der Identitätsforschung. Frankfurt/Main

Bilden, H. (2007): Das vielstimmige, heterogene Selbst. Zum Verständnis „postmoderner“ Subjektivitäten. In: Frankenberger, R./ Frech, S./Grimm, D. (Hrsg.): Politische Psychologie und Politische Bildung. Schwalbach / TS., S.95-113

Böhm, J.M./Hoock, C. (1008): Sozialisation und Persönlichkeit. Autoritarismus, Konformismus oder Emanzipation bei Studierenden aus Ost- und Westdeutschland. Gießen

Brosius, F. (2004): SPSS 12. Bonn

Castells, M. (2001): Das Informationszeitalter. Bd.1, Die Netzwerkgesellschaft. Opladen

Castells, M. (2002): Das Informationszeitalter Bd.2: Die Macht der Identität. Opladen

Castells, M. (2003): Das Informationszeitalter Bd.3: Jahrtausendwende. Opladen

Deleuze, G. / Guattari, F. (1977): Rhizom. Berlin

Derrida, J. (1994): Die Schrift und die Differenz. Frankfurt am Main

Dreier, V. (1997): Empirische Politikforschung. München; Wien (Oldenbourg)

Easton, D. (1965): A Systems Analysis for Political Life. New York

Featherstone, M. (1987): Lifestyle and Consumer Culture. In: Theory, Culture & Society, Vol. 4 (1987), S.55-70

Featherstone, M. (1991): Consumer Culture and Postmodernism. London

Featherstone, M. (1995): Undoing Culture: globalization, postmodernism and identity. London

Featherstone, M. (Hrsg.) (1988): Theory, Culture & Society. Explorations in Critical Social Science. Vol. 5, Numbers 2-3, June 1988: Special Issue on Postmodernism. London

Featherstone, M. (Hrsg.) (1990): Postmodernism. 2.Aufl., London

Featherstone, M. (Hrsg.) (1991): Global Culture: Nationalism, Globalism and Modernity; A Theory, Culture & Society Issue. 2.Aufl., London

Featherstone, M. (Hrsg.) (1992): Cultural theory and cultural change. London

Featherstone, M. / Lash, S. (Hrsg.) (1999): Spaces of Culture: City, Nation, World. London

Featherstone, M. / Lash, S. / Robertson, R. (Hrsg.) (1995): Global Modernities. London u.a.

Feyerabend, P (1976): Wider den Methodenzwang. Frankfurt am Main

Fisseni, H.-J. (1998): Persönlichkeitspsychologie. Ein Theorienüberblick. 4., überarbeitete und erweiterte Aufl. Göttingen, Bern, Toronto, Seattle

Flaig, B. B. / Meyer, T. / Ueltzhöffer, J. (1994): Alltagsästhetik und politische Kultur : zur ästhetischen Dimension politischer Bildung und politischer Kommunikation. 2.Aufl., Bonn

Foucault, M. (1977): Überwachen und Strafen. Die Geburt des Gefängnisses. Frankfurt am Main

Foucault, M. (1993): About the Beginning of the Hermeneutics of the Self. In: Political Theory, Vol.21 No.2, May 1993, S.198-227

Foucault, M. (1999): Botschaften der Macht: Der Foucault-Reader, Diskurs und Medien. Herausgegeben von Jan Engelmann. Stuttgart

Frankenberger, R. (2003): Michael Maccobys Studien zu Gesellschaftscharakter, Arbeitsorganisation und Führungsstilen. Tübingen (unveröffentlichte Magisterarbeit)

Frankenberger, R. (2007): Gesellschaft - Individuum - Gouvernementalität. Theoretische und empirische Beiträge zur Analyse der Postmoderne. Berlin

Frankenberger, R. / Frech, S. / Grimm, D. (Hrsg.) (2007): Politische Psychologie und Politische Bildung. Gerd Meyer zum 65.Geburtstag. Schwalbach / Ts.

Fromm (1992q [1965]: Credo eines Humanisten. GA XI, S.593-596

Fromm, E. (1941a): Die Furcht vor der Freiheit. GA I, S.215-392

Fromm, E. (1947a): Psychoanalyse und Ethik. GA II, S.1-158

Fromm, E. (1955a): Wege aus einer Kranken Gesellschaft. GA IV, S.1-254

Fromm, E. (1960): Den Vorrang hat der Mensch! GA V:19-41

Fromm, E. (1962a): Jenseits der Illusionen. Die Bedeutung von Marx und Freud. GA IX, S.39-160

Fromm, E. (1976a): Haben oder Sein. GA II, S.269-414

Fromm, E. (1979): Sigmund Freuds Psychoanalyse – Größen und Grenzen. S.307.GA VIII, S.259-367

Fromm, E. / Maccoby, M. (1979): Social Character in a Mexican Village. Englewood Cliffs, N.J. (Prentice Hall Inc.)

Fromm, E.: Gesamtausgabe. Herausgegeben von Rainer Funk. 10 Bände. Stuttgart 1989. (Abk. GA I - X) Ergänzungsbände XI und XII Stuttgart 1999. (Sach- und Personenregister jeweils in Bd. X und XII)

Fromm, E.: Schriften aus dem Nachlass. Herausgegeben v. Rainer Funk. Weinheim/Basel 1989-1992. (bes. Band 4: Ethik und Politik. Antworten auf aktuelle Fragen. und Band 8: Humanismus als reale Utopie. Der Glaube an den Menschen. Alle enthalten in Bd. XI und XII der Gesamtausgabe)

Funk, R. (1978): Mut zum Menschen. Erich Fromms Denken, seine humanistische Religion und Ethik. Stuttgart

Funk, R. (1993): Erich Fromm: Kunst des Lebens. Zwischen Haben und Sein. unveröff. Manuskript. Tübingen

Funk, R. (1995): Der Gesellschaftscharakter: „Mit Lust tun, was die Gesellschaft braucht“. In: Internationale Erich-Fromm-Gesellschaft: Die Charaktermauer. Zur Psychoanalyse des Gesellschaftscharakters in Ost- und Westdeutschland. Göttingen, S.17-68.

Funk, R. (2000): Die Aktualität Erich Fromms. In: Fromm Forum, Tübingen No. 4, 2000, S. 9-14.

Funk, R. (2000): Psychoanalyse der Gesellschaft. Der Ansatz Erich Fromms und seine Bedeutung für die Gegenwart. In: Funk, R. / Johach, H. / Meyer, G.: Erich Fromm heute. Zur Aktualität seines Denkens. München, S. 20-45

Funk, R. (2003): Was heißt produktive Orientierung bei Erich Fromm? In: „Fromm Forum“ H. 7/2003, S. 2-27 (Selbstverlag der Internationalen Erich-Fromm-Gesellschaft Tübingen)

Funk, R. (2005): Ich und Wir. Zur Psychoanalyse des postmodernen Menschen. München

Funk, R. /Johach, H. /Meyer, G. (Hrsg.) (2000): Erich Fromm heute. Zur Aktualität seines Denkens. 2. Auflage München

Giddens, A. (1984): Die Klassenstruktur fortgeschrittener Gesellschaften. Frankfurt am Main

Giddens, A. (1996): Leben in einer Posttraditionalen Gesellschaft. In: Beck, U. / Giddens, A. / Lash, S. (Hrsg.): Reflexive Modernisierung. Eine Kontroverse. Frankfurt am Main, S.113-194

Giddens, A. (1997): Jenseits von Links und Rechts. Edition Zweite Moderne, hrsg. von Ulrich Beck. 2.Aufl., Frankfurt am Main

Gottschalch, W. (1999): Charakter und Gesellschaftsform (mit Diskussion). In: Busch, H.-J./Krovoza, A. (Hrsg.): Subjektivität und Geschichte: Perspektiven politischer Psychologie, Gießen, S.13-37

Hardeck, J. (2005): Erich Fromm. Leben und Werk, Darmstadt

Haubl, R. (1997): Postmoderne Phantasien und verdinglichte Moral. Eine identitäts-theoretische Skizze. In: Hartmann, H.A. / Heydenreich, K. (Hrsg): Ethik und Moral in der Kritik. Eine Zwischenbilanz. (Edition ethik kontrovers 4) Frankfurt/Main, S.68-74

Heitmeyer, W. (1991): Individualisierungsprozesse und Folgen for die politische Sozialisation von Jugendlichen. In: Heitmeyer, W. / Jacobi, J. (Hrsg.): Politische Sozialisation und Individualisierung: Perspektiven und Chancen. Weinheim, S.15-34

Heitmeyer, W. (Hrsg.) (1997): Was hält die Gesellschaft zusammen? Bundesrepublik Deutschland: Auf dem Weg von der Konsens- zur Konfliktgesellschaft. Band 2. Frankfurt am Main 1997

Heitmeyer, W. (Hrsg.) (1997): Was treibt die Gesellschaft auseinander? Bundesrepublik Deutschland: Auf dem Weg von der Konsens- zur Konfliktgesellschaft. Band 1. Frankfurt am Main

Heitmeyer, W. / Jacobi, J. (Hrsg.) (1991): Politische Sozialisation und Individualisierung: Perspektiven und Chancen. Weinheim

Heller, A. (1978): Aufklärung und Radikalismus. Kritik der psychologischen Anthropologie Erich Fromms. In: Reif, A. (Hrsg.): Erich Fromm. Materialien zu seinem Werk. Wien / München / Zürich

Hermann, T. / Lantermann, E.-D. (Hrsg.) (1985): Persönlichkeitspsychologie. Ein Handbuch in Schlüsselbegriffen. München, Wien, Baltimore

Hitzler, R. / Hohner, A. (1994): Bastelexistenz. Über subjektive Konsequenzen der Individualisierung. In: Beck, U. / Beck-Gernsheim, E. (Hrsg.): Riskante Freiheiten. Individualisierung in Modernen Gesellschaften. Frankfurt am Main, S.307-31

Hotelling, H. (1933): Analysis of a complex of statistical variables into principal components. In: Journal of Educational Psychology, Vol.24 (1933), S.417-441; 498-520)

Hotelling, H. (1936): relations between two sets of variates. In: Biometrika, Vol.28, S.321-377

Huntington, S.P. (1996): Der Kampf der Kulturen : The Clash of Civilizations. Die Neugestaltung der Weltpolitik im 21. Jahrhundert. München

Inglehart, R. (1977): The Silent Revolution. Changing Values and Political Styles in Western Publics. Princeton University, Princeton, New Jersey

Inglehart, R. (1989): Kultureller Umbruch. Wertewandel in der westlichen Welt. Campus, Frankfurt/ New York

Inglehart, R. (1998): Modernisierung und Postmodernisierung: kultureller, wirtschaftlicher und politischer Wandel in 43 Gesellschaften. Frankfurt am Main/ New York

Internationale Erich-Fromm-Gesellschaft (1995): Die Charaktermauer. Zur Psychoanalyse des Gesellschaftscharakters in Ost- und Westdeutschland. Göttingen

Jäger, W. (2000): Die Welle ist das Meer. Mystische Spiritualität. 11. Aufl. Freiburg

Jäger, W. (2005): Wiederkehr der Mystik. Das Ewige Jetzt erfahren. 4. Aufl., Freiburg

Jahoda, M. (1958): Current concepts of positive mental health. New York

Jameson, F. (1984a): Postmodernism, or The Cultural Logic of Late Capitalism. In: New Left Review 146, 1984, S.53-92

Jameson, F. / Miyoshi, M. (Hrsg.) (1998): The cultures of globalization. Durham, N.C.

Keupp, H. (1999): Identitätskonstruktionen: Das Patchwork der Identitäten in der Spätmoderne. Reinbek bei Hamburg

Keupp, H. / Hohl, J. (Hrsg.) (2006): Subjektdiskurse im gesellschaftlichen Wandel. Zur Theorie des Subjekts in der Spätmoderne. Bilefeld

Klages, H. (1988): Wertedynamik: über die Wandelbarkeit des Selbstverständlichen. Zürich

Klages, H./ Gensicke, T.(1999): Wertewandel und bürgerschaftliches Engagement an der Schwelle zum 21. Jahrhundert. Speyer

Klages, H./ Hippler, H.-J. / Herbert, W. (1992): Werte und Wandel: Ergebnisse und Methoden einer Forschungstradition. Frankfurt/Main

Kohli, M. (1985). Die Institutionalisierung des Lebenslaufs. Historische Befunde und theoretische Argumente. In: Kölner Zeitschrift für Soziologie und Sozialpsychologie, 37, 1-29.

Kohli, M. (2003): Der institutionalisierte Lebenslauf: Ein Blick zurück und nach vorn. In: Allmendinger, J. (Hrsg.): Entstaatlichung und soziale Sicherheit. Verhandlungen des 31. Kongresses der Deutschen Gesellschaft für Soziologie in Leipzig 2002. 2 Bände + CD-ROM. Opladen, S. 525-545

Kohli, M. (Hrsg.) (1978): Soziologie des Lebenslaufs. Darmstadt

Kromrey, H. (1998): Empirische Sozialforschung. Modelle und Methoden der Datenerhebung und Datenauswertung. 8., durchgreifend überarb. u. erw. Aufl. Opladen (Leske und Budrich)

Küng, H. (1993): Projekt Weltethos. 3. Aufl. München

Küng, H. (2002): Weltpolitik und Weltethos. Status quo und Perspektiven. Wiener Vorlesungen.

Lash, S. (1990): Sociology of Postmodernism. London / New York

Lash, S. (Hrsg) (1996): Risk, environment and modernity : towards a new ecology. London

Lash, S. (Hrsg.) (1991): Post-structuralist and post-modernist sociology. Aldershot

Lash, S. / Urry, J. (1994): Economies of signs and space. London

Luhmann, N. (1984): Soziale Systeme – Grundriss einer allgemeinen Theorie. Frankfurt am Main

Lyotard, J.-F. (1985): Grabmal des Intellektuellen. Graz, Wien

Lyotard, J.-F. (1986): Das postmoderne Wissen. – Ein Bericht. Wien

Lyotard, J.-F. (1987): Der Widerstreit. München

Maccoby, M. (1981): The Leader. A new Face for American Management. New York

Maccoby, M. (1982): Social Character vs. The Productive Ideal. The Contribution And Contradiction in Fromms View of Man. In: Praxis International, 1982, S.70-83

Maccoby, M. (1989): Warum wir arbeiten. Motivation als Führungsaufgabe. Frankfurt am Main / New York

Maccoby, M. (1999): The Self In Transition: From Bureaucratic to Interactive Social Character. Paper read at The American Academy of Psychoanalysis, 43rd Annual Meeting, May 14, 1999.

Maccoby, M. (2000): Narcissistic Leaders: The Incredible Pros, the Inevitable Cons. In: Harvard Business Review, January-February

Maccoby, M. (2001): Toward a Science of Social Character. In: Internationale Erich Fromm Gesellschaft (Hrsg.): Fromm Forum 5 /2001 (Engl. Ed.), S.21-25

Maccoby, M. (2003): The Productive Narcissist. The Promise and Peril of Visionary Leadership. New York

„Männer in der Gesellschaft". Themenausgabe „Das Parlament". 54. Jg. Nr. 46 Berlin 2004 (einschl. Beilage Nr. 46 „Aus Politik und Zeitgeschichte")

Marx, K. / Engels, F. (1845): Die deutsche Ideologie. Kritik der neuesten deutschen Philosophie in ihren Repräsentanten Feuerbach, B. Bauer und Stirner, und des deutschen Sozialismus in seinen verschiedenen Propheten. In: Marx, K. / Engels, F.: Werke. Band 3. Berlin, S.9-530

Mertens, W. (1996): Psychoanalyse. Berlin

Mertens, W. (1998): Psychoanalytische Grundbegriffe. Ein Kompendium. Weinheim

Meyer, G. (1979): Sozialistische Systeme. Theorie und Strukturanalyse. Ein Studienbuch. Opladen

Meyer, G. (2002): Freiheit wovon, Freiheit wozu? Politische Psychologie und Alternativen humanistischer Politik bei Erich Fromm. Opladen

Meyer-Drawe, K. (1990): Illusionen von Autonomie. Diesseits von Ohnmacht und Allmacht des Ich. München

Mittelstraß, J. (2001): Bildung und ethische Maße. Vortrag anlässlich des zweiten Werkstattgespräches der Initiative McKinsey bildet. Unter <http://www.mckinsey-bildet.de/ download/w2_vortrag_mittelstrass. Pdf> Rev. 2004-10-07

Montague, Peter: Sustainability. The Cultural Creatives. How 50 million people are changing the world. <http://www.svneurope.com/readarticle/243> Rev. 2000-06-28

Mummendey, H.-D. (1987): Selbstkonzept, in: Frey, D. / Greif, S. (Hrsg.): Sozialpsychologie. Ein Handbuch in Schlüsselbegriffen, 2., erw. Aufl., München.

Mummendey, H.-D. /Eifler, S. /Melcher, W. (1995): Psychologie der Selbstdarstellung, Göttingen, S. 53-71.

Münch, R. (1992): Die Struktur der Moderne. Grundmuster und differentielle Gestaltung des institutionellen Aufbaus moderner Gesellschaften. Frankfurt am Main

Niedermaier, H. (2006): Das Ende der Herrschaft? Perspektiven der Herrschaftssoziologie im Zeitalter der Globalisierung. Konstanz

Opitz, S. (2004): Gouvernementalität im Postfordismus. Macht Wissen und Techniken des Selbst im Feld unternehmerischer Rationalität. Hamburg

Parsons, T. (1972): Das System moderner Gesellschaften. München, Weinheim

Ray, P. H. / Anderson, S. R. (2000): The cultural creatives: how 50 million people are changing the world. New York (Daten der empirischen Untersuchung unter <http://www.culturalcreatives.org/straightfacts.html> Rev. 2000-06-28

Reese-Schäfer, W. (1995): Lyotard zur Einführung. Hamburg

Rieger, G. / Schultze, R.-O. (1995): Postmoderne und Politik. In: Nohlen, D. (Hrsg.): Lexikon der Politik. Band 1: Politische Theorien. München, S.483-493

Rifkin, J. (1995): Das Ende der Arbeit und ihre Zukunft. Frankfurt am Main / New York

Rifkin, J. (2000): Access. Das Verschwinden des Eigentums. Warum wir weniger besitzen und mehr ausgeben werden. Frankfurt am Main / New York

Rorty, R. (1992): Kontingenz, Ironie und Solidarität. Frankfurt am Main

Rorty, R. (Hrsg.) (1967): The Linguistic Turn – Recent Essays in Philosophical Method. Chicago / London

Schüle, C. (2004): Schrei nach Stille. In: DIE ZEIT, 27/2004

Schuller, T. (1997): Modelling the Life Course. Age, Time and Education. Bremen

Schulze, G. (1992): Die Erlebnisgesellschaft: Kultursoziologie der Gegenwart. Frankfurt am Main

Schulze, G. (2000): Erlebnisgesellschaft. In: Aus Politik und Zeitgeschichte B12/ 2000, S. 3-6

Schulze, G. (2003): Die beste aller Welten. Wohin bewegt sich die Gesellschaft im 21. Jahrhundert? München

Schulze, G. (2005): Die Erlebnisgesellschaft. 2. Aufl. Frankfurt/M., New York

Seeßlen, G. (2007): Leben ist Kaufen und verkaufen. In: Stuttgarter Zeitung vom 05.Mai 2007, Wochenendbeilage, S.41

Sennett, R. (1998 und 2002): Der Flexible Mensch - Die Kultur des neuen Kapitalismus. Berlin

Slater, D. (1997): Consumer Culture and Modernity. Cambridge, UK.

Sölle, D. (2003): Mystik und Widerstand. 5.Aufl. Hamburg 2003

Thurstone, L.L. (1947): Multiple Factor Analysis. Chicago (University of Chicago Press)

Tolle, E. (2006): Jetzt! Die Kraft der Gegenwart. 15. Aufl., München

Ueltzhöffer, J. (1991): Das neue Arbeitermilieu. Qualitative Leitstudie zu einer neuen Lebenswelt in der Bundesrepublik Deutschland. Mannheim / Heidelberg

Ueltzhöffer, J. (1999): Europa auf dem Weg in die Postmoderne. Transnationale soziale Milieus und gesellschaftliche Spannungslinien in der europäischen Union. In: Busch, A. / Merkel, W. (Hrsg.): Demokratie in Ost und West. Für Klaus von Beyme. Frankfurt am Main, S.624-652

Ueltzhöffer, J. (1999): Uuropa auf dem Weg in die Postmoderne. Transnationale soziale Milieus und gesellschaftliche Spannungslinien in der europäischen Union. In Merkel, w. / Busch, A. (Hrsg.) Demokratie in Ost und West. Frankfurt am Main, S.624-652

Ueltzhöffer, J. (2000): Lebenswelt und bürgerschaftliches Engagement. Soziale Milieus in der Bürgergesellschaft. Stuttgart

Ueltzhöffer, J. / Flaig, B.B. (1980): Lebensweltanalyse: Explorationen zum Alltagsbewusstsein und Alltagshandeln. Heidelberg (Typoskript)

Ueltzhöffer, J. / Flaig, B.B. (1993): Spuren der Gemeinsamkeit? Soziale Milieus in Ost- und Westdeutschland. In: Weidenfeld, W. (Hrsg.): Deutschland. Eine Nation – Doppelte Geschichte. Köln

Vattimo, G.(1990): Das Ende der Moderne, Stuttgart

Vogelsang, S. (1999): Der Einfluss der Kultur auf die Produktgestaltung. Köln

Wagner, P. (1995): Soziologie der Moderne. Frankfurt am Main

Walsch, N. D. (1997): Gespräche mit Gott. Bd. 1. 8. Aufl. München

Walsch, N. D. (2003): Erschaffe dich neu. München.

Weber, M. (1947): Die Protestantische Ethik und derGeist des Kapitalismus. In: Gesammelte Aufsätze zur Religionssoziologie. Bd.1, 4.Aufl., Tübingen, S.17-206

Weber, M. (1964): Wirtschaft und Gesellschaft. Grundriss der verstehenden Soziologie. Köln

Weiß, U. (1998): Moderne. In: Nohlen, D. / Schultze, R.-O. / Schüttemeyer, S.S. (Hrsg) Lexikon der Politik, Bd. 7 Politische Begriffe. München, S.395-396

Welsch, W. (1991): Unsere Postmoderne Moderne. 3.Aufl., Weinheim

Welsch, W. (1991a): Postmoderne – Pluralität als ethischer und politischer Wert. In: Albertz, J. (Hrsg.) Aufklärung und Postmoderne – 200 Jahre nach der französischen Revolution das Ende aller Aufklärung. Hemsbach/Berlin, S.9-44

Welsch, W. (2002): Unsere Postmoderne Moderne. 6.Aufl., Berlin

Welsch,W. (1988): Postmoderne - Pluralität als ethischer und politischer Wert. Köln

Welsch,W. (1988): Wege aus der Moderne. Schlüsseltexte der Postmoderne-Diskussion. Weinheim

Welsch,W. (1988a): Postmoderne. Genealogie und Bedeutung eines umstrittenen Begriffs. In: Kemper, P. (Hrsg.): Postmoderne oder der Kampf um die Zukunft. Die Kontroverse in Wissenschaft, Kunst und Gesellschaft, Frankfurt am Main, S.9-36

Wilber, K. (1991): Halbzeit der Evolution. New York 1981. Dt. 2. Aufl. München

Wilkinson, H. (1997): Kinder der Freiheit. Entsteht eine neue Ethik individueller und sozialer Verantwortung? In: Beck, U. (Hrsg.): Kinder der Freiheit. Frankfurt am Main, S.85-123

Willms, B. (1989): Postmoderne und Politik. In: Der Staat 28, 1989, S.321-352

Wittgenstein, L. (1984): Werkausgabe in 8 Bänden, Band 1. Frankfurt am Main. Insbesondere der „Tractatus logico-philosophicus“ und die „Philosophischen Untersuchungen“

Die Autoren

Dr. Rolf Frankenberger ist wissenschaftlicher Mitarbeiter am Institut für Politikwissenschaft der Universität Tübingen. Seine Schwerpunkte sind Politische Ideengeschichte und Politische Theorien, hier insbesondere Theorien des Poststrukturalismus, Demokratie- und Transformationstheorien. Weitere Themengebiete sind Osteuropa und der Postsowjetische Raum sowie Politische Psychologie. Der Autor ist Mitherausgeber der Reihe „Weltregionen im Wandel" beim Nomos-Verlag. *Letzte Publikationen*: Gesellschaft-Individuum-Gouvernementalität. Theoretische und empirische Beiträge zur Analyse der Postmoderne. Berlin 2007; Politische Psychologie und Politische Bildung. (Hrsg, zusammen mit Siegried Frech und Daniela Grimm) Schwalbach /Ts. 2007; Osteuropa. Politik, Wirtschaft und Gesellschaft. (Hrsg. zusammen mit Aron Buzogány) Baden-Baden 2007

Prof. Dr. Gerd Meyer ist seit 1977 Professor für Politikwissenschaft an der Universität Tübingen. Seine Forschungsschwerpunkte sind Politische Psychologie (Zivilcourage, Autoritarismus, Erich Fromm, Politik und Persönlichkeit) und die vergleichende Analyse der politischen Kulturen und Systeme Mittel- und Osteuropas. *Wichtigste Publikationen*: Freiheit wovon, Freiheit wozu? Politische Psychologie und Alternativen humanistischer Politik bei Erich Fromm. Opladen 2002. – Lebendige Demokratie: Zivilcourage und Mut im Alltag. Forschungsergebnisse und Praxisperspektiven. Baden-Baden 2004. – Zivilcourage lernen – Analysen, Modelle, Arbeitshilfen. (Hg., mit U. Dovermann, S. Frech, G. Gugel) Bonn 2004. – Formal Institutions and Informal Politics in Central and Eastern Europe: Hungary, Poland, Russia, Ukraine. Barbara Budrich Publishers, Opladen, Farmington Hills 2006. – Brennpunkte der politischen Kultur in Polen und Deutschland. (Hg., mit St. Sulowski u. W. Lukowski) Warschau: Elipsa 2007.

Zeitfracht Medien GmbH
Ferdinand-Jühlke-Straße 7
99095 Erfurt, Deutschland
produktsicherheit@kolibri360.de